Le potentiel transformateur de l'industrie minière

Le potentiel transformateur de l'industrie minière

Une opportunité pour l'électrification de l'Afrique subsaharienne

Sudeshna Ghosh Banerjee, Zayra Romo, Gary McMahon,
Perrine Toledano, Peter Robinson et Inés Pérez Arroyo

SAFETE
South African Fund for African Energy, Transport and Extractive Industries

ESMAP
Energy Sector Management Assistance Program

GROUPE DE LA BANQUE MONDIALE

Table des matières

Cartes

Tableaux

Avant-propos

Un changement de donne potentiel pour l'Afrique subsaharienne L'Afrique bénéficie de vastes ressources énergétiques, encore largement inexploitées. En conséquence, deux Africains sur trois n'ont pas accès à l'énergie, ce qui entrave la croissance économique du continent et limite considérablement le bien-être et le potentiel humain. Si rien ne change, le nombre d'habitants de la région de l'Afrique subsaharienne sans électricité passera de 590 millions en 2013 à 655 millions en 2030.

Dans un tel contexte, le rapport « *Le potentiel transformateur de l'industrie minière pour l'électrification de l'Afrique subsaharienne* » (http://www.worldbank.org/africa/powerofthemine) aborde un domaine de recherche relativement nouveau sur le front de l'énergie. Il examine comment un client à haute intensité énergétique, gros consommateur d'électricité, tel que l'industrie minière — pourrait renforcer sa contribution au développement de l'offre d'énergie, aider à élargir l'accès à l'électricité et attirer des capitaux privés dans cet espace énergétique.

Le rapport montre que l'industrie minière en Afrique subsaharienne a innové pour assurer son approvisionnement en électricité — parfois avec le concours des entreprises de services publics, mais aussi sans elles. L'auto-approvisionnement signifie des pertes pour toutes les parties — consommateurs, entreprises de services publics, mines et économies nationales. En Afrique, depuis 2000, les entreprises minières ont dépensé environ 15,3 milliards de dollars pour couvrir les investissements et les coûts d'exploitation correspondant à leurs propres besoins en électricité, installant 1 590 mégawatts de capacité de production. Or, cette énergie est restée hors d'atteinte du réseau national.

Quel que soit le pays — depuis les zones où les réseaux sont quasi inexistants, contraignant les mines à assurer leur propre production, jusqu'à celles où existent de vastes réseaux intégrés — il existe un immense potentiel de valorisation des exploitations minières, en les utilisant comme « acheteur principal » (*anchor customer*) ce qui permettra de paver durablement la voie menant au développement du secteur de l'énergie électrique.

Les arguments économiques et commerciaux en faveur de l'intégration énergie-exploitation minière sont nombreux et solides, néanmoins, le rapport montre que ce potentiel a été largement sous-exploité. Dans certains pays, l'intégration aiderait à raccorder un grand nombre d'utilisateurs à des mini-réseaux ou à des réseaux nationaux. Dans d'autres, elle joue un rôle de facilitateur de l'énergie électrique par une meilleure mobilisation des recettes provenant des ventes d'électricité.

Le rapport souligne également les défis qui doivent être surmontés dans ce nouveau domaine qui, dans le cas des pays en développement, reste relativement inexploré. Le rapport montre que c'est possible, et de nombreux pays ayant intégré avec succès la demande des mines dans leur politique sectorielle de l'électricité démontrent que ce potentiel inexploité peut être mis au service du développement national.

Les dirigeants africains ont les moyens de mettre en place des mécanismes d'atténuation des risques permettant d'établir un environnement opérationnel où peuvent prospérer des dispositifs innovants de relations entre le secteur de l'électricité et les industries extractives. Et la Banque mondiale peut s'appuyer sur son pouvoir de mobilisation pour susciter un dialogue sur ce thème, favoriser le partage des connaissances, et proposer un éventail d'instruments financiers avec un impact transformationnel. Avec ce rapport, nous cherchons à mettre en évidence non seulement les défis que doit relever le secteur de l'énergie pour assurer son développement en Afrique subsaharienne, mais aussi les nouvelles opportunités émergentes qui permettraient d'y répondre et d'assurer à tous un meilleur avenir.

Anita Marangoly George
Directeur principal
Pratique globale énergie et industries extractives
Groupe de la Banque mondiale

Remerciements

Ce rapport a été préparé par une équipe comprenant Sudeshna Ghosh Banerjee, Zayra Romo et Gary McMahon, avec l'appui d'Inés Pérez Arroyo, Arsh Sharma, Joeri de Wit et Aly Sanoh. Les travaux ont été menés sous la direction de Lucio Monari, Meike van Ginneken, Vivien Foster, Christopher Sheldon et Jamal Saghir. Il a bénéficié de substantielles contributions de Bastiaan Verink, Richard MacGeorge et Pankaj Gupta.

Ce rapport s'inspire de deux documents de référence produits par le *Columbia Center on Sustainable Investment (CCSI)* de l'Université de Columbia et par *Economic Consulting Associates*. L'équipe du *CCSI* était dirigée par Perrine Toledano et comprenait Kwabena Okrah et Angelo Antolino. L'équipe d'*Economic Consulting Associates* était dirigée par Peter Robinson et comprenait Grigorios Varympopiotis, Fred Beelitz et Erin Boyd.

L'équipe adresse ses vifs remerciements à ses collègues de la Division internationale de l'énergie et des industries extractives qui ont fourni des conseils précieux et des informations de référence, notamment sur les huit pays étudiés en détail dans ce rapport. L'équipe a tout particulièrement bénéficié de ses discussions avec Moëz Cherif, Sunil W. Mathrani, Waqar Haider, Bassem Abou-Nehme, Rob Mills, Robert Schlotterer, Bobak Rezaian, Brent Hampton, Daniel Murphy, Philippe Durand, Sarwat Hussain, David John Santley, Boubacar Bocoum, Morten Larsen, Natalia Cherevatova, Ekaterina Mikhaylova, Brigitte Bocoum, Remy Pelon, Kristina Svensson et Pedro Antman.

L'équipe remercie les pairs examinateurs Jan Walliser, Wendy Hughes, Johannes Herderschee, Alan Moody, Sébastien Dessus, Mohinder Gulati, Masami Kojima, Marcelino Madrigal et Bryan Land qui ont formulé de précieuses observations et partagé des idées constructives à diverses étapes de ce travail.

Bruce Ross-Larson et Jack Harlow de *Communications Development Incorporated* et Norma Adams ont édité le rapport.

L'équipe exprime ses vifs remerciements au Programme d'assistance à la gestion du secteur énergétique, à la Banque mondiale et au *South Africa Fund for Transportation and Energy* pour leur précieux soutien financier.

Les auteurs

Sudeshna Ghosh Banerjee est une Économiste principale de la Pratique globale énergie et industries extractives du Groupe de la Banque mondiale. Elle a travaillé sur des projets d'énergie et d'infrastructures pour les départements de l'Asie du Sud et de l'Afrique avec des missions tant opérationnelles qu'analytiques. Ses interventions sont centrées sur l'économie des projets, le suivi-évaluation, et sur de nombreux aspects du secteur de l'énergie électrique, notamment l'accès à l'énergie, les subventions à l'énergie, les énergies renouvelables ainsi que les évaluations du secteur. Madame Banerjee est titulaire d'un doctorat en sciences politiques de l'université de la Caroline du Nord, et de maîtrises MA et BA en science économique de l'université de New Delhi.

Zayra Romo est une Spécialiste principale de l'énergie de la Pratique globale énergie et industries extractives du Groupe de la Banque mondiale Elle a dirigé des analyses techniques et a participé à des opérations d'investissement liées à des projets d'infrastructures énergétiques en Amérique Latine et en Afrique subsaharienne. Elle est actuellement responsable de la conception et de la mise en œuvre de plusieurs opérations d'investissement dans la production, le transport et la distribution de l'électricité en Afrique. Elle a aidé des pays clients à établir leur planification du secteur de l'énergie électrique et des programmes de développement d'énergies renouvelables, principalement au Libéria et en Tanzanie. Avant d'entrer à la Banque mondiale, Madame Romo travaillait pour Électricité de France au Mexique comme analyste technique des questions énergétiques. Elle est titulaire d'un diplôme d'ingénieur en électricité et électronique de l'université nationale autonome du Mexique (UNAM) et d'un MSc en gestion et conversion de l'énergie de l'université d'Offenburg en Allemagne.

Gary McMahon est un Spécialiste principal des mines de la Pratique globale énergie et industries extractives du Groupe de la Banque mondiale. Il travaille depuis plus de vingt ans sur le secteur minier, notamment sur les avantages qu'il procure au niveau local, les impacts sociaux et environnementaux et les risques et opportunités macro-économiques qui y sont liés. Il étudie dans ses plus récentes publications les impacts sur le développement humain et socio-économique de l'industrie minière depuis le début du siècle dans les pays à revenu faible et intermédiaire riches en ressources minières. Il a étudié auparavant l'histoire de l'assistance technique fournie par la Banque mondiale au secteur minier dans la publication *World Bank Support for Mining Sector Reform: An Evolutionary Approach*. Titulaire d'un doctorat en science économique de l'université de Western (Ontario), il a beaucoup écrit sur les questions de développement, abordant de nombreux sujets variés, et a édité neuf ouvrages, allant des impacts des grandes opérations minières sur le développement communautaire à l'économie politique des réformes du marché dans les pays en développement. Il travaille actuellement sur les questions minières au Zimbabwe, en Guinée Bissau, Bolivie, Arménie, Roumanie, République Kyrgyz, au Tadjikistan et au Kazakhstan.

Perrine Toledano est Chercheur en économie principal du Columbia Center on Sustainable International Investment (CCSI) qui étudie les investissements durables; elle coordonne également les études du CCSI sur les industries extractives et le développement durable. Dans ces fonctions, elle est responsable de projets de recherche, de formation et de conseil sur les régimes de fiscalité; la modélisation financière ; la mobilisation des investissements des industries extractives dans les infrastructures ferroviaires, portuaires, dans les télécommunications, l'eau et l'énergie en vue de répondre à des besoins de développement plus larges; les questions locales; la gestion des revenus ; et, l'optimisation des textes juridiques pour la diffusion des avantages tirés du développement. Elle a travaillé pour plusieurs organisations à but non lucratif avant d'entrer au CCSI (Banque mondiale, Département du développement international du Royaume-Uni, Revenue Watch Institute) et sociétés du secteur privé (Natixis Corporate Investment Bank, Ernst and Young). Ses domaines de compétence couvrent l'audit, l'analyse financière, les TI des marchés des capitaux, l'évaluation des politiques publiques et la gestion de projets transnationaux. Elle est titulaire d'un MBA de l'ESSEC (Paris, France) et d'une maîtrise d'administration publique de l'université de Columbia.

Peter Robinson est un économiste établi au Zimbabwe pendant les 25 premières années de sa carrière qu'il a consacrées à l'étude des questions de développement en Afrique de l'Est et Afrique australe. Il dirige depuis 2007 Economic Consulting Associates pour la région Afrique, développant leur expérience en Afrique en matière d'eau et d'énergie, tout en travaillant dans d'autres parties du monde. Ses activités couvrent la définition des politiques et l'approche stratégique, les réformes sectorielles et l'analyse institutionnelle, la réglementation, l'étude des tarifs et les prestations de services M. Robinson a fait des études d'ingénierie électrique et d'économie et est titulaire d'un doctorat en ingénierie des systèmes économiques. Il s'intéresse tout particulièrement à la relation entre les infrastructures et le développement économique d'ensemble, et aux stratégies régionales destinées à jouer un rôle particulièrement important en Afrique subsaharienne. Au cours des dernières années, M. Robinson s'est davantage consacré à l'étude des moyens abordables et durables qui permettent aux ménages à faibles revenus d'avoir accès et d'utiliser des services d'infrastructures modernes.

Inés Pérez Arroyo est une Consultante de la Pratique globale énergie et industries extractives du Groupe de la Banque mondiale. Elle a participé à la préparation et à la supervision de plusieurs opérations d'investissement dans le secteur de l'énergie en Afrique de l'Ouest et aux travaux analytiques et de recherche sur documents pour diverses études dans le secteur de l'électricité en Afrique subsaharienne. Avant d'entrer dans le Groupe de la Banque mondiale, elle a travaillé pour le bureau économique et commercial de l'ambassade d'Espagne à Tokyo en tant que consultant commercial international. Elle y était chargée des recherches et analyses des secteurs de l'énergie japonais et espagnol et de l'appui aux investissements privés des entreprises espagnoles au Japon. Elle est titulaire d'un diplôme de physique de l'université de Valladolid (Espagne) et d'une maîtrise en International Business Management de l'université internationale Menéndez Pelayo (Espagne).

Sigles et acronymes

ARSEL	Agence de régulation du secteur de l'électricité (Cameroun)
ASS	Afrique subsaharienne
CAPP	Pool énergétique de l'Afrique centrale
CEC	*Copperbelt Energy Corporation*
CMLT	coût marginal à long terme
CNELEC	*Conselho Nacional de Electricidade* (Mozambique)
E&M	exploitation et maintenance
EC	*Energy Commission* (Ghana)
ECG	*Electricity Company of Ghana*
EDG	Électricité de Guinée
EDM	*Electricidade de Moçambique*
ERB	*Energy Regulatory Board* (Zambie)
EWURA	*Energy and Water Utilities Regulatory Authority* (Tanzanie)
FMI	Fonds monétaire international
HFO	fioul lourd
HT	haute tension
IDH	indicateur du développement humain
IPP	producteur indépendant d'électricité (*independent power producer*)
MGP	métaux du groupe platine
PIB	produit intérieur brut
PPA	accord d'achat d'énergie
PPP	partenariat public-privé
PURC	*Public Utilities Regulatory Commission* (Ghana)
RCA	République centrafricaine
RDC	République démocratique du Congo
RSE	responsabilité sociale des entreprises
SAPP	Pool énergétique de l'Afrique australe
SNEL	Société nationale d'électricité (RDC)
SNIM	Société nationale industrielle et minière de Mauritanie

SOMELEC	Société mauritanienne d'électricité
TANESCO	*Tanzania Electric Supply Company*
TCAC	taux de croissance annuel cumulé
TGCC	turbine à gaz à cycle combiné
UG	souterrain (*underground*)
VALCO	*Volta Aluminum Company Limited*
VRA	*Volta River Authority*
ZESCO	*Zambia Electricity Supply Company*

Tous les montants sont exprimés en dollars sauf indication contraire.

Unités de mesure

bcf	milliards de pieds cubes
cfr	coût et fret
c/kWh	cents par kilowattheure
GJ	gigajoule
GW	gigawatt
GWh	gigawatt-heure
kg	kilogramme
km	kilomètre
kV	kilovolt
kWh	kilowattheure
kWh/t	kilowattheure/tonne
m	mètre
M	million
mt	tonne métrique
MW	mégawatt
MWh	mégawatt/heure
tr oz	once troy

Aperçu

Offrir un accès à l'énergie électrique adéquat et fiable aux ménages et aux entreprises en Afrique sub-saharienne (ASS) représente un défi essentiel pour éliminer l'extrême pauvreté et promouvoir une prospérité partagée. Le secteur de l'énergie en Afrique subsaharienne est particulièrement peu développé comparativement aux autres régions du monde. La puissance installée n'atteint que 80 gigawatts (GW) dont plus de la moitié sont produits par l'Afrique du Sud (45 GW), suivie de loin par le Nigéria, qui ne produit que 6 GW. Près de la moitié des entreprises de l'ASS jugent le manque de fiabilité de l'approvisionnement en électricité comme l'un des plus importants obstacles au développement des affaires. Les coupures de courant incessantes entraînent chaque année des pertes de chiffre d'affaires de près de 5 %. Environ 44 % des entreprises s'adaptent en achetant ou en partageant un générateur fonctionnant au diesel ou au fioul lourd (HFO). Deux tiers des Africains utilisent le kérosène ou des piles sèches pour subvenir à leurs besoins énergétiques de base. Ces coûts grèvent souvent lourdement le budget des ménages, tout en menaçant la santé humaine et l'environnement.

Le statu quo ne peut en aucun cas être satisfaisant. Au cours des 20 dernières années, la capacité de production installée en ASS a progressé de 1,7 % par an. Les projections de la demande à long terme démontrent qu'il faudrait augmenter la capacité installée et atteindre 700 GW à l'horizon 2040 pour répondre aux besoins de croissance économique, de demande supprimée (*suppressed demand*) et d'élargissement de l'accès à l'électricité (Eberhard et al., 2011).

Cette situation qui laisse à désirer, s'inscrit dans un contexte de ressources énergétiques considérables dont la majeure partie est concentrée dans une poignée de pays. Un potentiel géothermique d'environ 17 GW est concentré dans six pays situés dans la Vallée du Rift est-africain. L'hydroélectricité, le charbon et le gaz naturel sont les ressources les plus abondantes disponibles dans la région. Seuls 8 % du potentiel hydroélectrique (près de 400 GW) ont été exploités dans la région — comparativement à 18 % en Amérique latine et 20 % en Asie (Kumar et al., 2011). Les ressources en gaz découvertes en ASS, dont un tiers proviennent de nouvelles découvertes au Mozambique et en Tanzanie, sont estimées à 329 000 milliards de pieds cubes, soit le double du volume des réserves prouvées. De telles quantités de gaz permettraient de produire 100 GW chaque année pendant plus de 70 ans si des centrales à turbines à gaz à cycle combiné (TGCC) étaient installées (Santley, Schlotterer et Eberhard, 2014).

Les mines, avec leurs besoins en électricité importants et croissants, pourraient aider à tirer parti de ces ressources énergétiques en tant qu'acheteur principal (*anchor customer*), servant de point d'ancrage de la demande. Un acheteur principal est un gros consommateur d'énergie représentant une source captive de demande et une source régulière de revenus importants. Il ne s'agit pas d'un concept nouveau – il existe de nombreux précédents d'usines de traitement et de transformation utilisées comme point d'ancrage de la consommation d'énergie dans les premiers stades de développement d'économies aujourd'hui riches. Ce concept est maintenant transposé dans les pays en développement — les tours de transmission de téléphonie cellulaire en sont un bon exemple. Les mines pourraient, elles aussi, jouer un rôle d'acheteur principal car les activités minières sont fortement consommatrices d'énergie — les coûts de l'électricité sont rarement inférieurs à 10 % des coûts d'exploitation, et dépassent même souvent 25 %. Le boom des prix des minerais depuis 2003 a également suscité une hausse de la demande d'électricité.

L'ASS abrite une partie importante des réserves mondiales de minerais connues. En 2011, la part produite par la région atteignait 22 % pour l'or, 58 % pour le cobalt, 7 % pour le cuivre, 95 % pour les métaux du groupe platine (MGP) et 18 % pour l'uranium. En outre, la position de l'ASS s'est renforcée, tant pour le minerai de fer que pour le charbon, suite à plusieurs découvertes conséquentes intervenues récemment. L'industrie minière est l'un des plus importants contributeurs aux exportations, recettes fiscales et produit intérieur brut (PIB). Elle représente plus de la moitié des exportations totales au Burkina Faso, en République démocratique du Congo, en Guinée, en Mauritanie, au Mozambique et en Zambie. Les recettes fiscales issues des industries minières forment plus de 20 % du total au Botswana, en République démocratique du Congo et en Guinée. Les prévisions d'investissements dans le secteur minier entre 2013 et 2020 ont atteint 75 milliards de dollars. Dans des pays comme la Guinée, le Libéria et la Sierra Leone, ces investissements pourraient représenter une part considérable du PIB (2012) (Figure O.1). Et le potentiel de contribution des industries extractives aux économies africaines n'a pas encore été exploité. Jusqu'à cette dernière décennie, l'ASS a accusé un fort retard par comparaison au reste du monde en termes de dépenses d'exploration. Toutefois, au cours de la période 2002–2012, la part de l'Afrique dans l'exploration minière dans le monde — elle-même en forte progression —est passée de 10 % à 17 %. En valeur absolue, les dépenses d'exploration ont augmenté sur cette période de plus de 700 % en Afrique, atteignant 3,1 milliards de dollars en 2012 (Wilburn et Stanley 2013).

L'intégration des industries minières et de la production d'énergie électrique peut offrir des perspectives bénéfiques pour tous. Les sociétés minières pourraient jouer le rôle d'acheteur principal pour des services d'utilité publique, facilitant les projets d'investissement dans la production et le transport grâce aux économies d'échelle qu'elles génèrent, nécessaires aux grands projets d'infrastructure — ce qui en retour bénéficiera à tous les consommateurs. De ce fait, les entreprises de services publics disposeront également de sources fiables de revenus importants provenant de clients solvables. L'approvisionnement par le réseau, en revanche, est moins coûteux pour les mines que l'auto-approvisionnement en diesel et HFO

Figure O.1 Investissement minier, actuel et prévisions, 2000–2020

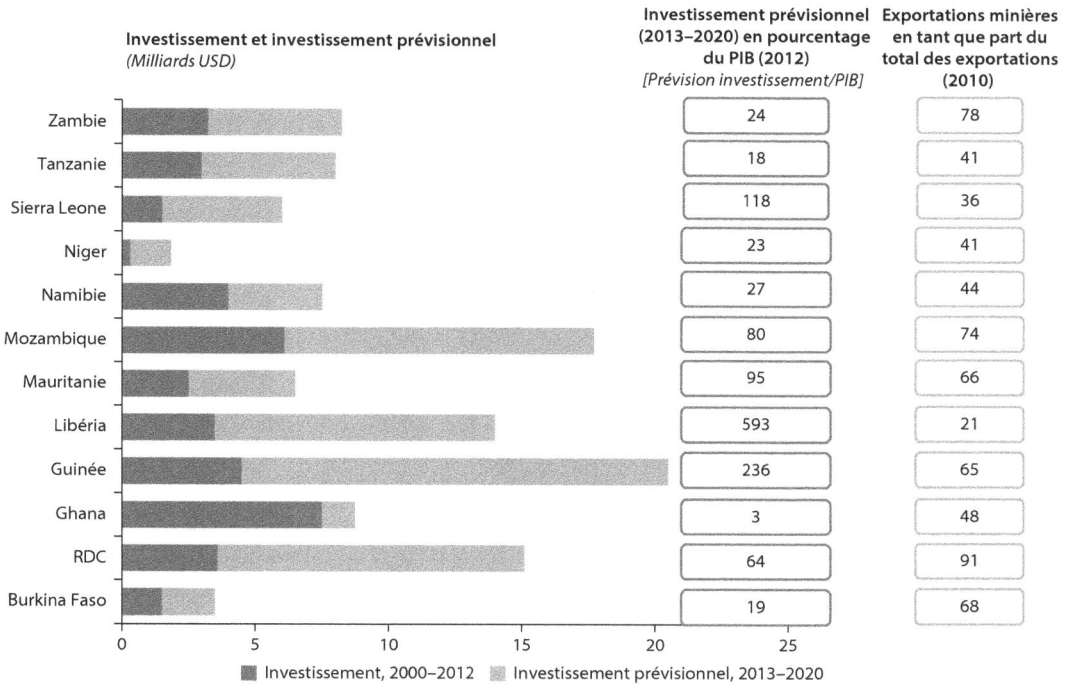

	Investissement et investissement prévisionnel *(Milliards USD)*	Investissement prévisionnel (2013–2020) en pourcentage du PIB (2012) *[Prévision investissement/PIB]*	Exportations minières en tant que part du total des exportations (2010)
Zambie		24	78
Tanzanie		18	41
Sierra Leone		118	36
Niger		23	41
Namibie		27	44
Mozambique		80	74
Mauritanie		95	66
Libéria		593	21
Guinée		236	65
Ghana		3	48
RDC		64	91
Burkina Faso		19	68

■ Investissement, 2000–2012   ▨ Investissement prévisionnel, 2013–2020

Source : Basé sur Banque mondiale 2012a.
Note : Les montants des investissements sont des moyennes dans une fourchette. Pour le Mozambique, la prévision d'investissement n'inclut pas le gaz naturel.

et leur permet de se concentrer sur leur cœur de métier. Une telle orientation aurait une incidence positive sur le PIB des pays l'ayant adoptée. Elle favoriserait le développement de l'enrichissement des minerais et ouvrirait de nouvelles perspectives d'emplois dans les entreprises locales procurant des fournitures et des services aux sociétés minières. Et la compétitivité de ces dernières serait grandement renforcée par la réduction de leurs coûts énergétiques. L'effet de levier de la demande d'électricité du secteur minier et de ses investissements dans des infrastructures électriques peut ainsi ouvrir des opportunités transformationnelles permettant de développer le secteur de l'électricité dans les économies africaines riches en minerais.

Cette étude est la première à analyser systématiquement le potentiel et les défis d'une intégration énergie-exploitation minière en Afrique subsaharienne. Les outils d'analyse suivants ont été utilisés : une projection de la demande d'énergie des industries extractives jusqu'à 2020 ; une typologie des modes d'approvisionnement en électricité adoptés par les exploitations minières a été créée mettant en évidence l'adoption d'options intermédiaires, depuis le « tout-auto-approvisionnement » jusqu'au « tout-réseau de distribution » ; des scénarios d'intégration énergie-exploitation minière ont été simulés pour la Guinée, la Mauritanie, le Mozambique et la Tanzanie. Ils prévoient des

Encadré O.1 Base de données énergie-exploitation minière en Afrique 2014 — et deux scénarios de probabilité

La Base de données énergie-exploitation minière en Afrique 2014 (disponible à http://www .worldbank.org/africa/powerofthemine) s'appuie sur des données minières de base provenant de sources multiples : enquêtes d' *Infomine*, enquête du service géologique américain (*United States Geological Survey*), rapports annuels, rapports techniques, études de faisabilité, présentations d'investisseurs, rapports de durabilité publiés par des sites propriétaires ou par des sites du domaine public ou des sites de l'industrie minière (*Mining Weekly, Mining Journal, Mbendi, Mining-technology* et *Miningmx*).

Embrassant 455 projets dans 28 pays d'ASS dont la valeur des réserves de minerais est évaluée à plus de 250 millions de dollars par projet, la base de données rapproche des informations provenant de diverses sources d'informations publiquement disponibles et confidentielles. Elle offre aussi une vue panoramique des projets opérant dans les années 2000 à 2012 et de la demande prévue en 2020. La demande en 2020 peut être considérée comme une estimation plancher de la demande en 2025 ou 2030. L'analyse est présentée en distinguant trois périodes : avant 2000, 2001 à 2012 et 2020 (chacune intégrant les projets de la période précédente, à l'exception de ceux clos au cours de la période précédente).

La projection de la demande s'appuie sur deux scénarios, basés sur la probabilité que les projets seront en phase de production d'ici à 2020. Le *scénario de forte probabilité* comprend tous les projets en phase de préfaisabilité, faisabilité, construction et production pour les métaux non précieux et la plupart des projets en phase d'exploration et d'exploration avancée pour les métaux précieux tels que l'or, les terres rares ou les diamants. Le *scénario de faible probabilité* comprend en outre la plupart des projets en phase d'exploration et d'exploration avancée pour les métaux non précieux. Les projets temporairement suspendus sont placés dans le scénario de faible probabilité.

économies de coûts substantielles résultant du partage des infrastructures, un potentiel d'intégration régionale et le développement de l'électrification ; et des enseignements ont été tirés de l'expérience de pays tels que le Cameroun, le Ghana, la République démocratique du Congo et la Zambie où l'activité minière et la production d'électricité ont atteint un certain niveau d'intégration et qui offrent une référence historique pour l'identification des avantages et des risques. La **Base de données énergie-exploitation minière en Afrique 2014** créée pour la présente étude a servi de référence pour l'analyse de la situation sur l'ensemble du continent africain (Encadré O.1).

La demande d'électricité de l'industrie minière devrait tripler au cours de la période 2000 à 2020

La demande d'électricité future de l'industrie minière est importante et pourrait atteindre jusqu'à 23 443 MW à l'horizon 2020. La demande du secteur minier en ASS est passée de 7 995 MW en 2000 à plus de 15 124 MW en

2012 (Figure O.2a). Selon les deux scénarios de probabilité, la demande d'électricité en 2020 devrait progresser de 142 à 155 % par rapport à celle de 2012. Ces chiffres sont d'autant plus impressionnants qu'une grande partie de cette demande devrait émaner de pays autres que l'Afrique du Sud. Si les projections pour l'Afrique du Sud indiquent une progression sensible de la demande du secteur minier, avec une croissance annuelle de 3,5 % entre 2012 et 2020, la croissance dans les autres pays d'Afrique subsaharienne, projetée à 9,2 %, sera encore plus considérable si tous les projets inclus dans les deux scénarios de probabilité se concrétisent.

La demande viendra essentiellement de l'Afrique australe, avec une prépondérance de l'Afrique du Sud. L'Afrique du Sud, de loin le premier pays minier de l'ASS, représentait 70 % de la demande d'électricité du secteur minier en 2000 et 66 % en 2012. Mais selon les prévisions, sa part devrait se réduire à 56 % en 2020. Même sans l'Afrique du Sud, l'Afrique australe restera le principal demandeur d'électricité du secteur minier, principalement en raison des besoins significatifs du Mozambique et de la Zambie, suivis des pays de l'Afrique centrale et de l'Afrique de l'Ouest (Figure O.2b).

La demande d'énergie électrique est restée centrée sur un petit groupe de métaux, avec l'aluminium en tête, suivi du cuivre, des MGP, du chrome et de l'or. Mais pour l'aluminium, les nouvelles activités ont été plus restreintes depuis 2000 et la demande d'électricité n'augmentera d'ici à 2020 que si des projets dont la probabilité est faible, se réalisent. Ce sont le cuivre et le platine qui

Figure O.2 Demande d'électricité de l'industrie minière

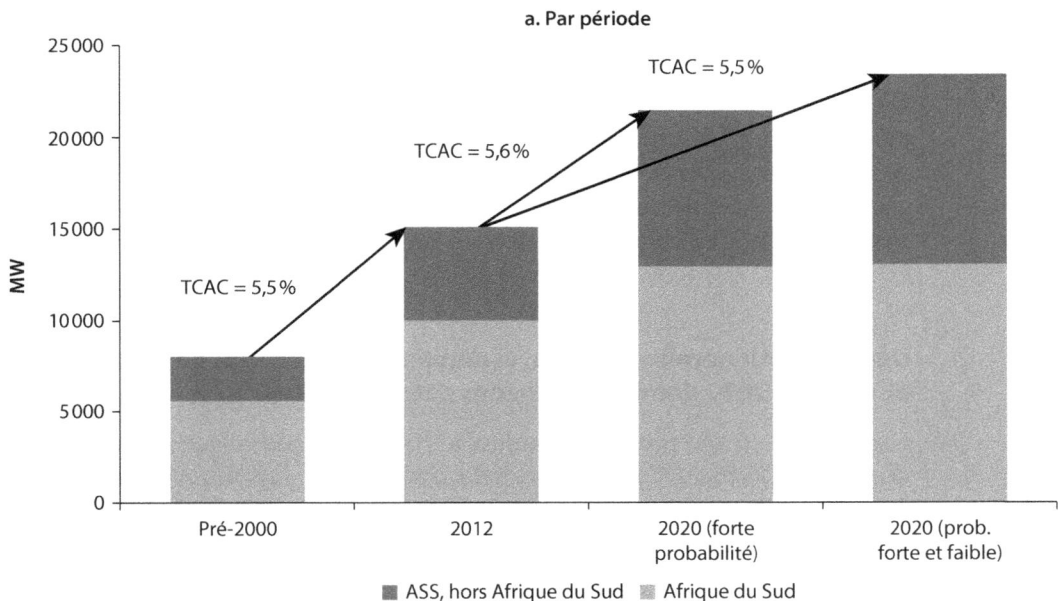

a. Par période

figure continue page suivante

Figure O.2 Demande d'électricité de l'industrie minière *(continue)*

b. Par région

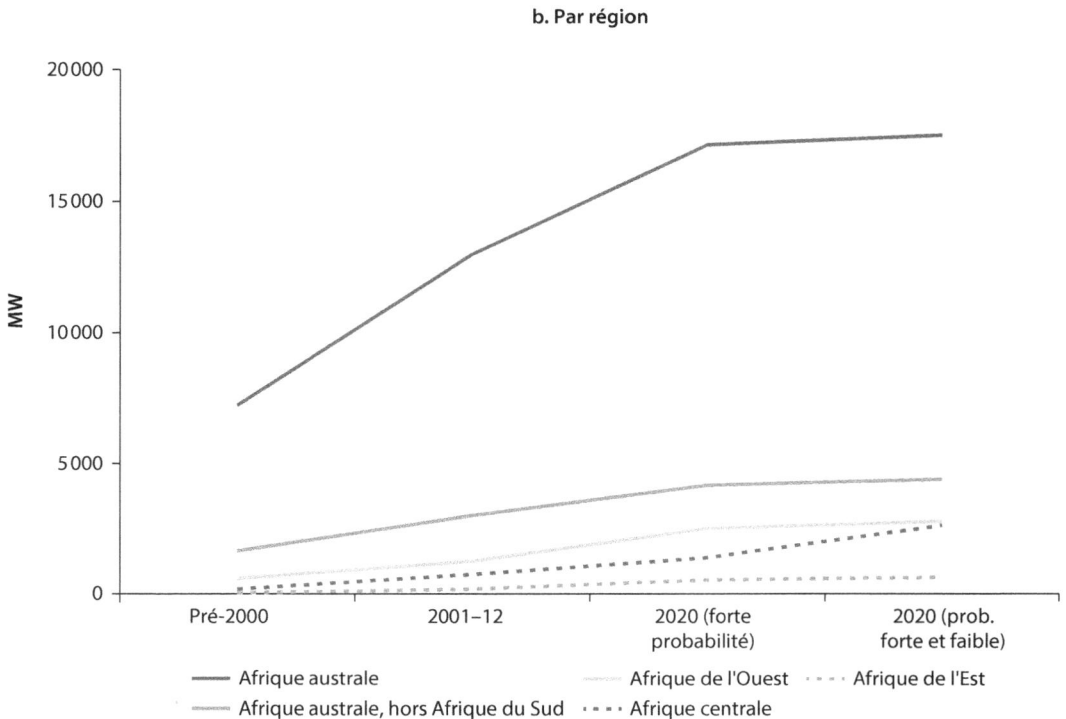

Source : Base de données énergie-exploitation minière en Afrique 2014, Banque mondiale, Washington DC.
Note : TCAC = Taux de croissance annuel cumulé

génèrent les plus fortes hausses de la demande — 2 150 MW et 2 010 MW respectivement — lorsque les projets dont la probabilité est forte et faible sont pris en compte. Les processus de fusion, dont l'intensité énergétique est particulièrement élevée, représentent environ les trois quarts de la demande d'électricité ainsi que les processus d'affinage. Les opérations de séparation et de concassage, moins intensives en énergie, devraient croître (à partir d'une base faible) de 9 % et 8 % par an, respectivement, entre 2012 et 2020.

Dans un petit nombre de pays, la demande d'électricité de l'industrie minière en 2020 dominera celle des autres secteurs

Les besoins en électricité de l'industrie minière dépassent très largement la demande d'électricité des autres secteurs dans certains pays. En ASS, la demande du secteur minier représentait 24 % de la demande nationale totale en 2012. Elle devrait progresser à 30 % en 2020 si l'on prend en compte les projets dont la probabilité est forte et faible (Figure O.3a). Elle devrait être supérieure en Guinée, au Libéria et au Mozambique à celle du total de la demande non-minière d'ici à 2020 (Figure O.3b). Pour de nombreux autres pays, le secteur minier représentera une

Figure O.3 Comparaison de la demande du secteur minier et de la demande non minière d'énergie

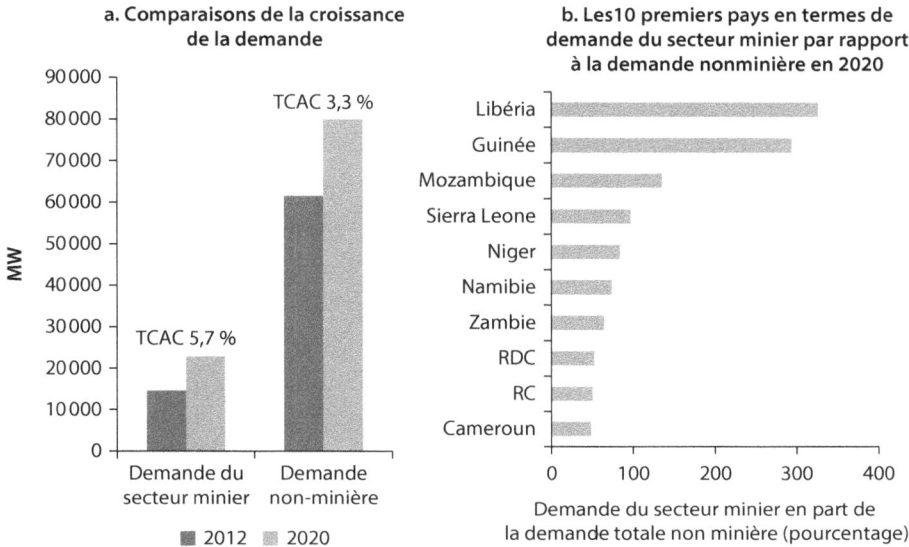

a. Comparaisons de la croissance de la demande

b. Les10 premiers pays en termes de demande du secteur minier par rapport à la demande nonminière en 2020

Source : Base de données énergie-exploitation minière en Afrique 2014, Banque mondiale, Washington DC.
Note : Le Panel a comprend 27 pays pour lesquels les chiffres de la demande du secteur minier et de la demande totale sont disponibles. TCAC = Taux de croissance annuel cumulé

portion substantielle de la demande totale en 2020. Comparativement à l'offre disponible, la demande du secteur minier risque de peser lourd. Si l'offre d'électricité du réseau reste au niveau atteint en 2012, la demande du secteur minier pourrait représenter jusqu'à 35 % du total de l'offre du réseau à l'horizon 2020.

L'avenir se jouera sur des mesures pilotes dans l'intervalle en mutation qui sépare l'auto-approvisionnement du raccordement au réseau

Traditionnellement, les mines se sont approvisionnées en électricité sur le réseau dans un souci de cohérence et de fiabilité de l'approvisionnement. L'auto-approvisionnement est un autre mode d'approvisionnement très fréquemment pratiqué — une mine décide de produire elle-même sa propre électricité en raison des coûts élevés de l'extension des réseaux de transport et de distribution jusqu'au site de la mine, de la faible sécurité de l'approvisionnement en électricité à partir du réseau et des tarifs élevés quand le réseau est alimenté par une production à base de carburant coûteuse. En outre, entre l'auto-approvisionnement et le raccordement au réseau, il existe au moins six méthodes intermédiaires : l'auto-approvisionnement et la responsabilité sociale des entreprises (RSE) ; l'auto-approvisionnement et la revente au réseau ; le raccordement au réseau et un système de secours en auto-approvisionnement ; des mines vendant collectivement de l'électricité au réseau ; des mines investissant dans le réseau ; et des mines soutenant un producteur d'électricité indépendant (IPP) en tant que grand client de référence (Tableau O.1). Les options intermédiaires les

Tableau O.1 Typologie des modes d'approvisionnement en électricité

	Auto-approvisionnement	Auto-approvisionnement + RSE	Auto-approvisionnement + vente au réseau	Approvisionnement par réseau + Auto-approvisionnement de secours	Options intermédiaires				Approvisionnement par le réseau
					Mines vendant collectivement au réseau	Mines investissant dans le réseau	Mines servant de client de référence pour IPP		
Description	La mine produit sa propre électricité en fonction de ses besoins	La mine fournit de l'électridte à la communauté par le biais de mini-réseaux ou de solutions hors réseau	La mine produit sa propre électricité et vend le solde produit au réseau	La mine est en priorité alimentée par le réseau et ne s'auto-approvisionne que lorsque c'est moins couteux	Investissement coordonne d'un groupes de mines, de producteurs et d'utilisateurs dans une grande centrale proche du site minier raccordee au réseau	La mine investit avec le gouvernement dans de nouveaux actifs ou dans la modernisation des actifs énergetiques existants selon plusieurs types d'accords différents	La mine achéte à un IPP son électricité et lui sert de client de référence	La mine ne produit aucune électricité, et s'approvisionne e à 100 % sur le réseau
Principales sources d'énergie	Diesel, HFO	Diesel, HFO	Charbon, gaz, Hydroélectricité	Diesel, HFO	Diesel, HFO, solaire	Hydroélectricité, gaz	Toutes	Toutes
Présence	Mali et Guinée (hydroélectricité) Sierra Leone et Liberia (pétrole)	Guinée Madagascar	Zimbabwe Mozambique Cameroun	RDC Tanzanie	Ghana	Niger RDC	Afrique du Sud	Mozambique Zambie

Source : Base de données énergie-exploitation minière en Afrique 2014, Banque mondiale, Washington DC.

Note : RSE = Responsabilité sociale de l'entreprise ; HFO = Fioul lourd ; IPP = Producteur d'électricité indépendant.

plus courantes sont « l'auto-approvisionnement et la revente au réseau » et les « mines investissant dans le réseau » sur l'ensemble de la période allant de 2000 à 2020. Les combinaisons d'options— ou les régimes transitoires — peuvent également évoluer au cours de la durée de vie de la mine.

Si le dispositif d'approvisionnement le plus fréquent des projets d'exploitation minière est le raccordement au réseau, l'auto-approvisionnement enregistre toutefois la plus forte progression, passant de 6 % des projets avant 2000 à 18 % en 2020. Dans la gamme des modes d'approvisionnement en électricité adoptés sur la période 2000-2020, l'auto-approvisionnement affiche la progression la plus rapide, à 11,5 %, par rapport aux options intermédiaires qui progressent de 5,8 %, et au réseau, en hausse de 4,7 %. Mais ce dispositif reste toutefois le moins utilisé des trois modes d'approvisionnement en électricité à l'horizon 2020.

La consommation totale des trois options — auto-approvisionnement, système intermédiaire et raccordement au réseau — s'inscrit en hausse dans les trois options jusqu'à 2020, soutenue par une augmentation du nombre de projets (Figure O.4a). L'approvisionnement par le réseau reste prépondérant jusqu'en 2020. À l'exception des options intermédiaires, la projection de la consommation moyenne d'électricité depuis 2000 devrait augmenter de 2 % (Figure O.4b). De même, alors que la pondération de la consommation totale liée à l'auto-approvisionnement augmente, la moyenne par projet va diminuer considérablement, ce qui démontre que seuls les projets à relativement faibles besoins énergétiques opteront pour elle.

Figure O.4 Typologie des options d'approvisionnement des mines en électricité

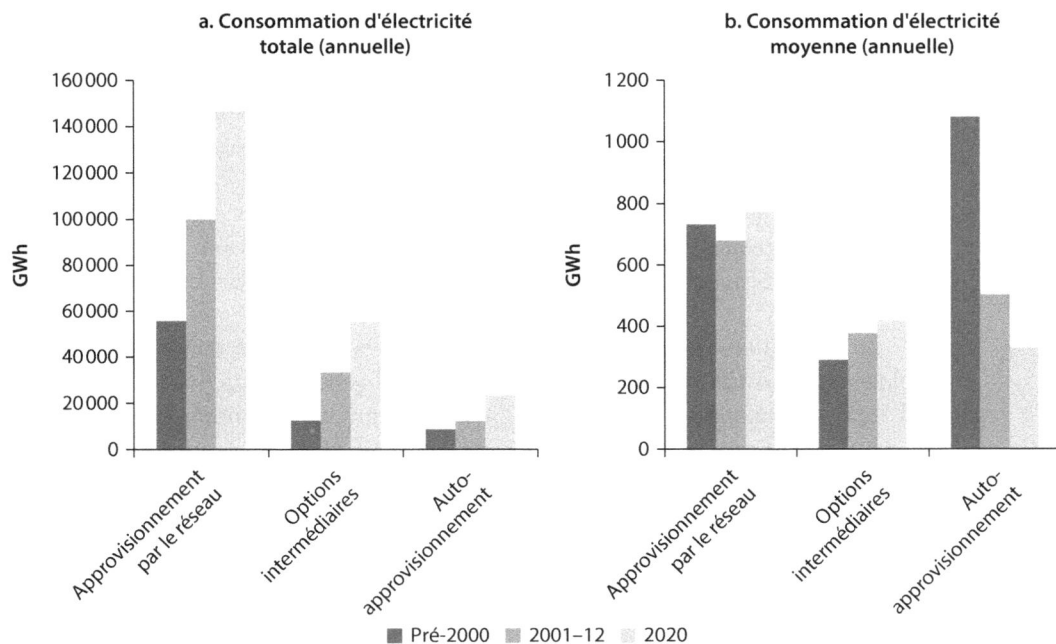

Source : Base de données énergie-exploitation minière en Afrique 2014, Banque mondiale, Washington DC.
Note : La consommation électrique moyenne des mines est calculée en divisant la consommation totale par le nombre de projets.

Des facteurs complexes régissent les dispositifs d'approvisionnement en électricité des mines

Trois facteurs principaux déterminent les modes d'approvisionnement en électricité. Premièrement, une source d'énergie primaire nationale est un facteur important pour disposer d'un approvisionnement suffisant et fiable. Les réseaux d'électricité d'origine hydroélectrique encouragent l'intégration avec les mines raccordées au réseau ou ont des modalités d'accord avec les services d'utilité publique. Les réseaux alimentés par des centrales au gaz ont tendance à produire les mêmes effets que les réseaux d'hydroélectricité, mais ils sont encore peu nombreux. Deux immenses mines de charbon au Mozambique — Moatize de Vale et Rio Tinto Benga — envisagent de revendre au réseau de l'électricité produite par leurs centrales électriques au charbon. Deuxièmement, certains types d'approvisionnement ont été adoptés pour compenser les déséquilibres offre-demande et la pénurie d'électricité qui en résulte. C'est, par exemple, l'option retenue par plusieurs projets miniers en Afrique du Sud et récemment en Tanzanie avec un raccordement de la mine au réseau compensé par l'auto-approvisionnement quand la fiabilité du réseau est mauvaise. Troisièmement, les écarts de coûts entre les tarifs du réseau et les coûts de l'auto-approvisionnement jouent un rôle important. Le choix de l'auto-approvisionnement se rencontre dans les régions desservies par des réseaux alimentés par des centrales au fioul (en particulier au Libéria et en Sierra Leone) où les mines s'auto-approvisionnent à des coûts inférieurs aux tarifs du réseau — mais aussi dans les pays où l'électricité est d'origine hydroélectrique et où la fréquence des coupures de courant incite les mines à s'auto-approvisionner malgré un coût supérieur aux tarifs des services publics. En raison des pertes dues aux coupures de courant, l'auto-approvisionnement reste rentable. Historiquement, c'est essentiellement dans les pays disposant de réseaux d'électricité d'origine hydroélectrique ou d'une électricité peu coûteuse que l'industrie minière a investi au côté des pouvoirs publics dans des installations existantes ou nouvelles. Il s'agissait pour les mines de soutenir la construction de réseaux plus robustes fournissant de l'électricité stable et bon marché à moyen et long termes.

Les entretiens avec les sociétés minières révèlent une combinaison complexe d'objectifs et de motivations quand elles étudient leurs options d'approvisionnement énergétique. Plus important, il faut noter que les mines accordent au moins autant d'importance à la sécurité de l'approvisionnement qu'au coût. Elles investissent dans l'auto-approvisionnement, même lorsque le coût du kilowatt livré est beaucoup plus élevé, afin de conserver le contrôle de leur approvisionnement en électricité et d'en assurer la continuité. Par exemple, les centrales hydroélectriques publiques dont les coûts d'immobilisations sont déjà amortis peuvent fournir aux exploitations minières une électricité peu coûteuse, mais les mines préfèrent opter pour l'autoproduction si la continuité de la fourniture de cette électricité n'est pas assurée.

L'auto-approvisionnement représente des pertes pour l'économie, les entreprises de services publics et les mines

Entre 2000 et 2012, les sociétés minières ont investi environ 1,3 milliard de dollars dans des capacités de production, totalisant 1 590 MW et comprenant une part d'auto-approvisionnement (auto-approvisionnement seul ; auto-approvisionnement et RSE ; auto- approvisionnement et vente au réseau ; approvisionnement par le réseau et auto-approvisionnement en secours). À l'horizon 2020, il est prévu quelques 10 260 MW supplémentaires pour répondre à la demande de l'industrie minière. Sur ces chiffres, les dispositifs d'auto-approvisionnement en représentent 1 753 MW dans le scénario de haute probabilité, contre 3 061 MW dans le scénario de faible probabilité. Ceci coûtera entre 1,4 et 3,3 milliards de dollars et représentera de 21 à 30 % de la capacité de production totale pour pouvoir satisfaire la demande de l'industrie minière à l'horizon 2020. Cette capacité de production sera en majeure partie thermique (diesel et fioul lourd), tandis que le solde (6 650–7 195 MW) devrait résulter d'accords collectifs (par ex. : des mines vendent au réseau ; des mines investissent dans le réseau ; et la demande des mines sert de point d'ancrage pour un IPP) et de l'approvisionnement par le réseau. Les investissements dans des capacités de production hydrauliques et au gaz seront les principaux moteurs du développement de la capacité de production.

Ces investissements dans l'auto-approvisionnement profitent aux mines, mais à un coût élevé. Si les mines délaissent l'auto-approvisionnement, les services d'utilité publique et la population en tireront aussi des avantages, et de nouvelles opportunités émergeront également pour le secteur privé.

L'intégration énergie-exploitation minière peut créer des économies substantielles, des avantages pour les communautés et encourager la participation du secteur privé

Favoriser les économies d'échelle peut alléger les charges tant pour les mines que pour la population locale. En Guinée, Mauritanie et Tanzanie, il existe un potentiel important de mines pouvant servir de point d'ancrage de la demande dans des projets locaux d'électrification. En Guinée et en Mauritanie, là où le réseau commence à peine à exister, il n'est pas rentable d'y raccorder des mines. En revanche, les mines sont peu éloignées les unes des autres et envisagent de recourir à l'auto-approvisionnement en créant conjointement un IPP ou en signant un accord avec un IPP chargé de la production et du système de transport — créant ainsi *de facto* un mini-réseau à haute tension. Une démarche similaire peut conduire à des projets d'énergie hydroélectrique, comme c'est le cas en Guinée, ou des projets TGCC, comme en Mauritanie.

Trois scénarios ont été simulés — auto-approvisionnement à partir de générateurs au diesel (scénario 1), approvisionnement partagé par les mines (scénario 2), et approvisionnement partagé par les mines et les communautés avoisinantes (scénario 3). Pour la Guinée, le coût d'investissement (incluant

production et transport) est estimé à environ 310 millions de dollars dans le
scénario 2 et 592 millions de dollars dans le scénario 3. Pour la Mauritanie,
l'investissement total est d'environ 104 millions de dollars pour le scénario 2 et
de 142 millions de dollars pour le scénario 3.

Le coût de l'électricité produite grâce à la construction d'une usine partagée
pouvant satisfaire les demandes de l'industrie minière et les demandes résidentielles et non résidentielles locales est beaucoup plus faible, générant des économies substantielles. En Guinée, le coût normalisé de production du scénario 2,
à 4,9 cents par kilowattheure (kWh), est le plus bas, bien que celui du scénario 3
ne soit pas non plus beaucoup plus élevé, à 5,0 cents par kWh (Figure O.5a). En
Mauritanie, le coût du scénario 3, à 9,2 cents par kWh, est semblable à celui du
scénario 2 (Figure O.5b). Les mines de Guinée pourraient en tirer 640 millions
de dollars d'économies, tandis que celles de la Mauritanie bénéficieraient d'une
réduction de 990 millions de dollars de leurs coûts d'exploitation. Dans le scénario 3, 5 % de la population de la Guinée (environ 540 000 personnes) et 4 %
de la population de la Mauritanie (environ 143 600 personnes) pourraient être
raccordés au réseau d'électrification.

Pour les habitants des villes nouvellement électrifiées, les avantages
économiques par ménage sur la durée du projet pourraient atteindre un total
d'environ 433 dollars pour la Guinée et de 285 dollars pour la Mauritanie, en se
basant sur le coût des piles sèches non utilisées.

Figure O.5 Estimations du coût normalisé des scénarios d'intégration

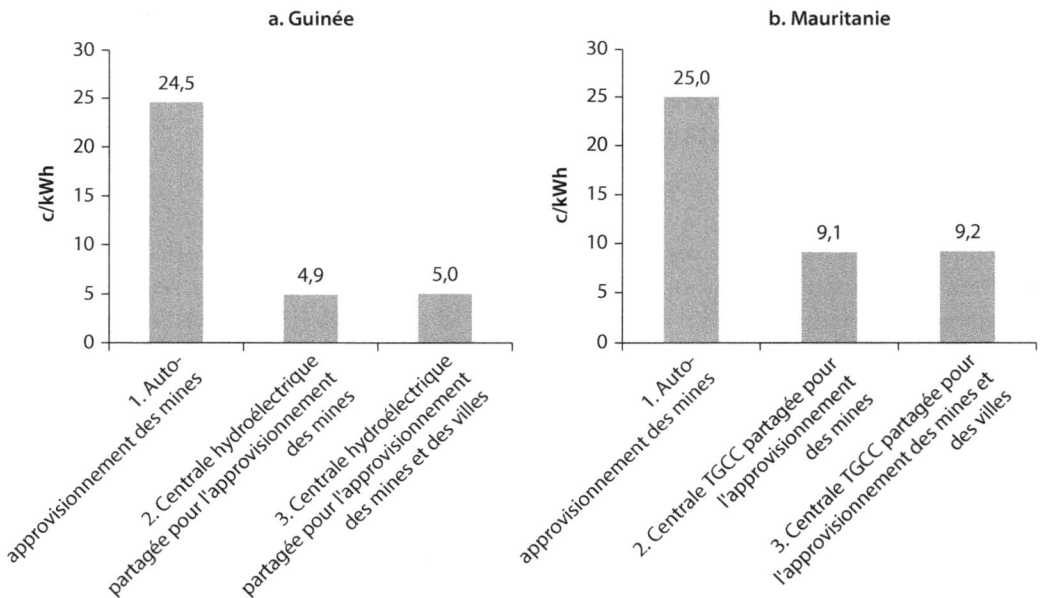

Source : Banque mondiale
Note : TGCC = Turbine à gaz à cycle combiné.

En Tanzanie, de nombreuses exploitations minières sont obligées d'opter pour l'auto-approvisionnement compte tenu du niveau de performance et de la situation financière de la *Tanzania Electric Supply Company*. Les mines pourraient pourtant offrir le coup de pouce nécessaire pour investir de manière durable dans des centrales de grande capacité. Elles pourraient desservir des collectivités à proximité des mines ou du raccordement des mines au réseau, qui sans cela n'auraient aucun accès à l'électricité. L'intégration pourrait également être envisagée dans l'un de ces trois scénarios de production : une centrale hydroélectrique de 300 MW dans le bassin versant du fleuve Rufiji, une centrale à essence de 300 MW à Dar es Salaam, ou une centrale électrique au charbon de 300 MW près des mines de charbon de Mbeya. Ces puissances sont supérieures aux besoins des mines impliquées dans le projet et le solde de capacité disponible pourrait alimenter le réseau national et répondre à la demande croissante de Mwanza et Shinyanga, ce qui répartirait les coûts sur une base de demande plus large, et se traduirait dans les trois options par des coûts plus faibles dans les scénarios 2 et 3 (Figure O.6). Les mines enregistreraient ainsi des économies de coûts d'environ 3,4 à 3,7 milliards de dollars tandis que les consommateurs de Mwanza et Shinyanga bénéficieraient d'une meilleure desserte en électricité.

L'intégration énergie-exploitation minière donnera de l'élan à l'intégration énergétique régionale

Les mines du Cameroun et du Mozambique pourraient servir d'acheteur principal et ainsi permettre d'amorcer le développement de projets de production régionale. Au Cameroun, le travail du Gouvernement s'inscrit dans un cadre qui

Figure O.6 Estimations du coût normalisé des scénarios d'intégration, Tanzanie

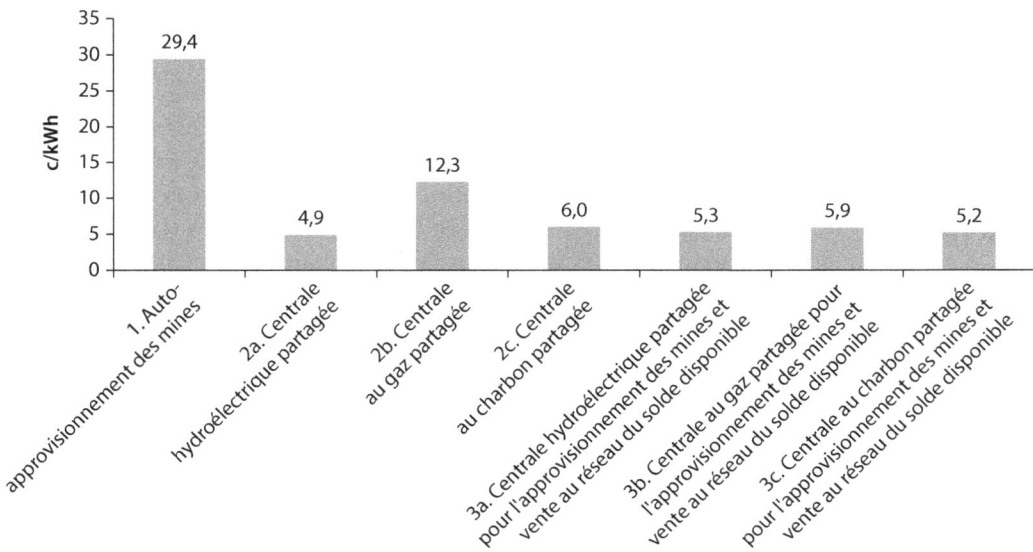

exige que les grands utilisateurs d'énergie prennent des engagements de planification et d'investissement à long terme à l'égard des ressources hydroélectriques du pays. L'attribution des sites ayant un potentiel hydroélectrique aux promoteurs privés relève d'un processus de mise en concurrence, à l'exception des cas où il apparaît logique d'attribuer le site à une mine afin de développer des capacités de production d'électricité pouvant satisfaire ses propres besoins. En confiant à la mine la responsabilité de l'intégralité du développement du potentiel de production d'hydroélectricité du site, il devient possible de réussir à maximiser les économies d'échelle et de définir la répartition optimale des ressources entre la mine et le réseau, avec la vente au réseau de l'excédent de production à des tarifs permettant le recouvrement des coûts, déterminés par l'autorité de régulation. L'excédent sera initialement absorbé par le marché national, mais en temps voulu, l'électricité pourra être exportée au bénéfice du Pool énergétique d'Afrique centrale aujourd'hui inactif.

Au Mozambique, les mines produisent du charbon à coke de haute qualité réservé à l'exportation, mais les résidus de charbon sont disponibles pour produire de l'électricité. La demande des mines justifie et constitue le point d'ancrage nécessaire au développement de centrales alimentées par les résidus de charbon. Toutefois, tout projet de capacité de production supplémentaire ne pourra se concrétiser que si des acheteurs appartenant au Pool énergétique de l'Afrique australe (SAPP) sont identifiés. Deux scénarios ont été simulés. Dans le scénario 1, l'auto-approvisionnement et les centrales alimentées par les déchets de charbon dans chacune des mines ne font que satisfaire la demande des mines (236 MW). C'est un simple exemple illustratif. Dans la pratique, il devrait s'y ajouter des exportations d'énergie électrique vers les marchés nationaux et régionaux. Dans le scénario 2, les mines de charbon renforcent la capacité de production de leurs centrales et évacuent leur excédent par une ligne de transport dédiée vers une aluminerie de 900 MW dans le port de Macuze (1 810 MW). Ce scénario prévoit la création d'un marché d'électricité à base de résidus de charbon, en l'occurrence grâce à une fonderie qui serait construite sur le port de Macuze, lui-même en cours de construction en vue d'assurer la gestion des exportations de charbon en vrac provenant de la région de Tete. Le coût de cet investissement, y compris la fonderie, s'élèvera à 3,5 milliards de dollars. La fonderie permettrait de réduire le coût de l'électricité à 4,1 cents/kWh, par rapport à 5,8 cents/kWh dans le scénario 1 (Figure O.7). Si le marché régional semble l'option la plus probable pour commercialiser l'électricité produite à partir des résidus de charbon, cette fonderie pourrait offrir une alternative. Toutefois, les émissions de dioxyde de carbone (CO_2) seraient considérables, atteignant 11 837 tonnes dans le scénario 1 et 55 071 tonnes dans le scénario 2.

Il faut trouver des réponses aux contraintes techniques et financières afin de faciliter l'intégration énergie-exploitation minière

La contrainte physique primordiale tient à l'absence de réseau national de transport capable de prendre en charge les flux supplémentaires résultant d'une expansion du secteur minier et du reste de l'économie. Au Mozambique, les

Figure O.7 Estimations du coût normalisé des scénarios d'intégration, Mozambique

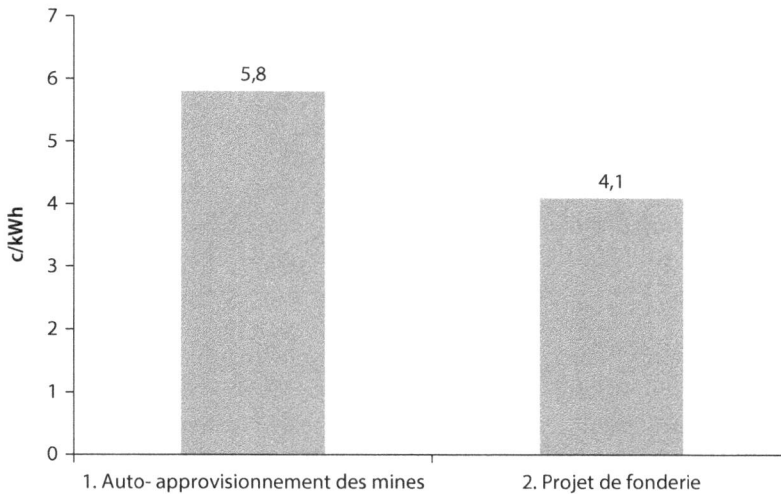

Source : Banque mondiale.

contraintes de transport pèsent sur toutes les options de production, y compris les centrales au charbon, qui permettraient d'alimenter *Electricidade de Moçambique* (EDM) et d'accéder au marché régional du SAPP. Réaliser le plein potentiel de la République démocratique du Congo et de la Zambie exigerait de lever les contraintes du marché énergétique régional et des interconnexions.

La situation financière difficile des entreprises de services publics représente une autre contrainte majeure. En 2012, en République démocratique du Congo, sur 2 kWh produits, les recettes n'ont été perçues que sur environ 1 kWh ; les inefficacités du secteur de l'électricité, s'ajoutant à des tarifs peu élevés, ont coûté près de 4 % du PIB. En Tanzanie, la *Tanzania Electric Supply Company (TANESCO)* affiche des déficits financiers depuis de nombreuses années ; en 2012, la perte d'exploitation s'est élevée à 139 millions de dollars, portant les pertes cumulées à 503 millions de dollars, soit 2 % du PIB.

Des contraintes propres à chaque pays existent aussi. Au Ghana, où domine l'énergie hydroélectrique, la volonté de diversification par des centrales au gaz est limitée par le manque de fiabilité de l'approvisionnement en gaz. Au Cameroun, la production hydroélectrique ne pouvait pas se développer, faute d'un contrôle des débits du principal axe fluvial. Ce problème devrait être prochainement résolu, et désormais l'enjeu sera de renforcer le cadre mis en place pour soutenir les investissements prévus des sociétés minières dans des projets de grandes centrales hydroélectriques — et de le rendre opérationnel. En Guinée et au Mozambique, ce sont davantage les problèmes de transport que de capacité de production d'électricité qui freinent la croissance de l'exploitation des minerais de fer et les exportations de charbon à coke. Le développement des capacités ferroviaires et portuaires faciliterait l'intégration des secteurs de l'électricité et des mines.

Une analyse attentive des leçons tirées de l'expérience et des risques de l'engagement est indispensable

Le potentiel d'une intégration énergie-exploitation minière est considérable, mais il n'y a guère d'exemple démontrant que les populations aient tiré des avantages d'une telle intégration dans le passé. Dans des pays particulièrement riches en minerais comme la Guinée, la Mauritanie, le Mozambique, la République démocratique du Congo, la Tanzanie et la Zambie les taux d'électrification restent inférieurs à 20 %. Les mines ayant adopté une approche de RSE dans leur participation à l'électrification sont peu nombreuses. Elles investissent toutefois dans le réseau énergétique par le biais d'un éventail d'accords commerciaux. Dans de tels cas, la société nationale de services publics est souvent propriétaire des infrastructures, et le prépaiement est traité comme un prêt remboursé en nature, plutôt qu'en espèces, sous la forme d'une compensation de l'électricité facturée. Ceci correspond à un tarif réduit pendant la période de remboursement. Toutefois, le public et les médias n'ont pas connaissance d'un bon nombre de ces arrangements, ce qui pose des problèmes de transparence, tout en ternissant l'image publique des sociétés minières.

La tarification a été une cause de tension, portant atteinte aux relations entre les deux secteurs — énergétique et minier. Au Cameroun, en République démocratique du Congo et en Zambie, le prix fixé pour les services du réseau est inférieur au dixième du prix de revient de l'auto-approvisionnement avec un générateur diesel classique de 5 MW. La Zambie est le pays qui pratique de loin les tarifs les plus bas pour l'industrie minière. Il s'agit d'un ensemble de prix négociés avec la *Zambia Electricity Supply Corporation*, la *Copperbelt Energy Corporation* et différentes autres mines. Les tarifs appliqués aux exploitations minières sont inférieurs au coût marginal à long terme. Aujourd'hui, toutefois, des efforts sont en cours pour ramener dès 2014 ces tarifs à des niveaux correspondant aux coûts. Il en va de même au Ghana, où les mines n'ont jamais eu d'incitation financière les poussant à signer des contrats d'achat et de fourniture d'électricité avec des producteurs indépendants dans la mesure où le producteur, *Volta River Authority* (VRA), leur a toujours fourni de l'électricité d'origine hydroélectrique ou mixte hydro-générateur à bas prix (Banque mondiale, 2013b). Les tarifs ont toutefois été récemment revus à la hausse et ils sont désormais supérieurs au coût marginal à long terme.

Les mines, comme partenaires du développement du secteur de l'électricité, peuvent véhiculer des risques, ce qui pourrait expliquer pourquoi l'intégration énergie-exploitation minière est restée limitée jusqu'à maintenant. Tout d'abord, des investissements prévus dans le secteur minier peuvent ne pas se concrétiser en raison de fluctuations des prix, de difficultés à lever des capitaux, d'évaluations géologiques trop optimistes et d'instabilité politique. Sur les marchés internationaux des matières premières, les prix fluctuent, et peuvent être parfois très volatiles. La hausse des prix depuis 2003 est la plus forte jamais vue, même si elle s'est quelque peu ralentie depuis 2012 (Figure O.8). Deuxièmement, en cas de chute des prix, les mines et fonderies risquent de réduire leur production et donc

Figure O.8 Prix des minerais, 1983–2013

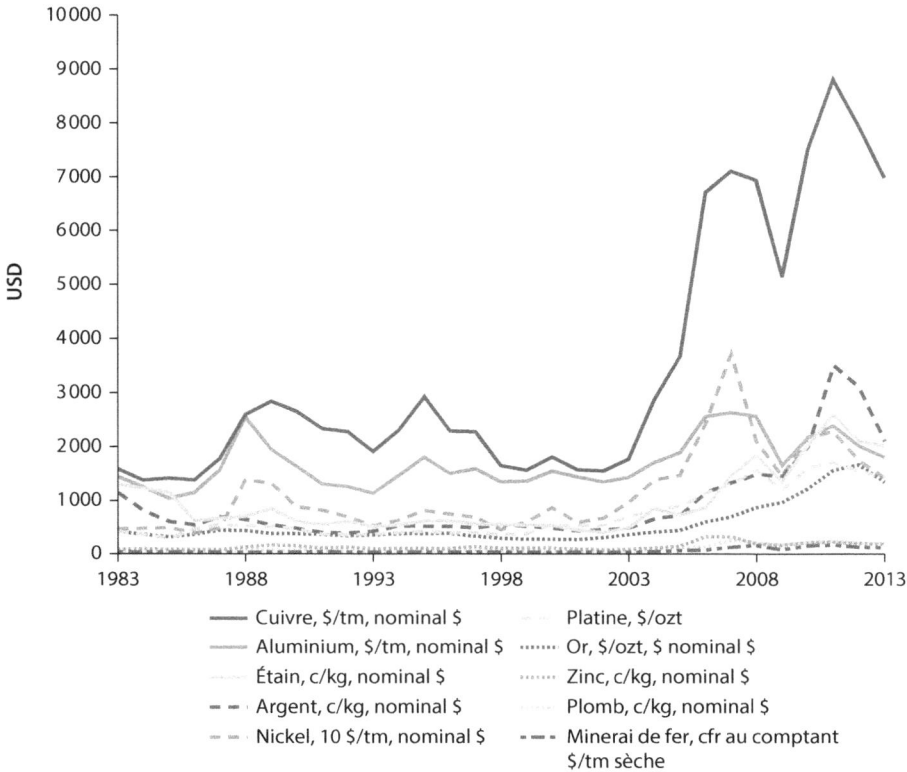

Cuivre, \$/tm, nominal \$ — Platine, \$/ozt
Aluminium, \$/tm, nominal \$ — Or, \$/ozt, \$ nominal \$
Étain, c/kg, nominal \$ — Zinc, c/kg, nominal \$
Argent, c/kg, nominal \$ — Plomb, c/kg, nominal \$
Nickel, 10 \$/tm, nominal \$ — Minerai de fer, cfr au comptant \$/tm sèche

Source : Banque mondiale 2013a.

leurs besoins en énergie. Troisièmement, la durée de vie des mines étant limitée et généralement moins longue que celle des grandes centrales, les investissements énergétiques risquent d'exiger d'élargir la base de clientèle sans que le recrutement de nouveaux clients ne se matérialise. Quatrièmement, le secteur minier peut devenir un puissant groupe de pression capable d'extorquer du secteur de l'électricité des subventions ou des privilèges spéciaux, d'autant plus dans un contexte de croissance de la demande globale d'électricité si les exploitations minières perdent leur statut d'acheteur principal. Si c'est le cas, la demande du secteur minier pourrait évincer les entreprises de taille moyenne et les consommateurs résidentiels, et réduire le potentiel d'élargissement de l'accès à l'électricité.

De nombreux obstacles institutionnels freinent l'intégration énergie-exploitation minière. La mise en commun de ressources par les mines est difficile compte tenu de l'environnement hautement concurrentiel de l'industrie minière. Pourquoi construire des centrales de capacité supérieure à la demande propre d'une mine s'il n'y a pas d'incitations réglementaires et commerciales et si le réseau de transport ne dispose d'aucune capacité supplémentaire? En règle générale, la fourniture d'électricité aux communautés locales est négligée, sauf dans les cas où les sociétés minières l'intègrent dans leur plan de RSE ou si elles sont contractuellement tenues de le faire. En outre, de nombreux services d'utilité publique ne sont pas des partenaires viables dans lesquels les sociétés minières pourraient investir.

Les gouvernements et les décideurs doivent saisir cette opportunité et adopter des mécanismes d'atténuation des risques appropriés afin de proposer des perspectives bénéfiques pour toutes les parties

Renforcer les finances du secteur de l'énergie. Les entreprises de services publics ont besoin d'être considérées comme des partenaires viables et solvables des sociétés minières. Quel que soit le mode d'approvisionnement en électricité retenu, le service d'utilité publique devra devenir le principal partenaire des mines. Il est donc primordial d'assurer sa santé financière et sa solvabilité pour obtenir une intégration réussie et durable. Les différents types de mode d'approvisionnement en électricité possibles seront fonction du rôle de l'entreprise de services publics : acheteur d'énergie à long terme (*off-taker*), distributeur d'électricité ou co-investisseur.

Appuyer l'amélioration de l'environnement opérationnel des IPP. La libérali-sation du secteur de l'énergie doit être suffisamment engagée au niveau des pays pour que des IPP puissent se mettre en place dans le segment de la production et pour qu'elle encourage aussi les investissements du secteur privé, de pré-férence dans le transport énergétique. Les mines ont un grand rôle à jouer dans tous les pays ici étudiés: elles sont capables d'investir directement dans la produc-tion et le transport d'électricité, ou de le faire en tant qu'acheteur principal d'IPP privés. Le cadre législatif de la production par des IPP est déjà en place dans tous les pays, sauf en République démocratique du Congo où la nouvelle législation est en phase finale d'approbation présidentielle.

Intégrer la demande minière dans la planification du secteur de l'énergie. Dès que des accords concrets avec des mines sont signés, la demande en électricité des mines, actuelle et projetée, doit être prise en compte dans l'analyse de l'offre et de la demande et dans les plans d'investissement sectoriel au moindre coût. À ce jour, la Tanzanie est le seul pays qui a explicitement intégré dans son plan directeur de l'énergie la croissance du secteur minier et ses plans d'investissement dans le secteur de l'énergie électrique. Parmi les plans directeurs des pools énergétiques, le Pool énergétique de l'Afrique de l'Ouest est le seul à avoir mis en exergue la demande du secteur minier. Cet état de fait a conduit à des situations où l'investissement du secteur minier n'a pas pu être exploité dans la mesure où le réseau de transport était incapable de prendre en charge les capacités supplémen-taires que les mines allaient revendre au réseau. Une planification sectorielle inté-grée offrirait une vision beaucoup plus claire de la situation énergétique future d'un pays. Pour faciliter cette intégration, il faut qu'y participe le ministère des mines du pays, ou les services concernés dans les pays où les mines et l'énergie relèvent du même ministère (par exemple, au Cameroun, en Mauritanie et en Tanzanie).

Les besoins énergétiques doivent être intégrés dans la législation minière. Les nouvelles exploitations minières devraient être tenues de détailler leur demande d'énergie et de préciser quels seront leurs modes d'approvisionnement. Lorsque la collaboration est possible, la loi devrait exiger qu'il y ait dialogue entre les sociétés minières et les organismes publics compétents. L'accent doit être mis sur le dialogue, plutôt que sur les actions prescrites. Dans le cas des mines dépassant un seuil de taille qui s'auto-approvisionnent dans des régions isolées, il faudrait envisager d'instaurer une obligation de fourniture d'électricité aux communautés locales.

Faire appel à des experts. Les gouvernements devraient adopter une perspective à long terme lorsqu'ils cherchent à identifier les synergies potentielles et créer un environnement propice attrayant. Bien souvent, les solutions à court terme seront incompatibles avec les besoins du pays à long terme, notamment si l'on prend en compte la demande non-minière croissante. De nombreux régimes institutionnels sont possibles et il faut éviter une approche à sens unique. Les gouvernements auront intérêt à solliciter l'avis d'experts pour les aider à identifier les modalités qui permettront à leur pays d'obtenir les meilleurs avantages.

Renforcer les mécanismes de régulation. Les pays doivent se tourner vers des structures de régulation plus efficaces. Dans la plupart des pays, la réglementation technique est satisfaisante, mais la régulation économique semble défaillante dans l'établissement de tarifs assurant un recouvrement des coûts permettant aux entreprises de services publics d'entretenir l'équipement et d'effectuer des investissements. Outre la réglementation économique, un système de régulation efficace doit gérer les risques et réglementer l'accès. Les risques inhérents aux IPP et PPA sont les défauts et les retards de paiement et le non-respect des obligations contractuelles. Quand les régulateurs sont efficaces, ils font respecter les contrats et renforcent les services d'utilité publique qui ne peuvent pas fournir de garanties souveraines (par exemple, comptes séquestres, rapatriement des bénéfices et garanties contre la nationalisation) généralement requises lorsque le service d'utilité publique n'est pas viable.

Une révision régulière des tarifs consentis aux mines. Les tarifs appliqués aux mines doivent être soigneusement fixés et régulièrement réévalués. Il est séduisant de s'appuyer sur de grandes exploitations minières comme clients de référence dans des projets importants de production d'électricité, mais ceci doit être entrepris avec prudence. Une tarification flexible de l'électricité peut permettre d'éviter de subventionner les mines aux dépens du service d'utilité publique — ou des contribuables. En outre, les industries non minières et les consommateurs résidentiels finiront par vouloir obtenir une partie de l'énergie électrique consommée par la compagnie minière. La forte demande de l'industrie minière va évincer d'autres consommateurs, même s'ils sont disposés à payer un prix plus élevé. Il faudra que les contrats passés avec l'acheteur principal tiennent compte de ces éventualités.

Une rédaction soignée des contrats de RSE. Certaines sociétés minières inscrivent la fourniture locale d'électricité dans leur cadre de politique de RSE. Mais comme cette activité ne relève que du bon vouloir des mines, sa durabilité peut se trouver compromise tandis que la responsabilité des autorités publiques risque de ne pas être engagée. Si les mines et les autorités publiques aboutissent à un accord sur un modèle de RSE, la mise au point d'accords types de concession rendant obligatoire la fourniture d'électricité dans un certain périmètre raffermirait la confiance des investisseurs, mettrait sur un pied d'égalité toutes les sociétés minières en matière de programmes de RSE, et renforcerait la responsabilisation des autorités publiques dans la surveillance de l'application du contrat. Avec ce type de contrat, il est important de prévoir un renforcement des capacités pour faire fonctionner le système de distribution local, ce qui permet au gouvernement (ou ses sous-traitants) de prendre en charge la distribution et le recouvrement des factures, en vue d'en assurer la viabilité future.

L'utilisation des plates-formes régionales. À court et à moyen termes, dans un pays donné, la demande d'électricité du secteur minier et la demande non-minière peuvent à elles-seules ne pas justifier ce qui serait autrement considéré comme un investissement optimal dans le secteur de l'électricité. Une coordination régionale des politiques d'infrastructures et de partage de l'énergie électrique sera nécessaire pour tirer pleinement parti de ces nouveaux dispositifs.

Le Groupe de la Banque mondiale doit appuyer les gouvernements dans leur effort de développement des synergies offertes par la demande d'énergie de l'industrie minière

Le Groupe de la Banque mondiale est prêt à étudier les idées de projets dont les scénarios sont explorés dans la présente étude, en particulier dans les pays dont les réseaux sont insuffisants et peu fiables. Ces projets pourront être développés avec des mines comme point d'ancrage de la demande, mais ils exigent aussi de disposer d'un appui des autorités publiques et des bailleurs de fonds, car les mines ne sont guère enclines à créer des centrales électriques surdimensionnées pour desservir les populations avoisinantes ou à envoyer les excédents de capacité vers le réseau. Le Groupe de la Banque mondiale pourra également fournir des conseils techniques et des instruments financiers novateurs (tels que des garanties et des rehaussements de crédit) qui facilitent les accords commerciaux entre mines et entre les mines et les entreprises de services publics. Dans les pays où les mines ont largement accès au réseau, le Groupe de la Banque mondiale peut proposer des études analytiques et des conseils ponctuels sur la rationalisation des structures tarifaires et la négociation des tarifs à long terme pour les mines.

Le Groupe de la Banque mondiale continuera à appuyer les entreprises de services d'électricité et les autorités de régulation du secteur dans l'optique d'une amélioration de la santé financière du secteur, mais aussi de l'environnement de l'investissement privé indispensable pour répondre à la croissance spectaculaire de la demande. Le personnel du Groupe de la Banque mondiale aidera à assurer une collaboration régulière entre les différentes entreprises des deux secteurs, notamment par des missions conjointes dans les pays retenus. Il aidera également à promouvoir au niveau du pays une interaction entre les parties prenantes du secteur de l'électricité et du secteur minier au travers d'ateliers et conférences nationaux et locaux pour que les différents groupes soient informés des possibilités, des défis et du partage des responsabilités. Le personnel veillera également à promouvoir un dialogue régional, tant pour favoriser le développement de ressources énergétiques de grande envergure appuyées sur des sociétés minières faisant office de point d'ancrage de consommation, que dans l'appui à des projets d'interconnexion régionale. Dans certaines sous-régions, ceci pourra se faire par l'intermédiaire des pools énergétiques régionaux.

Les revenus tirés du secteur minier par le biais de la fiscalité, des dividendes et/ou des royalties ont un potentiel important de stimulation du développement des infrastructures à condition d'être convenablement gérés. Des outils financiers existent pour faciliter la mise en place de services publics d'infrastructure. La titrisation permet d'améliorer les conditions d'emprunt en conférant le statut *d'investment grade*, et de réduire les coûts financiers, d'atténuer les incertitudes relatives aux revenus grâce au partage des risques, de promouvoir une gouvernance solide, la transparence et des pratiques robustes de gestion des actifs, et de développer l'expérience du marché des capitaux ce qui profitera aux transactions ultérieures. Une boîte à outils pourra être créée offrant des instruments d'analyse approfondie des dispositifs institutionnels présentés dans la présente étude et comprenant des méthodologies d'évaluation des coûts et avantages de chacun. La moisson d'informations collectée dans la base de données énergie-exploitation minière en Afrique devra être régulièrement mise à jour. Le Groupe de la Banque mondiale cherchera une institution africaine pouvant héberger et maintenir cette base de données dans un espace accessible au public.

Enfin, un mécanisme consultatif technique pourra être envisagé pour aider les gouvernements à négocier des contrats entre les sociétés minières et les fournisseurs d'électricité. Compte tenu des difficultés importantes que rencontrent la plupart des gouvernements africains, ce mécanisme pourrait offrir des appuis techniques leur permettant d'être mieux armés lors des négociations.

CHAPITRE 1

Une opportunité à risque élevé et rentabilité élevée

Le rôle des gros consommateurs d'énergie comme point d'ancrage du développement du secteur de l'électricité

L'Afrique sub-saharienne (ASS) compte pour la moitié du déficit mondial d'accès à l'électricité. Le manque d'accès à des services énergétiques modernes pose des défis importants aux efforts de maintien de niveaux élevés de croissance économique visant à accroître l'égalité et réduire la pauvreté. Le taux d'électrification global de la région n'atteint en moyenne que 31 %, soit 60 % dans les zones urbaines, mais à peine 14 % dans les zones rurales. Les ménages dépourvus d'un accès à l'électricité utilisent le kérosène ou des piles sèches, néfastes pour la santé et l'environnement, pour subvenir à leurs besoins d'éclairage de base. Les ménages disposant d'un accès à l'électricité restent très faiblement consommateurs. La consommation annuelle moyenne d'électricité par habitant en ASS (hors Afrique du Sud) n'atteint, en effet, que 155 kWh, contre 4 470 kWh en Afrique du Sud et 13 000 kWh aux États-Unis (EIA 2008).

La capacité totale de production installée de la région en 2011 n'atteint que 78 gigawatts (GW), inférieure à celle de toutes les autres régions. Et l'Afrique du Sud compte pour 45 GW sur ce total, suivie de loin par le Nigeria, à 6 GW. La capacité de production des autres pays de l'ASS atteint 33 GW, équivalente à celle de la Norvège ou l'Argentine. Sur la base du niveau d'investissement actuel, le nombre d'Africains sans électricité passera de 590 millions en 2013 à 655 million en 2030. La demande d'électricité est prévue en hausse annuelle de 6 % par an. Il faudra donc des investissements massifs — largement supérieurs à ce que prévoit le scénario de statu quo, qui se situe à un peu plus de 1 GW par an — pour arriver à suivre le rythme des aspirations d'un continent en pleine croissance. Pour amener à l'horizon 2030 le niveau de consommation d'électricité par habitant de la région au niveau de consommation actuel de l'Afrique du Sud, il faudrait environ 1 000 GW de capacité de production nouvelle (Eric Bazilian et al., 2012). Résoudre les problèmes énergétiques chroniques et corriger le manque d'accès à l'électricité de l'Afrique exigeront des investissements majeurs de développement et de remise en état des infrastructures énergétiques.

Les ménages et les petites entreprises d'ASS disposant d'un accès à l'électricité paient un lourd tribut aux insuffisances et manque de fiabilité de l'offre d'électricité de la région. Ils paient trois fois plus que leurs riches contreparties des États-Unis et d'Europe et sont régulièrement victimes de coupures de courant (Foster et Briceno-Garmendia, 2010). Près de la moitié des entreprises de l'ASS — surpassées seulement par celles de l'Asie du Sud, et de la région Moyen-Orient et Afrique du Nord — identifient l'électricité comme une contrainte majeure pour le développement des affaires (Figure 1.1a). Les coupures de courant sont omniprésentes, coûtant environ 5 % du chiffre d'affaires annuel (Figure 1. 1b), ce qui représente généralement de 1 à 4 points du PIB d'un pays (Foster et Briceno-Garmendia, 2010). Environ 44 % des entreprises d'ASS — soit 10 % de moins que dans la région MENA — s'adaptent en achetant ou en partageant un générateur fonctionnant généralement au diesel ou au fioul lourd (HFO) (Figure 1.1c). Les entreprises d'ASS doivent patienter 141 jours pour bénéficier d'un nouveau branchement à l'électricité — un durée moindre, mais de façon marginale, qu'en Asie du Sud (145 jours) et en Europe de l'Est et Asie centrale (146 jours) — et beaucoup plus longue par comparaison avec les économies avancées (Banque mondiale 2013 a).

Cette situation de l'ASS qui laisse à désirer, s'inscrit dans un contexte de ressources énergétiques considérables. La taille réduite de la plupart des systèmes électriques nationaux, la faiblesse du niveau de consommation d'énergie par habitant et le manque de moyens financiers ont empêché les entreprises de services publics et les entreprises privées de tirer parti de ces ressources énergétiques. En Afrique, l'hydro-électricité est la source d'énergie la plus abondante, suivie par le charbon et le gaz naturel (Voir la carte A.1, Appendice A). En Éthiopie, République démocratique du Congo (République démocratique du Congo), Guinée, Cameroun et Zambie, les ressources hydrauliques permettent de produire de l'énergie à grande échelle à un coût inférieur au tiers du coût de la production thermique. Pourtant, 8 % seulement de ce potentiel ont été jusqu'à présent exploités, comparativement à 18 % en Amérique latine et Caraïbes et 20 % en Asie (Kumar et al., 2011). Le gaz — trouvé le long des côtes de l'Afrique de l'Est (Tanzanie et Mozambique) et dans certains pays d'Afrique de l'Ouest (Nigeria, Côte d'Ivoire et Angola) — et la puissance géothermique de la vallée du Rift en Afrique de l'Est, pourraient fournir une puissance garantie supplémentaire.

Dans le classement des six premiers pays d'Afrique subsaharienne disposant du plus grand potentiel pour chacune des six ressources (hydro-électricité, gaz P1, gaz P2[1], charbon, énergie géothermique et pétrole) deux caractéristiques prédominent (Tableau 1.1). Premièrement, le pays disposant de l'offre la plus abondante de chaque ressource d'énergie varie, tandis que certains pays disposent de réserves abondantes de plusieurs ressources. L'Angola et le Nigeria sont les plus performants dans quatre catégories et disposent des sources d'énergie les

Figure 1.1 Manque de fiabilité de l'approvisionnement électrique et mécanismes d'adaptation

a. Entreprises identifiant l'électricité comme une contrainte majeure

b. Pertes dues aux coupures de courant (% du chiffre d'affaires annuel)

c. Entreprises possédant ou partageant un générateur

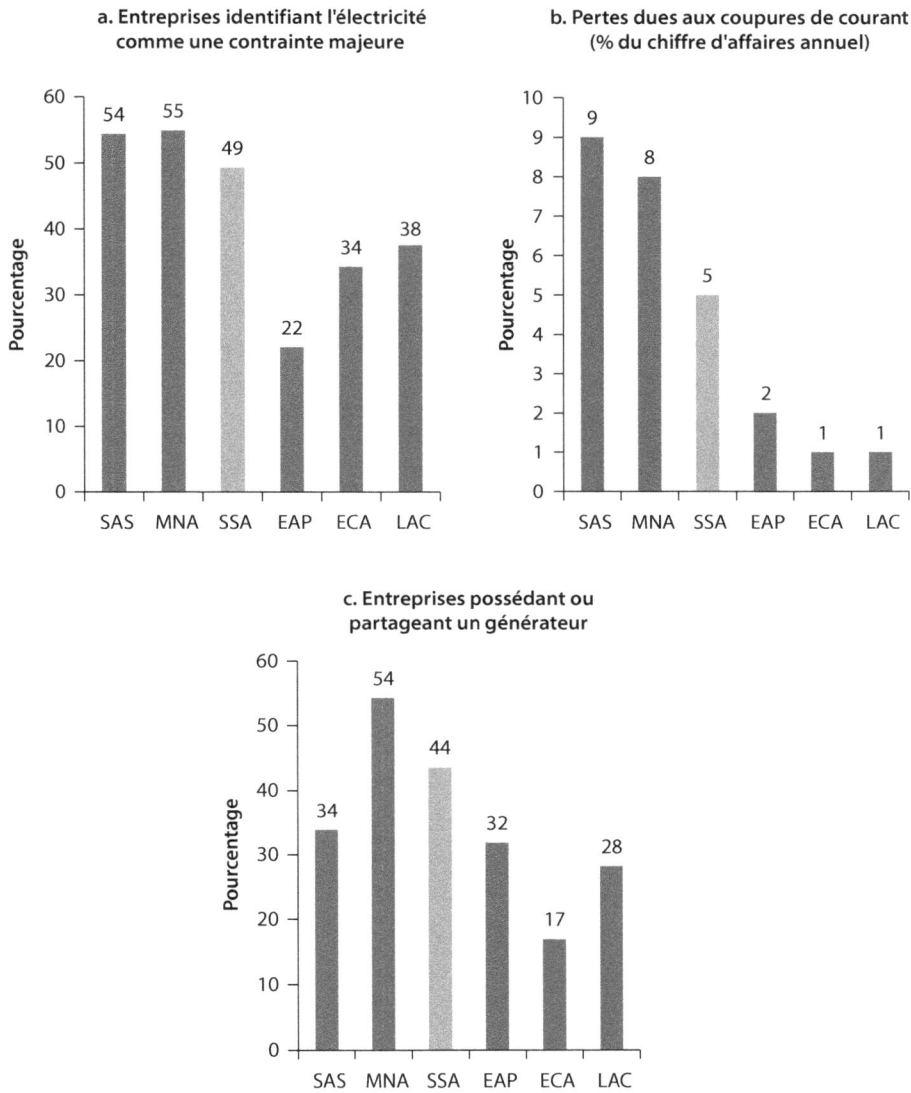

Source : Banque mondiale 2013.
Note : EAP = Asie de l'est et Pacifique ; EAC = Europe de l'Est et Asie centrale ; ALC = Amérique latine et Caraïbes ; MENA = Moyen-Orient et Afrique du Nord ; AS = Asie du Sud ; ASS = Afrique subsaharienne.

plus abondantes. Le Mozambique, la République du Congo et la Guinée équatoriale sont bien dotés dans trois catégories. Deuxièmement, les ressources énergétiques sont fortement concentrées ; pour chaque ressource, les six pays détiennent une part combinée du total des ressources d'énergie d'ASS allant de 76 % (énergie hydraulique) à 100 % (énergie géothermique).

Tableau 1.1 Les ressources énergétiques en Afrique subsaharienne

	Hydro-électricité Techniquement réalisable (GW)		Gaz naturel Réserves P1 (2013) (bcf)		Gaz naturel Réserves P2 (2013) (bcf)		Charbon Houille et lignite, solde potentiel (Millions de tonnes)		Géothermie Potentiel géothermique (MW)		Pétrole Réserves prouvées (2012) (Millions de barils)	
	République démocratique du Congo	101	Nigeria	110 300	Nigeria	132 360	Afrique du sud	33 896	Kenya	10 000	Nigeria	37 200
	Éthiopie	63	Angola	12 000	Angola	18 000	Zimbabwe	25 502	Éthiopie	5 000	Angola	12 667
	Madagascar	44	République du Congo	3 200	Mozambique	4 490	Mozambique	24 187	Rwanda	700	Soudan du Sud	3 500
	Angola	36	Mozambique	2 700	Guinée équatoriale	4 000	Botswana	21 240	Ouganda	450	Gabon	2 000
	Cameroun	28	Guinée équatoriale	2 649	République du Congo	3 200	Swaziland	4 644	Tanzanie	380	Guinée équatoriale	1 705
	Gabon	19	Tanzanie	1 369	Tanzanie	1 709	Nigeria	2 740	Burundi	300	République du Congo	1 600
Total ASS		383		136 146		168 657		118 639		16 830		63 673
6 premiers pays en % de l'ASS		76		97		97		95		100		92

Sources : UHD 2009 ; ECA 2013 ; Andruleit et al., 2012 ; SFI 2011.

Note : Les réserves P1 sont des réserves prouvées (à la fois des réserves prouvées développées et des réserves prouvées non développées). Les réserves P2 cumulent les réserves P1 (réserves prouvées) et les réserves probables. ASS = Afrique subsaharienne.

Le rôle des gros consommateurs comme point d'ancrage de la demande est essentiel pour concentrer la demande et ainsi promouvoir les ressources qui exigent des projets à grande échelle. Les ressources énergétiques de l'ASS sont concentrées dans des pays qui, par eux-mêmes, ne pourraient établir une viabilité commerciale en se contentant de répondre aux seules demandes des ménages et du secteur industriel Les nouvelles capacités de production d'énergie seront en majeure partie fondées sur la demande des clients commerciaux et industriels qui offrent une prévisibilité de la demande, exigent la continuité du service et apportent une demande importante d'électricité. En moyenne, les clients des secteurs commerciaux et industriels représentent la moitié du chiffre d'affaires total (Foster et Briceno-Garmendia, 2010). Ces clients de référence pourraient aider à combler le déficit d'investissement du secteur de l'électricité, car ce sont des acheteurs à long terme viables, gros demandeurs d'énergie, réduisant ainsi les risques financiers des investissements. En outre, la présence de ces points d'ancrage de charge pourrait attirer le secteur privé. La participation du secteur privé en Afrique subsaharienne, contrairement à d'autres régions, est restée limitée. À ce jour, environ 23 projets de taille moyenne à grande ont été lancés, avec une puissance d'environ 4,1 GW répartis dans 11 pays (ICA 2011). Ceci ne représente qu'une minuscule fraction de la capacité d'ensemble existante ou nécessaire. Compte tenu de l'ampleur des besoins énergétiques, il convient de créer un climat des affaires attractif pour le secteur privé dans lequel les gros consommateurs peuvent jouer un rôle important comme point d'ancrage des projets.

L'effet de levier de la demande d'électricité de l'industrie minière et de ses investissements dans des infrastructures d'électricité pourrait susciter des opportunités transformationnelles permettant de développer le secteur de l'électricité dans les économies africaines riches en minerais. L'industrie minière est taillée pour former un point d'ancrage de consommation car c'est l'une des activités industrielles de pointe de l'ASS, source de contributions essentielles aux exportations, aux recettes fiscales et à la croissance. Des précédents existent d'utilisation de l'industrie minière comme point d'ancrage de consommation. Au Ghana, par exemple, entre 1966 et 1996, la fonderie de *Volta Aluminium Company Limited* (VALCO) a été l'acheteur principal du barrage d'Akosombo, et a représenté la pièce maîtresse des investissements de la *Volta River Authority* ; le barrage a couvert la plupart des besoins en électricité du pays, ainsi qu'une partie de ceux des pays voisins. Mais à la fin des années 90, la demande des consommateurs et d'autres industries a pris tellement d'importance que la fonderie est devenu un poids pour le système ; elle a finalement dû fermer. De même, en Zambie, le développement du secteur de l'électricité s'est initialement principalement appuyé sur les opérations minières comme point d'ancrage de consommation, mais les deux nouveaux projets hydro-électriques en cours de construction dans le pays ont été en partie financés par une augmentation de 30 % du tarif de l'électricité des mines de la « ceinture de cuivre ».

Contribution de l'industrie minière au développement socio-économique

La région ASS recèle des parts importantes des réserves minières mondiales en termes de valeur, dont 22 % de l'or, 58 % du cobalt, 95 % des métaux du groupe platine (MGP), 7 % du cuivre et 18 % de l'uranium (USGS, 2013). En outre, les découvertes de minerai de fer et de charbon depuis le début du siècle ont fait de l'ASS une région potentiellement importante pour ces minerais essentiels. La région est déjà fortement tributaire de l'exploitation minière ; en 2010, les produits minéraux représentaient plus de 20 % des exportations de 18 pays et plus de 40 % des exportations de 13 pays (Figure 1.2). Les recettes fiscales tirées des industries minières représentaient plus de 20 % du total au Botswana, en République démocratique du Congo et en Guinée. Pourtant, dans un grand nombre de ces pays, le développement du secteur minier à grande échelle ne fait que commencer — l'exploitation de nombreuses ressources sera engagée au cours des dix prochaines années.

Ces chiffres impressionnants ne représentent que l'amorce d'une forte croissance économique qui reste à réaliser. Pour des pays comme la Guinée et le Libéria, les investissements prévus dans le secteur minier jusqu'en 2020 peuvent représenter une part démesurée du PIB (2012) (Figure 1.3). Les minerais de l'ASS sont encore en grande partie inexplorés. Par unité de terre, les réserves minérales connues n'atteignent seulement que le cinquième de la moyenne des pays de l'Organisation de coopération et de développement économiques (OCDE)

Figure 1.2 Dépendance de l'Afrique à l'égard des minerais, 2020

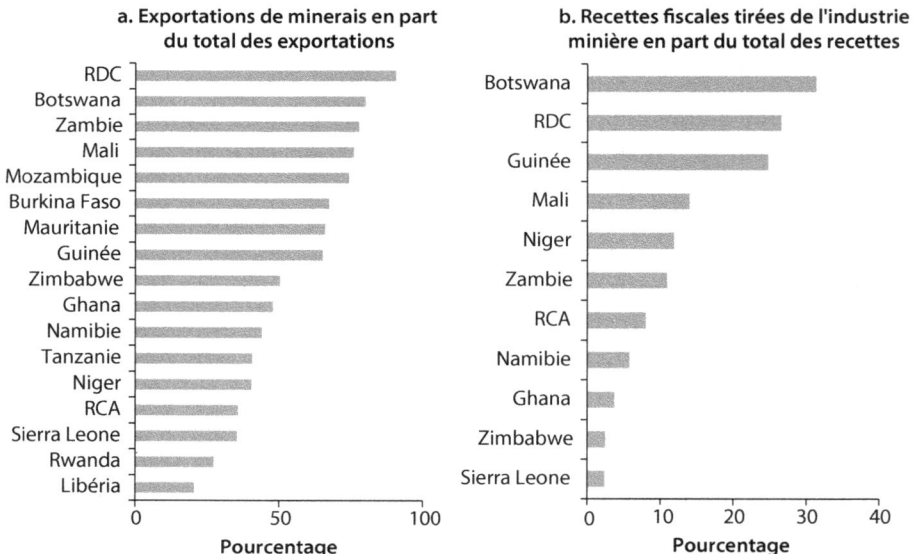

Source : FMI, 2013.

Figure 1.3 Investissement minier, actuel et prévisions, 2000–2020

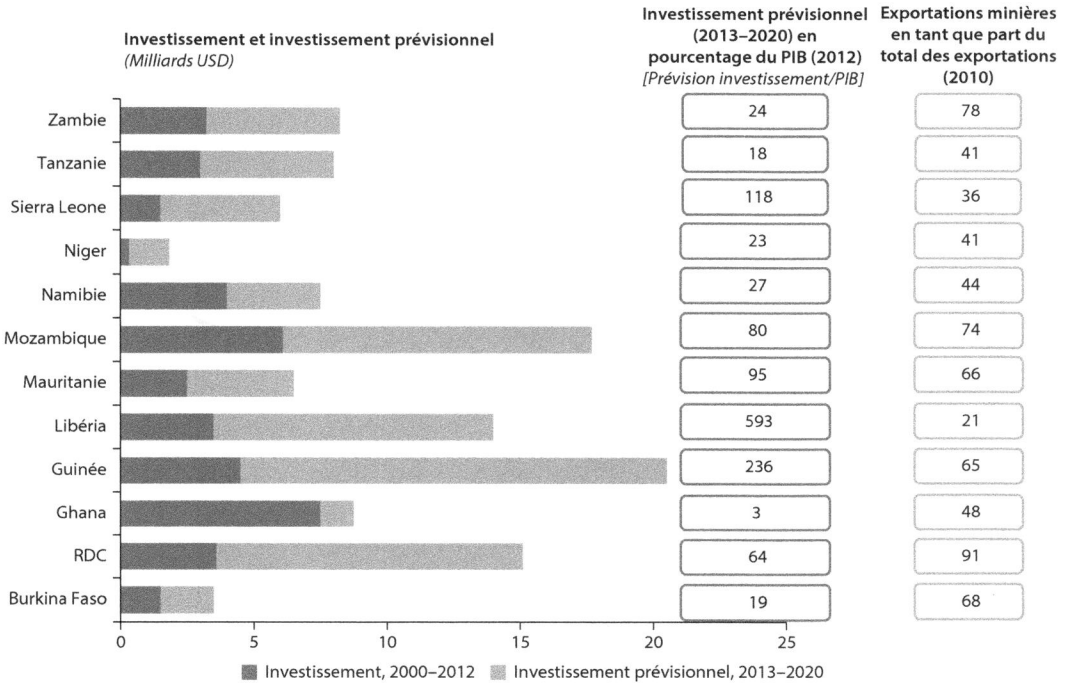

	Investissement prévisionnel (2013–2020) en pourcentage du PIB (2012) [Prévision investissement/PIB]	Exportations minières en tant que part du total des exportations (2010)
Zambie	24	78
Tanzanie	18	41
Sierra Leone	118	36
Niger	23	41
Namibie	27	44
Mozambique	80	74
Mauritanie	95	66
Libéria	593	21
Guinée	236	65
Ghana	3	48
RDC	64	91
Burkina Faso	19	68

Investissement et investissement prévisionnel (Milliards USD)

■ Investissement, 2000–2012   ▨ Investissement prévisionnel, 2013–2020

Source : Basé sur Banque mondiale 2012a.
Note : Les chiffres d'investissement sont des moyennes dans une fourchette ; pour le Mozambique, l'investissement prévisionnel exclut le gaz naturel.

(Collier, 2010). En outre, alors que l'Afrique occupe 20 % de la masse terrestre de la planète, elle ne fournit que 5 % de ses minerais en termes de valeur, et beaucoup moins sans l'Afrique du Sud. Ceci tient essentiellement au fait que jusqu'à cette dernière décennie, l'ASS a accusé un fort retard par comparaison au reste du monde en termes de dépenses d'exploration. Au cours de la période 2002–2012, la part de l'exploration minière en Afrique est toutefois passée de 10 % à 17 % des dépenses d'exploration mondiales, elles-mêmes en forte progression. En valeur absolue, les dépenses d'exploration ont augmenté de plus de 700 % en Afrique, atteignant 3,1 milliards de dollars en 2012 (Wilburn et Stanley, 2013) (Figure 1.4).

À long terme, le potentiel minier d'un pays ou d'un continent dépendent de la qualité de ses ressources géologiques (en partie inconnues), de l'infrastructure et du niveau des activités d'exploration. À leur tour, ces activités d'exploration dépendent des politiques minières[2], du régime de l'imposition minière, du régime de l'accès à la terre (physique et juridique), de la stabilité politique et de la sécurité générale. Mais la richesse minérale a tendance à être étroitement liée à la masse terrestre : les 10 premiers pays miniers dans le monde, en termes de valeur minière (base 2010), font partie des 14 pays les plus grands du monde.

Figure 1.4 Les dépenses régionales d'exploration minière, 2002–2012

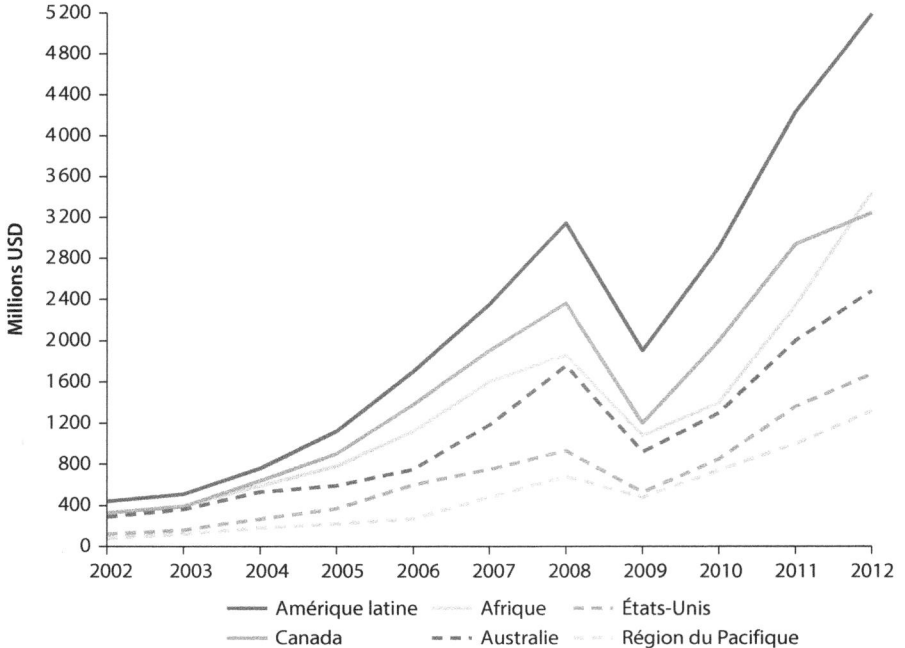

Source : SNL Metals Economics Group 2013.

La masse terrestre immense de l'ASS et la hausse des budgets d'exploration indiquent que la région est dotée d'un fort potentiel de développement de l'exploitation minière, particulièrement au nord de l'Afrique du Sud. Cependant, comme c'est le cas en Guinée, au Libéria et au Mozambique, les développements miniers sont retardés par les besoins très lourds en infrastructure. Comme le montre la présente étude, pour que les projets d'exploitation minière prévus puissent être opérationnels à l'horizon 2020, il faudra satisfaire une demande d'électricité du secteur minier trois fois plus importante que celle de 2000. En outre, il est très probable que les besoins en énergie du secteur minier de la région triplent à nouveau entre 2020 et 2040.

De nombreux pays de l'ASS ont connu une croissance rapide et soutenue depuis le début du XXIème siècle dont une part importante résulte du boom mondial des prix des minerais. En 2003, quand les prix ont flambé, des pays comme le Ghana, la Tanzanie et la Zambie, qui avaient récemment réformé leurs secteurs miniers, étaient bien placés pour tirer parti de la hausse des prix des minerais car la mise en valeur des mines et l'exploration minière avaient déjà commencé à se développer. Les prix beaucoup plus élevés ont encouragé ces tendances dans les pays dont des secteurs miniers avaient déjà commencé à se développer et ont conduit d'autres pays à entreprendre des réformes similaires, propulsant les secteurs miniers dans des pays comme le Burkina Faso, la Mauritanie et le Mozambique.

Depuis 1991, et en projection jusqu'à 2018, le taux de croissance du PIB des pays tributaires des ressources minérales évolue plus favorablement que celui des pays qui n'en dépendent pas. En 2010, l'industrie minière représentait plus de 20 % des exportations dans les pays de l'ASS dont les économies dépendent des ressources minérales (Figure 1. 5 a)[3]. Après le choc financier mondial de 2008, la croissance a augmenté 2,5 fois plus rapidement que la moyenne mondiale dans ces pays et la décennie en cours s'annonce aussi très prometteuse pour eux. Même si la baisse récente des prix des minerais a eu un effet quelque peu modérateur sur les nouveaux investissements, l'impact sur la production des mines déjà en exploitation a été minime[4]. Entre 2013 et 2018, le PIB devrait croître plus rapidement dans les pays miniers que dans les pays non-miniers.

Le secteur minier est un pourvoyeur d'emplois et contribue à d'autres améliorations en matière de bien-être. Bien qu'il soit communément admis qu'il n'y a pas d'emplois dans le secteur formel des mines, la réalité est que les entreprises minières achètent des dizaines, voire des centaines, de millions de dollars de fournitures et de services chaque année et que leurs fournisseurs font travailler un nombre d'employés souvent plusieurs fois supérieur à celui des mines elles-mêmes. Mais des efforts substantiels dans les politiques et le cadre de planification et de régulation sont nécessaires pour pouvoir tirer parti de ces avantages Les

Figure 1.5 Taux de croissance et améliorations des IDH dans les pays tributaires et non tributaires des minerais

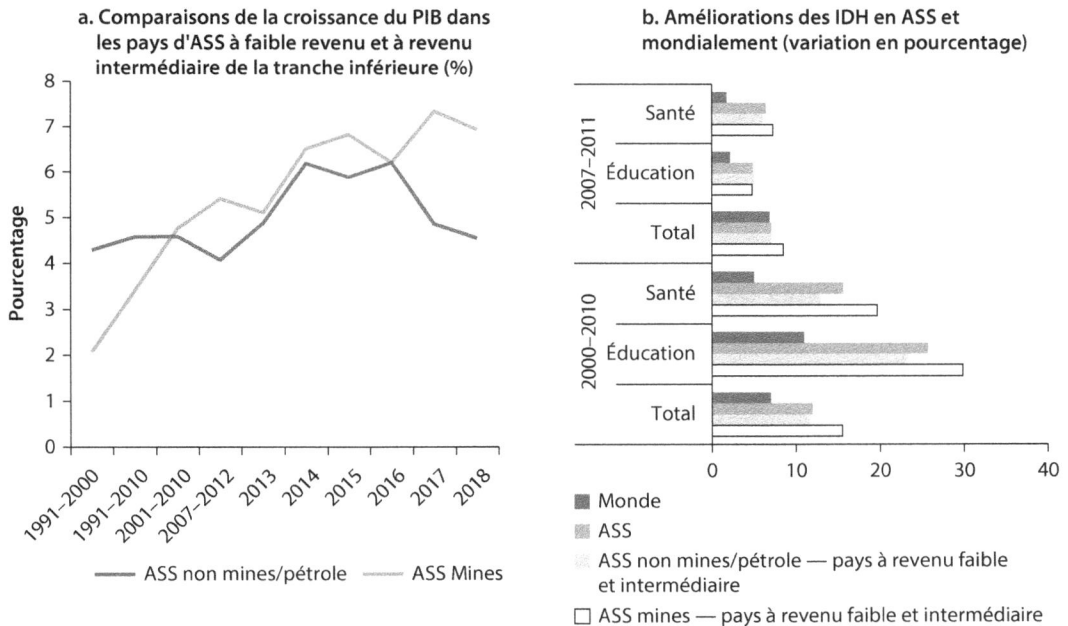

a. Comparaisons de la croissance du PIB dans les pays d'ASS à faible revenu et à revenu intermédiaire de la tranche inférieure (%)

b. Améliorations des IDH en ASS et mondialement (variation en pourcentage)

— ASS non mines/pétrole   — ASS Mines

■ Monde
▨ ASS
▨ ASS non mines/pétrole — pays à revenu faible et intermédiaire
☐ ASS mines — pays à revenu faible et intermédiaire

Source : FMI 2013 ; PNUD 2013.
Note : IDH : Indicateur du développement humain ; ASS = Afrique subsaharienne.

pays où l'industrie minière est bien établie (par exemple, Australie, Canada, Chili, Pérou et Afrique du Sud) offrent en moyenne 1 million d'emplois dans le secteur minier (sans décompter les effets multiplicateurs). Bien sûr, de nombreux pays d'Afrique subsaharienne sont de relativement nouveaux venus et ne font que commencer à mettre en place leurs industries minières.

Dans les années 2000, les pays tributaires des minerais de l'ASS ont obtenu d'assez bon résultats au classement des indicateurs du développement humain (IDH), y compris pour les IDH désagrégés de l'éducation et de la santé. Sur la période 2007–2011, dans les pays de la région à faible revenu et à revenu intermédiaire de la tranche inférieure dont l'économie est tributaire des minerais, la hausse des trois indicateurs composant l'IDH a été plus forte que dans les pays des mêmes catégories non tributaires des ressources minérales et que la moyenne mondiale pour toutes les indicateurs, sauf en matière d'éducation (Figure 1.5b).

Dans de nombreux pays d'ASS, le secteur minier est une source certaine de croissance, ainsi qu'un important générateur de recettes fiscales susceptibles de promouvoir le développement durable. Dans beaucoup d'autres pays, où l'exploitation minière est la seule industrie conséquente, elle est jugée comme un moteur clé de la croissance économique. Une bonne gestion du secteur minier est souvent considérée comme un facteur fondamental de développement de l'industrialisation soutenue par les liens en amont, verticaux (d'approvisionnement) et les liens en aval ou, dans certains cas, par les groupements industriels et les pôles de croissance. Actuellement, la plupart des pays d'ASS tributaires des minerais mettent l'accent sur le renforcement des avantages de l'industrie minière, en privilégiant le développement des liens vers l'amont et verticaux, même si certains d'entre eux encouragent également le renforcement de l'enrichissement des minerais sur le territoire national[5]. Les travaux sur les corridors de mines ou de ressources naturelles soulignent que, dans les régions où coexistent plusieurs gisements majeurs, l'infrastructure requise pour l'exploitation minière — rail, routes, électricité et ports — peut être un levier de développement d'autres industries, y compris, bien sûr, les industries approvisionnant les mines[6].

Les risques d'une intégration énergie-exploitation minière

L'intégration énergie-exploitation minière n'est cependant pas dépourvue de risques. Tout d'abord, les investissements prévus dans le secteur minier peuvent ne pas se concrétiser en raison de la volatilité des prix des matières premières, de difficultés de financement, d'évaluations géologiques erronées, de l'instabilité politique et d'une mise en application des contrats peu rigoureuse. La hausse des prix depuis 2003 est la plus forte jamais vue pour la plupart des matières premières depuis la fin du siècle dernier, même si elle s'est quelque peu ralentie depuis 2012 (Figure 1.6). La baisse des prix peut contraindre les mines et fonderies à réduire leur production et donc leurs besoins en énergie. La vie des mines a une durée limitée, généralement plus brève que celle des grandes centrales électriques ; des investissements énergétiques risquent donc de se retrouver

Figure 1.6 Prix des minerais, 1983–2013

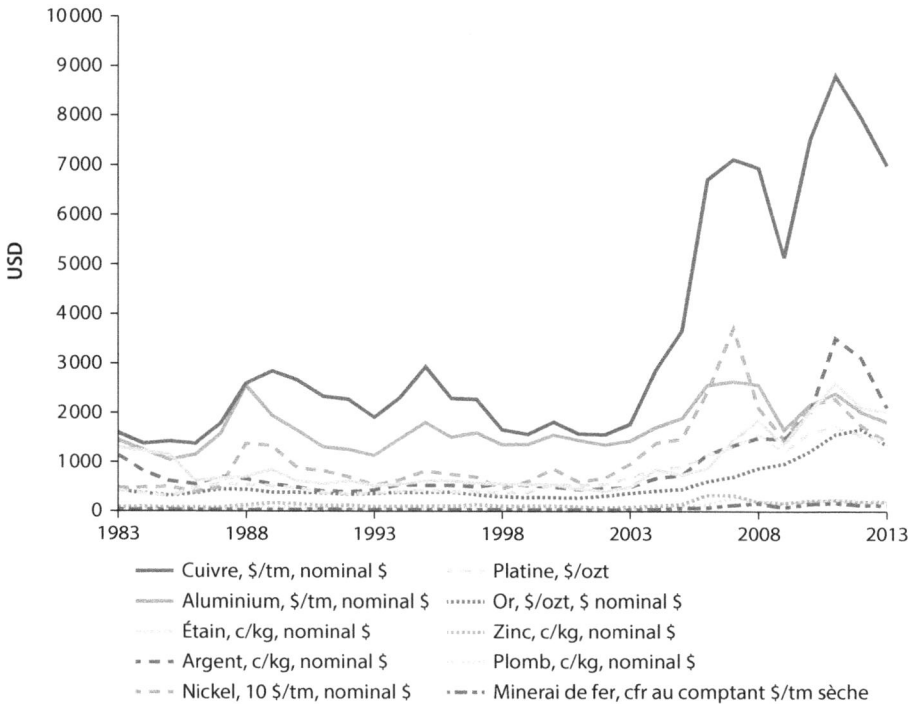

Source : Banque mondiale 2013.

privés des clients sur lesquels ils comptaient. Le secteur minier peut représenter (ou devenir) un puissant groupe de pression capable d'extorquer du secteur de l'électricité des subventions ou des privilèges spéciaux, d'autant plus dans un contexte de croissance de la demande globale d'électricité si les exploitations minières perdent leur statut d'acheteur principal. Si c'est le cas, la demande du secteur minier pourrait chercher à exclure les entreprises de taille moyenne et les consommateurs résidentiels, et ainsi réduire les opportunités d'extension de l'accès à l'électricité.

Jusqu'à présent, cette opportunité d'intégration n'a guère été exploitée. Au sein des pays où l'industrie minière est prépondérante, le taux d'électrification, utilisé comme indicateur de résultats du secteur de l'électricité, reste faible (Figure 1.7). Il atteint, par exemple, au Libéria, au Niger et en République centrafricaine moins de 10 % de la population, alors que le taux de couverture dépasse 80 % en Afrique du Sud et au Gabon[7]. Le coefficient de corrélation entre la contribution au PIB de l'industrie minière et le taux d'électrification est relativement faible, à 0,34. Dans des pays comme la Guinée, la Mauritanie et la République démocratique du Congo, où la contribution de l'industrie minière au PIB est relativement plus élevée, le taux d'électrification est comparativement plus faible. Les investissements miniers très importants prévus en Guinée, en Mauritanie et en République du Congo, corrélés aux difficultés en cours de

Figure 1.7 La contribution de l'industrie minière au PIB et au taux d'électrification

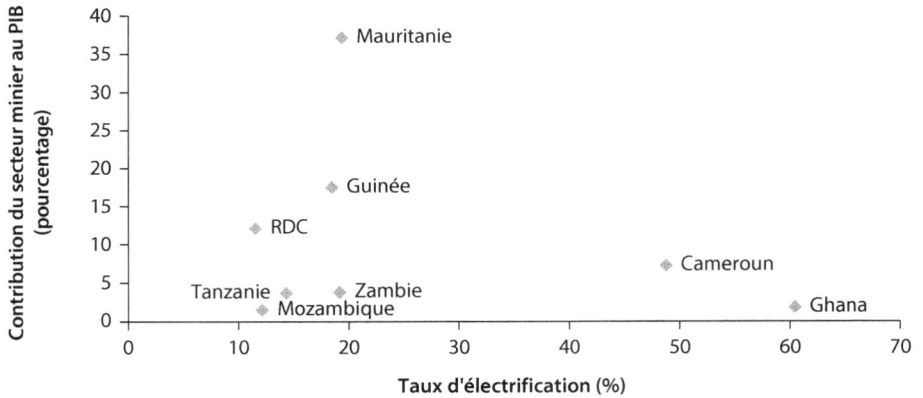

Sources : Banerjee et al., 2013 ; FMI 2013.

l'électrification, devraient inciter les secteurs de l'électricité et minier à engager le dialogue pour trouver des solutions collaboratives.

Compte tenu de la forte augmentation des besoins énergétiques des opérations minières prévues pour le reste de cette décennie et au-delà, il est temps à présent de saisir les opportunités offertes par l'intégration énergie-exploitation minière. Par ailleurs, le poids des coûts énergétiques dans les dépenses de fonctionnement récurrentes des mines est tel que des solutions donnant accès à de l'électricité à moindre coût et fiable devraient sans doute faire progresser le nombre d'opérations minières réalisables ou, à tout le moins, renforcer l'enrichissement local, source de profits pour le pays hôte. Une électricité moins coûteuse et plus accessible donnera des atouts supplémentaires aux entreprises fournissant les mines nationales, leur permettant de mieux concurrencer les entreprises internationales. L'alternative serait d'opter pour une dépendance accrue à l'égard de l'auto-approvisionnement à base de diesel ou de mazout, inefficace et coûteux, conduisant à une réduction du nombre d'exploitations minières et de l'enrichissement. Ceci pourrait également se traduire par des difficultés supplémentaires d'accès au réseau d'électricité pour d'autres consommateurs, et notamment pour les entreprises en compétition pour fournir l'industrie minière. Somme toute, de nouvelles modalités de production d'électricité pour les mines sont en train de s'ouvrir qui permettront de tirer pleinement profit des avantages de la croissance du secteur minier et de les distribuer plus largement.

Objet de ce rapport

Cette étude est la première à analyser systématiquement le potentiel et les défis d'une intégration énergie-exploitation minière en Afrique subsaharienne. Compte tenu de l'ampleur des opportunités, il est essentiel de chiffrer la demande d'énergie du secteur minier, de cartographier les relations entre les deux secteurs en ASS et de quantifier les gains économiques à tirer de leur rapprochement. Cette étude évalue les économies de coûts de diverses options d'intégration et identifie les difficultés et les conditions favorables à une diminution des charges pesant sur l'économie.

L'étude suit deux axes principaux. Tout d'abord, une analyse de l'état des lieux a été menée dans toute l'Afrique pour chiffrer la demande d'énergie de l'industrie minière depuis 2000 et faire une projection de la demande des projets d'exploitation susceptibles d'être opérationnels d'ici à 2020. La Base de données énergie-exploitation minière en Afrique 2014 a été établie à cet effet. Elle recense 455 projets dans 28 pays d'ASS dont la valeur des réserves de minerais est évaluée à plus de 250 millions de dollars par projet. Outre les détails sur la propriété minière, le type de minerai, et les étapes de transformation, la base de données identifie les typologies des modes d'approvisionnement énergétiques de ces projets. Deuxièmement, des études de cas tenant compte des différentes options d'intégration énergie-exploitation minière ont été analysées pour huit économies riches en ressources minérales : Cameroun, Ghana, Guinée, Mauritanie, Mozambique, République démocratique du Congo, Tanzanie et Zambie. Pour le groupe de pays ne disposant que de réseaux de transport limités, l'analyse a recherché les économies de coûts à tirer de dispositifs synergiques locaux permettant de desservir non seulement les mines, mais aussi les villes et villages. Pour le groupe de pays dotés de réseaux de transport plus développés, l'analyse a exploré les opportunités nationales et régionales liées au développement énergétique dont pourraient bénéficier les mines. Enfin, pour le petit nombre de pays où l'intégration énergie-exploitation minière a déjà atteint un certain niveau de maturité, l'analyse en a tiré des leçons et a déterminé quelles étaient les options disponibles permettant de renforcer davantage l'intégration dans une perspective de profit pour toutes les parties prenantes.

CHAPITRE 2

Volume de la demande d'énergie du secteur minier

Ce chapitre présente des estimations de la demande historique et projetée d'énergie des activités minières en Afrique subsaharienne au cours de la période 2000-2020, appuyées sur la Base de données énergie-exploitation minière en Afrique 2014. Depuis 2000, l'accélération de la demande d'énergie du secteur minier dans la région ASS provient d'un cercle de pays autres que l'Afrique du Sud, pionnière de l'effet d'entraînement du secteur minier sur le développement énergétique. Dans certains pays, la demande d'énergie de l'industrie minière domine la demande non minière, ce qui souligne le besoin d'intégrer cette demande dans la planification énergétique.

L'industrie minière consomme des quantités considérables d'énergie

Les opérations minières exigent des quantités considérables d'énergie, variant en fonction du type de minerai, et plus encore, en fonction de l'importance des opérations de transformation ou d'enrichissement (Encadré 2.1). Le niveau d'énergie consommée pour tirer pleinement parti de l'enrichissement d'un

---

Encadré 2.1 L'enrichissement des minerais et les besoins énergétiques

L'enrichissement des minerais désigne les processus qui ajoutent de la valeur à la matière première produite par l'exploitation minière et l'extraction. Les minerais bruts contiennent presque toujours un mélange de minéraux qu'il est nécessaire de trier pour en extraire les minéraux désirés. Par exemple, dans la plupart des mines d'or industrielles, une tonne de minerai contient de 2 à 5 grammes d'or. Chaque niveau de transformation du produit permet de le vendre à un prix plus élevé que le produit intermédiaire précédent ou que la matière première initiale, ajoutant ainsi de la valeur. Cette étude ne porte que sur les procédés d'enrichissement qui augmentent la concentration ou la pureté de la matière minérale. Il n'examine pas les processus habituellement inclus dans le secteur de la production

encadré continue page suivante

Encadré 2.1 **L'enrichissement des minerais et les besoins énergétiques** *(continue)*

manufacturière (par ex. la construction automobile ou la fabrication de bijoux), car ils ne dépendent que rarement, voire jamais, de l'emplacement de la mine.

Chaque produit minéral suit des processus de transformation particuliers, et un grand nombre n'ont pas besoin de subir tous les processus pour être prêts à l'emploi dans le secteur manufacturier. Les principales éétapes de transformation sont les suivantes:

• L'extraction du minerai avec creusage, tri et concassage — communément appelé industrie extractive.
• L'enrichissement du minerai à l'aide de diverses techniques de séparation des déchets du minerai, généralement gravimétriques (par ex., flottation) ou chimiques, ou utilisant des plaques ou des aimants électriques (séparation électrostatique et magnétique).
• La fusion du mélange (concentré) à haute température pour brûler ou détacher du métal les matières non souhaitées, sous la forme de scories.
• L'affinage du produit obtenu pour en accroître encore la pureté, souvent par électrolyse.

Source : Auteurs.

Figure 2.1 Quantités d'électricité en cumul requises par l'industrie minière aux différentes étapes d'enrichissement des minerais

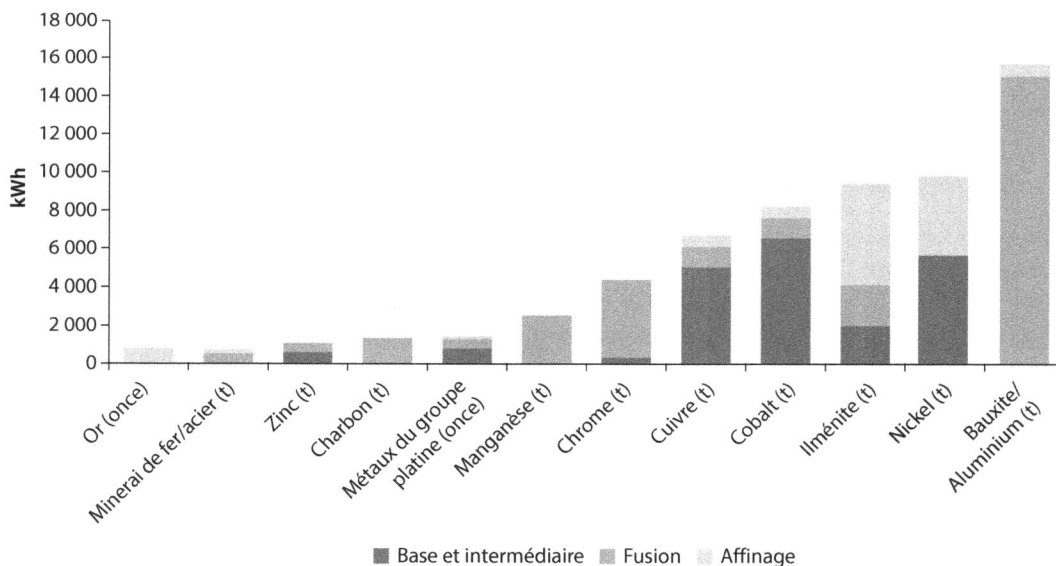

Source : USGS 2011.
Note : La bauxite raffinée produit de l'alumine.

minerai, par exemple pour la fusion du cuivre ou de l'aluminium, peut être un multiple élevé de celui que requièrent les opérations de creusage, concassage et tri. Pour le cuivre, le cobalt et le nickel, les processus de transformation de base et intermédiaires sont déjà par eux-mêmes très intenses en énergie (figure 2.1, tableau B.4, Appendice B).

Ainsi, les coûts de l'électricité représentent souvent une portion importante de la structure des coûts d'une exploitation minière, en particulier si la mine est contrainte de s'auto-approvisionner, avec une production d'électricité généralement basée sur des carburants coûteux : diesel ou fioul lourd. Les coûts de l'électricité sont rarement inférieurs à 10 % des coûts d'exploitation d'une mine, et dépassent même souvent 25 % (Tableau 2.1) ; ces chiffres sont stables, bien que l'enrichissement complet n'intervienne que rarement, sauf si la mine peut être alimentée en électricité par le réseau, à un prix relativement peu coûteux ou modéré. À titre d'illustration, si on prend comme hypothèse un coût d'approvisionnement typique par le réseau à 10 cents par kWh tandis que le coût d'auto-approvisionnement est à 20 cents par kWh, il est clair que le pourcentage du coût de l'électricité dans les coûts de fonctionnement va se situer dans une fourchette large. Les fonderies d'aluminium en particulier exigent d'obtenir des prix de l'électricité extrêmement bas : même à 10 cents par kWh, les coûts de l'électricité dépasseront les coûts de fonctionnement maximum habituels, ce qui signifie que la fonderie ne sera pas viable. Pour le manganèse, le nickel et le

Tableau 2.1 Puissance installée requise pour exploiter une mine ou une fonderie de taille moyenne pour une sélection de minerais

Minerai	Production annuelle (t)	Puissance installée requise, enrichissement maximal (MW)[a]	Coûts de l'électricité en pourcentage des coûts de fonctionnement, enrichissement maximal[b]	
			10 cents par kWh	20 cents par kWh
Aluminium	200 000	443	117[c]	234
Bauxite	2 000 000	177	29	45
Charbon	10 000 000	53	10	18
Cobalt	20 000	23	—	—
Cuivre	100 000	95	15	26
Diamant[d]	0,6	3	—	—
Or (mine à ciel ouvert)	12	45	9	17
Or (mine souterraine)	12	80	16	28
Ilménite	300 000	15[e]	15	26
Minerai de fer/acier	3 000 000	338	16	28
Manganèse	50 000[f]	121	11	20
Nickel	30 000	42	10	18
MGP	5,6	41	14	25
Uranium	1 814	46	30	46
Zinc	200 000	31	8	15

Source : Banque mondiale.

Note : — = Sans objet.

a. On suppose que la centrale a une capacité disponible de 80 %.

b. Les coûts de fonctionnement sont fixés à 70 % de la moyenne des prix du métal en juillet 2013. Les activités couvertes vont jusqu'à l'affinage ou jusqu'au stade le plus avancé du processus.

c. En raison de l'importance des besoins énergétiques par unité de valeur produite, les fonderies d'aluminium ne sont que rarement en activité quand le coût de l'énergie dépasse 3 cents par kWh.

d. Un carat équivaut à 0,2 g ; il y a donc 5 millions de carats dans une tonne de diamants. La consommation en kilowattheure nécessaire pour les diamants inclut la séparation.

e. Pour le traitement de base, sans affinage. La quantité d'énergie varie considérablement, selon l'utilisation finale.

f. Ferromanganèse.

Le potentiel transformateur de l'industrie minière • http://dx.doi.org/10.1596/978-1-4648-0486-1

charbon, le coût de l'électricité ne représente qu'une part relativement modeste du total des coûts de fonctionnement et pour ces minerais un prix de l'électricité de 20 cents par kWh ne serait pas prohibitif.

À l'exception de l'Afrique du Sud, de la Zambie, du Cameroun et du Mozambique, les pays africains ne transforment leurs minerais que dans la mesure nécessaire pour en faciliter le transport. L'enrichissement en Afrique du Sud date de l'époque du charbon bon marché et de l'autosuffisance imposée par l'apartheid, tandis que l'enrichissement en Zambie est favorisé par le prix bas de son électricité, l'enclavement du pays et les coûts élevés des transports. Néanmoins, l'industrie d'enrichissement des produits minéraux est très concurrentielle, avec des fonderies et des affineries souvent situées à proximité des marchés. Les rentes élevées proviennent des minerais eux-mêmes ; sans tarifs concurrentiels de l'électricité (c'est-à-dire, si l'électricité est facturée à son coût réel), l'enrichissement pourrait même entraîner une réduction de la valeur ajoutée.

L'électricité chère peut aussi être une autre cause de pertes plus importantes pour un pays minier dans la mesure où elle crée un désavantage concurrentiel dont pâtissent les industries de taille petite et moyenne fournisseuses des mines par rapport à celles de pays bien établis (par exemple, Australie, Canada, Chili et Afrique du Sud). Si le secteur minier doit être un vecteur d'industrialisation, il est essentiel de mettre en place une solide industrie de fourniture des mines.

La capacité totale des réseaux de nombreux pays d'ASS, hors Afrique du Sud, est assez limitée ; 22 des 40 pays disposent de moins de 500 mégawatts (MW), et 8 pays de moins de 100 MW. Dans des pays comme le Libéria, la Mauritanie et la Sierra Leone, la puissance énergétique nécessaire pour exploiter deux mines de taille moyenne (par ex., cuivre et or) est supérieure à l'offre de puissance de l'ensemble du réseau ; c'est pourquoi dans un grand nombre de pays les mines sont contraintes de s'auto-approvisionner. Le coût élevé de cette option de production d'électricité les oblige à exporter des produits minéraux relativement peu transformés car tout enrichissement supplémentaire serait déficitaire. C'est une situation que l'on rencontre fréquemment sur le continent, à l'exception de l'Afrique du Sud, essentiellement tributaire du charbon, et des pays disposant de vastes ressources d'hydro-électricité. La Guinée en est le meilleur exemple car sa production de bauxite ne donne lieu à aucune production d'aluminium, et plus de 90 % du minerai sont exportés avec une transformation minime ; la plupart des entreprises qui explorent et exploitent ses immenses gisements de minerai de fer prévoient d'exporter le minerai concassé sans produire de fines ou de pellets — et, bien sûr, il n'y a aucun plan connu de production d'acier.

La demande d'électricité de l'industrie minière pourrait tripler pour atteindre 23 GW en 2020

D'ici à 2020, la demande d'électricité des mines pourrait tripler par rapport à 2000, pour atteindre 23 443 MW. La demande du secteur minier qui atteignait 7 995 MW en 2000, a progressé de 7 130 MW supplémentaires en 2012 (Figure 2.2a). Deux scénarios de la demande ont été établis à l'horizon 2020,

Figure 2.2 La demande d'électricité de l'industrie minière

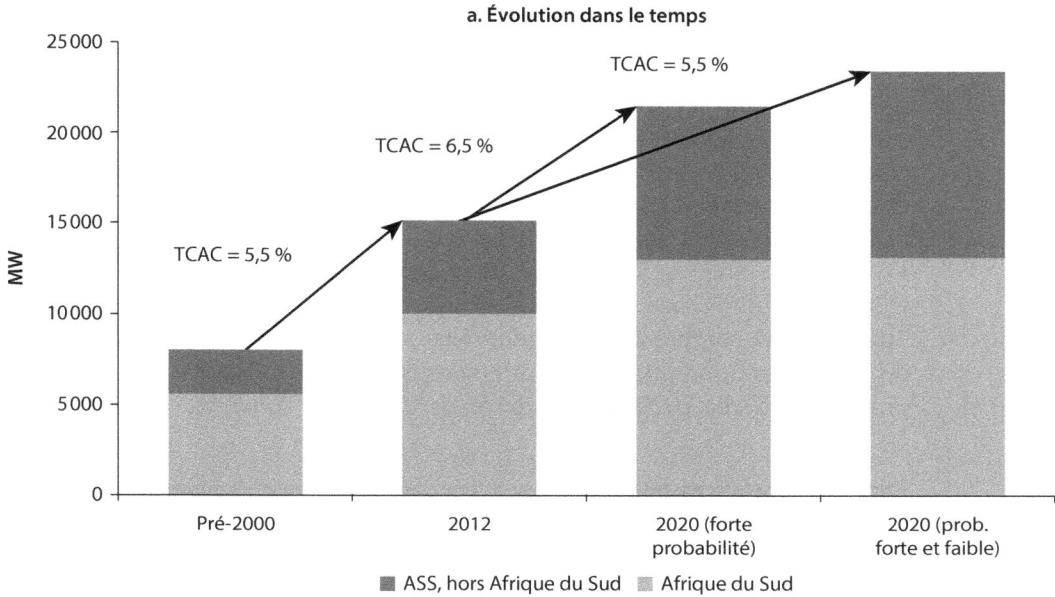

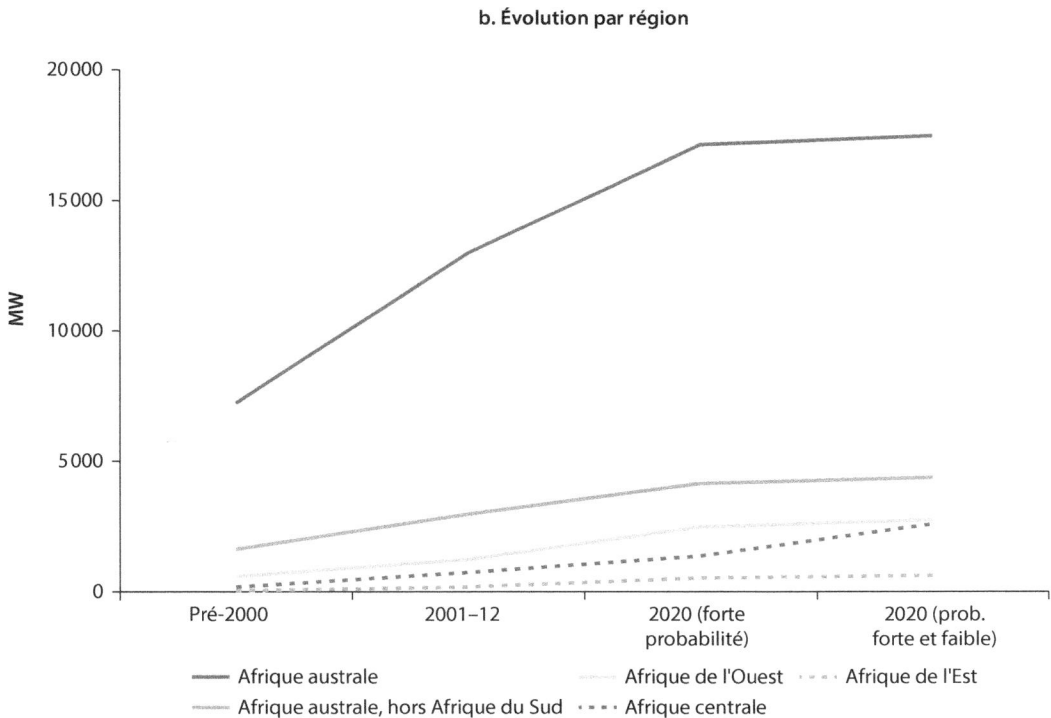

a. Évolution dans le temps

TCAC = 5,5 %

TCAC = 6,5 %

TCAC = 5,5 %

■ ASS, hors Afrique du Sud ■ Afrique du Sud

b. Évolution par région

—— Afrique australe ⋯⋯ Afrique de l'Ouest ⋯·⋯· Afrique de l'Est

—— Afrique australe, hors Afrique du Sud ▪▪▪▪ Afrique centrale

Source : Base de données énergie-exploitation minière en Afrique 2014, Banque mondiale, Washington DC.
Note : TCAC = Taux de croissance annuel cumulé

de faible et forte probabilité. Ils dépendent du positionnement du projet dans le cycle de projet et du type de métal, lesquels dépendent à leur tour des prix, de la stabilité politique, des politiques minières et de la disponibilité de l'infrastructure, y compris l'électricité (encadré 2.2). En 2020, la projection de la demande d'électricité pourrait atteindre jusqu'à 155 % de celle de 2012, quand les deux projets de probabilité faible et forte sont inclus. Ceci se traduit par un taux de croissance annuel cumulé de 4,2 % par an dans le scénario de forte probabilité et de 5,4 % si on inclut les projets de faible probabilité.

Une poignée de pays — principalement le Cameroun, la Guinée, le Libéria, l'Afrique du Sud, la République démocratique du Congo et la Zambie — explique la différence entre les scénarios de forte et de faible probabilité. Tous ces pays comprennent de nombreuses activités minières encore au stade de préparation préliminaire qui atteindront – ou n'atteindront pas – l'état de production d'ici à 2020 (voir les tableaux B.2 et B.3, Appendice B).

Encadré 2.2 Base de données énergie-exploitation minière en Afrique 2014 — et deux scénarios de probabilité

La Base de données énergie-exploitation minière en Afrique 2014 s'appuie sur des données minières de base provenant de sources multiples: *Infomine* et le service d'enquête géologique des États-Unis (*United States Geological Survey*), rapports annuels, rapports techniques, études de faisabilité, présentations d'investisseur, rapports de durabilité publiés par des sites de propriétaires ou publiés par des sites du domaine public ou de l'industrie minière (Mining Weekly, Mining Journal, Mbendi[n.d.], Mining-technology et Miningmx).

Cette base de données, embrassant 455 projets dans 28 pays d'Afrique sub-saharienne dont la valeur des réserves de minerais est évaluée à plus de 250 millions de dollars par projet, rapproche des informations provenant de diverses sources d'informations publiquement disponibles et confidentielles et offre une vue panoramique des projets en exploitation sur la période 2000–2012 et des prévisions de la demande en 2020. Les scénarios de projection de la demande au-delà de 2020 sont des hypothèses, mais la demande en 2020 peut être considérée comme une estimation plancher de la demande en 2025 ou 2030. L'analyse est présentée en distinguant trois périodes: avant 2000, 2001 à 2012 et 2020 (chacune intégrant les projets de la période précédente à l'exception de ceux clos au cours de la précédente période).

La projection de la demande englobe les deux scénarios, se basant sur — ou dépendant de — la probabilité que les projets seront en phase de production d'ici à 2020. Le scénario de forte probabilité comprend tous les projets en phase de préfaisabilité, faisabilité, construction et production pour les métaux non précieux et inclut des projets en phase d'exploration et d'exploration avancée pour les métaux précieux tels que l'or, les terres rares et les diamants, par exemple. Le scénario de faible probabilité comprend la plupart des projets en phase de prospection, d'exploration et d'exploration avancée pour les métaux non précieux. Les projets temporairement suspendus sont placés dans le scénario de faible probabilité.

Source: Auteurs.
Note: Le tableau B.1 présente plus en détail la base de données (voir Appendice B).

L'Afrique du Sud est de loin le plus important pays minier de l'Afrique subsaharienne, représentant 70 % de la demande d'énergie du secteur minier en 2000 et 66 % en 2012. Mais selon les prévisions, sa part devrait se réduire à 56 % si tous les projets de forte et de faible probabilité devaient se concrétiser. Quoi qu'il en soit, elle conservera une position dominante dans le paysage minier de l'ASS. Il n'est donc pas surprenant que l'Afrique australe conserve une position de premier plan au niveau régional en termes de demande d'électricité du secteur minier (Figure 2.2b). Dans le scénario de forte probabilité, il faut s'attendre à une expansion massive de la demande d'électricité, de près de 10 000 MW au cours de la période 2000–2020. L'Afrique australe reste la région la plus importante, même sans l'Afrique du Sud, suivie de l'Afrique centrale et de l'Afrique de l'Ouest. Ce sont les mines de l'Afrique de l'Est qui présentent de loin la plus faible demande d'électricité.

Si la contribution à la demande d'électricité du secteur minier de l'Afrique du Sud reste importante, avec une projection de croissance annuelle de 3,5 % sur la période 2012–2020, la prévision de croissance de la demande des autres pays de la région est encore plus impressionnante. En réalité, le taux de croissance annuel cumulé (TCAC) pourrait atteindre jusqu'à 9,2 si tous les projets des deux scénarios se concrétisent dans les autres pays d'ASS. Depuis 2000, les 10 premiers pays avec la plus forte demande d'électricité du secteur minier sont essentiellement restés les mêmes, en revanche leur classement relatif a changé (Figure 2.3). Le Mozambique et la Zambie conservent les deux premières places sur l'ensemble de la période. Si son immense potentiel de projets répertoriés dans le scénario de faible probabilité se concrétise, le Cameroun deviendra l'un des premiers pays en termes de demande d'électricité du secteur minier.

La demande d'électricité du secteur minier se concentre sur un nombre restreint de métaux

Sur la période 2000–2020, l'aluminium vient en tête, suivi par le cuivre, les métaux du groupe du platine (MGP), le chrome et l'or (Figure 2.4a). Mais pour l'aluminium, les nouvelles activités ont été plus restreintes depuis 2000 et la demande d'électricité n'augmentera d'ici à 2020 que si des projets, dont la probabilité est faible, se réalisent. En valeur absolue, les plus fortes augmentations au cours de la période viendront du cuivre et des MGP pour lesquels la demande d'énergie augmentera de 2 150 MW et 2 010 MW respectivement, si on prend en compte les projets des deux scénarios de forte et faible probabilité. Ils sont suivis de près par le minerai de fer, pour lequel est prévue une demande d'électricité supplémentaire de 1 486 MW entre 2000 et 2020. En termes de taux de croissance, les progressions les plus importantes sont attendues du minerai de fer, du nickel, des MGP, de l'argent et du zirconium. Ces trois derniers produits se trouvent principalement en Afrique du Sud. Sans les projets de l'Afrique du Sud, les plus fortes progressions en ASS seront trouvées dans le minerai de fer, à 31 % et l'or, à 8 %. Toutefois, le principal déterminant de la production future de ces minerais se fondera sur la variable la plus

Figure 2.3 Demande d'électricité du secteur minier dans les 10 premiers pays (hors Afrique du Sud)

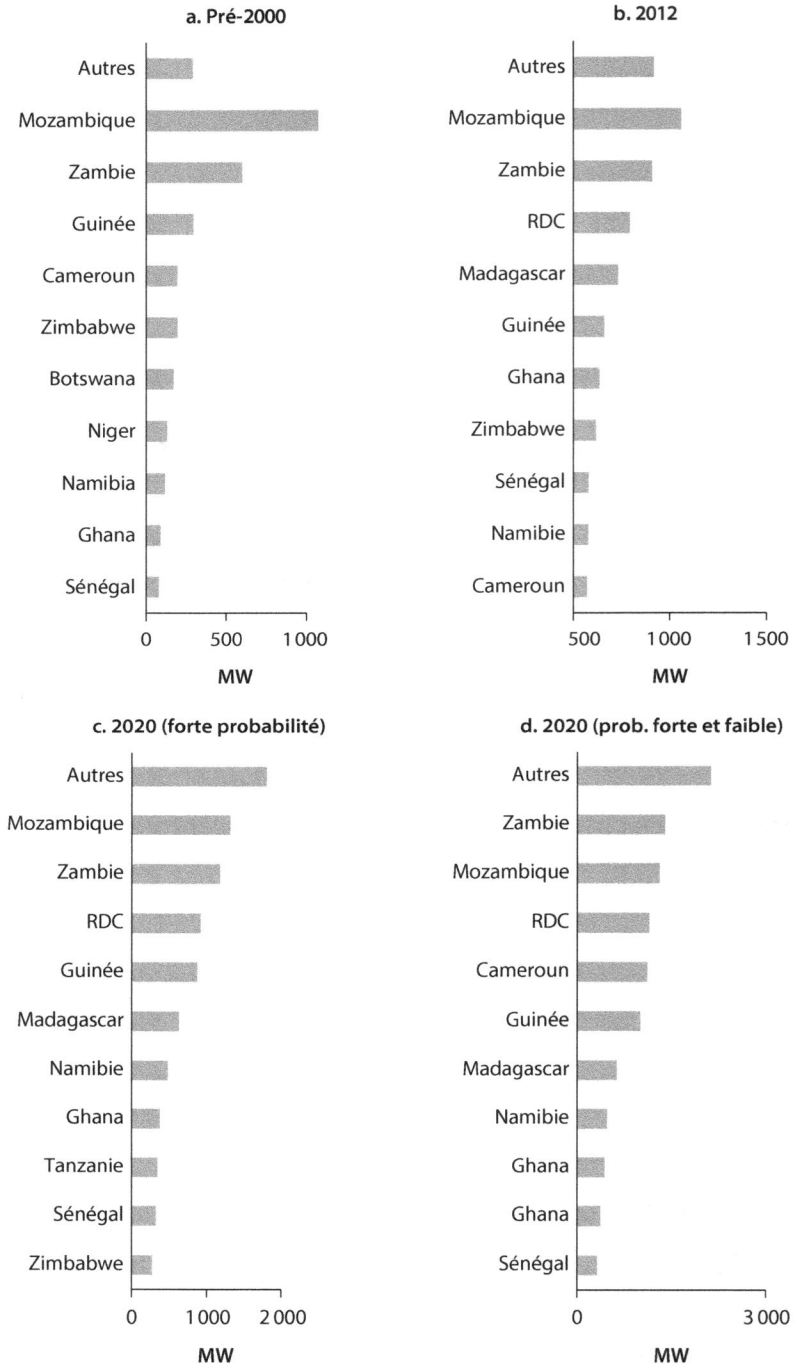

a. Pré-2000

b. 2012

c. 2020 (forte probabilité)

d. 2020 (prob. forte et faible)

Source : Base de données énergie-exploitation minière en Afrique 2014. Banque mondiale, Washington DC.

importante — mais aussi la plus imprévisible — le prix de marché futur des minerais. Le fait que les plus fortes hausses soient associées à des produits minéraux utilisés dans des constructions d'infrastructures à grande échelle n'est pas une simple coïncidence ; la demande de ces produits de base progresse au rythme du développement des économies émergentes.

Les activités de fusion ont la plus forte intensité énergétique et prédominent dans la demande d'électricité du secteur minier. Quelle que soit la période, l'affinage et la fusion prélèvent près des trois quarts de la demande totale d'électricité (Figure 2.4b). Le profil de croissance des activités de séparation et de concassage — dont l'intensité énergétique est relativement moins forte et qui partent d'un niveau de base faible — devrait afficher une progression annuelle de 9 % et 8 %, respectivement, au cours de la période 2012–2020[8].

La consommation d'électricité annuelle totale résultant de cette demande peut provenir d'un nombre restreint de projets, en particulier s'il s'agit de minerais tels que le silico-manganèse et l'aluminium. En revanche, le cuivre,

Figure 2.4 La demande d'électricité de l'industrie minière

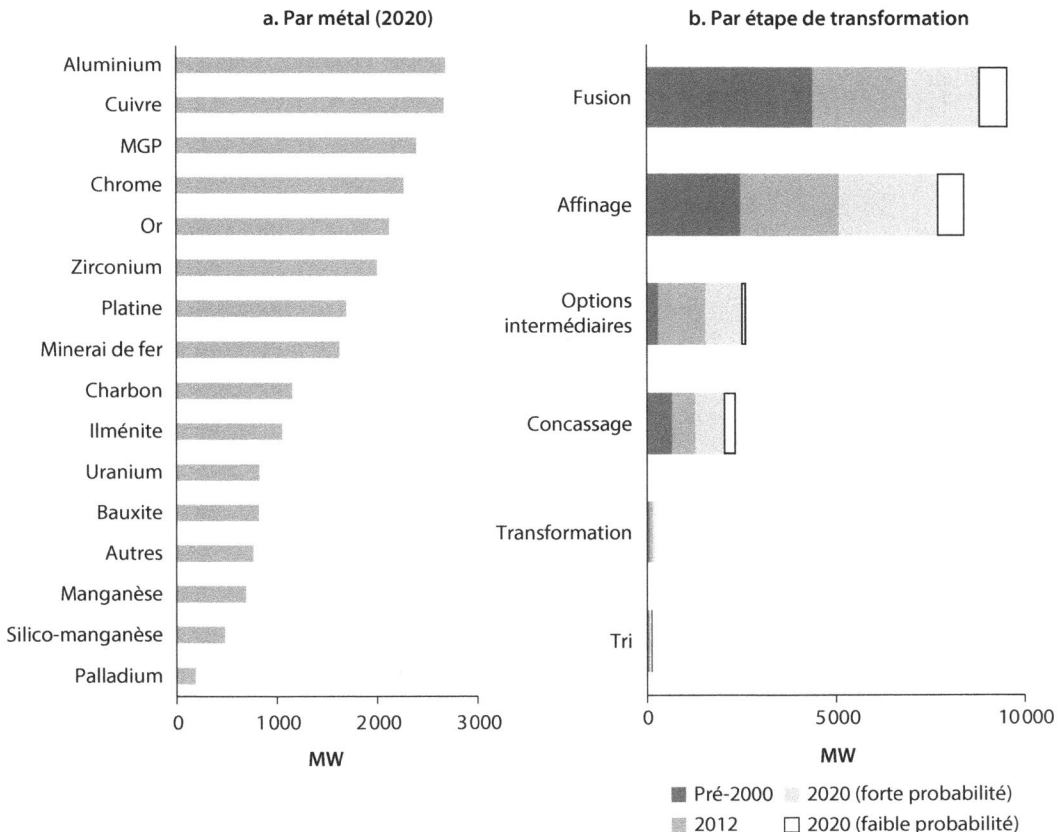

Source : Base de données énergie-exploitation minière en Afrique 2014. Banque mondiale, Washington DC.

qui affiche la plus forte consommation annuelle après l'aluminium, est réparti sur un grand nombre de projets ; la consommation moyenne annuelle est donc relativement plus faible. Il n'est donc pas surprenant de voir que les opérations de fusion affichent les consommations annuelles moyennes les plus fortes. Comparativement, l'intensité énergétique des étapes de concassage, de produits intermédiaires et de séparation est beaucoup moins forte (Figure 2.4b).

Dans un petit nombre de pays, la demande d'énergie du secteur minier dépassera largement celle du reste de l'économie

Dans une poignée de pays, la demande du secteur minier est relativement plus importante par rapport à la demande non-minière demande et le restera pour le reste de la décennie. À l'échelle du continent, la demande du secteur minier représente environ 24 % de la demande non minière en 2012. Elle devrait progresser à 30 % d'ici à 2020 d'après les scénarios de probabilité forte et faible (Figure 2.5a). En mettant de côté la Tanzanie, aucun pays ne prend explicitement en compte la demande du secteur minier dans son plan directeur du secteur de l'énergie. Au niveau des pays, on s'attend à un raz-de-marée de la demande minière en Guinée, au Libéria et au Mozambique (Figure 2.5b), où elle devrait dépasser la demande non minière totale d'ici à 2020.

D'après les deux scénarios de forte et faible croissance, la demande d'énergie du secteur minier d'ici à 2020, qui équivaut actuellement à environ un quart

Figure 2.5 Demande du secteur minier et demande non minière d'énergie

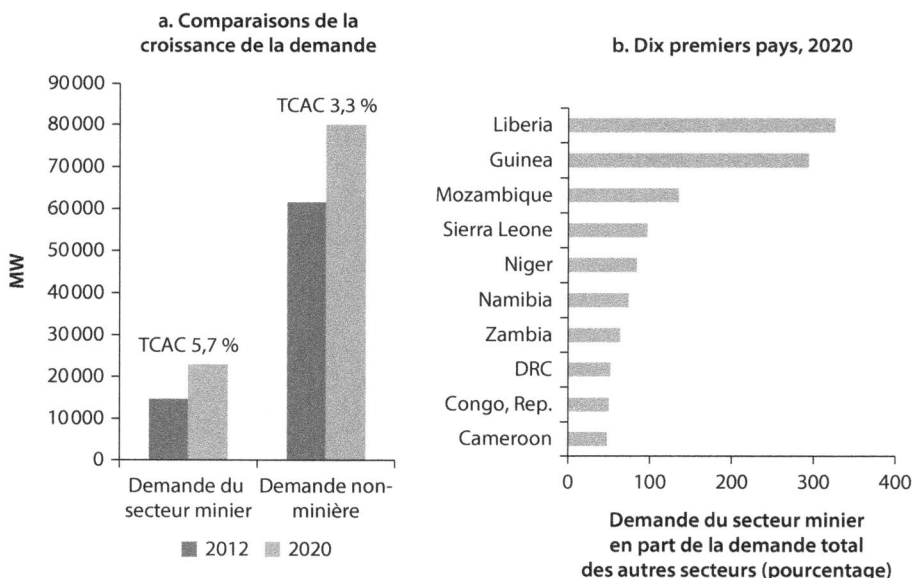

Sources : Base de données énergie-exploitation minière en Afrique 2014. Banque mondiale, Washington DC. ; Analyse de *Economic Consulting Associates.*
Note : Ces graphiques ont pu être établis avec les données de 27 pays pour lesquels les chiffres de la demande du secteur minier et de la demande totale sont disponibles. TCAC = Taux de croissance annuel cumulé.

de l'offre du réseau disponible, pourrait augmenter jusqu'à représenter 35 % de l'offre disponible en 2012. Ces moyennes masquent de fortes disparités entre les pays : dans six pays, la demande d'électricité du secteur minier en 2012 équivalait à plus de la moitié de l'offre du réseau et dans trois pays, elle atteignait plus de 75 %. Le ratio de la demande d'électricité par rapport à l'offre du réseau est projeté en forte augmentation au Cameroun, en Guinée et au Libéria, ce qui souligne un besoin urgent d'extension de la capacité de production et invite les gouvernements à s'efforcer d'intégrer la demande dans la planification énergétique des pays. Il n'est pas difficile d'imaginer que la demande d'électricité du secteur minier puisse évincer la demande des ménages et des petits clients industriels beaucoup moins bien dotés. Dans des pays comme le Zimbabwe, les entreprises minières payent déjà une prime leur garantissant une priorité d'accès à l'électricité.

CHAPITRE 3

Modes d'approvisionnement énergétique des mines

Ce chapitre présente une typologie des dispositifs adoptés par les mines de l'ASS pour leur approvisionnement en énergie électrique, en mettant l'accent sur les tendances à long terme et sur les facteurs de causalité. Traditionnellement, l'option la plus commune est le raccordement au réseau ; toutefois, l'avenir se jouera sur des solutions intermédiaires avec diverses options évolutives composites se modifiant pour répondre à la nature dynamique de la demande d'énergie du secteur minier. L'auto-approvisionnement, adopté par un petit nombre de projets en 2000, devrait être aussi en proie à une tendance haussière spectaculaire jusqu'en 2020. Le choix des options est fonction des tarifs du réseau, de la fiabilité de l'approvisionnement et du mix de carburants dans le pays.

Typologie des dispositifs

L'éventail des dispositifs d'approvisionnement en énergie électrique en ASS va du raccordement au réseau à l'auto-approvisionnement. Traditionnellement, les mines se sont approvisionnées en électricité sur le réseau dans un souci de cohérence et de fiabilité de l'approvisionnement et de rentabilité par rapport à l'autoproduction. L'inconvénient, cependant, tient à ce que les mines ont parfois continué à le faire, alors même que les compétences de fournisseur du réseau s'étaient détériorées. Dans le modèle d'auto-approvisionnement, les mines produisent leur propre électricité parce qu'une extension des réseaux de transport et de distribution jusqu'au site de la mine serait très coûteuse, ou encore parce que la sécurité d'approvisionnement du réseau est défectueuse, ou enfin, parce que les tarifs pratiqués par le réseau sont très élevés dans la mesure où il est alimenté par des centrales de production coûteuses au diesel ou au fioul lourd (HFO). Pour disposer d'un approvisionnement fiable, certaines mines sont prêtes à payer un coût plus élevé pour leur propre approvisionnement plutôt que de recourir au réseau.

En réalité cependant, les options sont plus complexes et ne se limitent pas au choix entre le réseau et l'auto-approvisionnement. Il existe six dispositifs intermédiaires entre ces deux extrêmes qui reflètent les nouvelles façons dont les mines, les services d'utilité publique et les gouvernements se rapprochent pour leur profit mutuel. Les mines ont besoin d'un approvisionnement en électricité fiable ; les entreprises de services publics ont besoin de consommateurs générateurs de revenus servant de point d'ancrage et de la charge à fournir aux exploitations minières pour soutenir le développement des systèmes d'énergie électrique nationaux ; et les gouvernements ont besoin d'améliorer la viabilité commerciale des entreprises de services publics pour promouvoir un développement plus large du secteur de l'énergie.

Ces six dispositifs intermédiaires conduisent à des synergies tirées d'une meilleure rentabilité opérationnelle, de la disponibilité accrue de l'approvisionnement en électricité, d'une accélération de l'expansion et d'une robustesse accrue des réseaux fédérateurs de transport de l'énergie dans l'ensemble de l'ASS. Ils sont les suivants : (i) l'auto-approvisionnement et la responsabilité sociale des entreprises (RSE) ; (ii) l'auto-approvisionnement et la revente au réseau ; (iii) le raccordement au réseau et la production de secours autonome ; (iv) des mines vendant collectivement de l'électricité au réseau ; (v) des mines investissant dans le réseau ; et (vi) la demande des mines sert de point d'ancrage pour un producteur d'électricité indépendant (IPP) (Tableau 3.1). Les dispositifs (ii) à (vi) assurent un continuum d'interaction avec le réseau. Alors que le dispositif (vi) est l'un des dispositifs d'intégration énergie-exploitation minière les plus pertinents à ce jour, l'Afrique du Sud est le seul pays de la région à l'avoir utilisé. Le Ghana est le seul autre pays d'ASS affichant une démarche collective : les mines ghanéennes se sont associées en créant un pool d'investissement coordonné et vendent l'excédent au réseau.

Au-delà de ces options intermédiaires clairement définies, des combinaisons de dispositifs — des régimes transitoires — peuvent évoluer au fil du temps. Par exemple, une mine peut choisir d'utiliser l'auto-approvisionnement comme source d'énergie primordiale tout en cherchant d'éventuels promoteurs susceptibles de l'alimenter à partir d'un IPP. Dans une telle configuration, les deux dispositifs coexistent sur la durée de vie de la mine. Dans la pratique, cependant, la mine aura généralement tendance à passer du premier au second dispositif dans le temps. Il est probable qu'à l'horizon 2020 elle sera passée sous le régime de la seconde option.

La part de l'approvisionnement par le réseau dans les projets a décliné au fil du temps

L'approvisionnement par le réseau est le dispositif prédominant, bien qu'en recul sur la période 2000–2020, passant de 60 % à 48 %, ce qui suggère que les sociétés minières ont recours à l'auto-approvisionnement ou choisissent des dispositifs intermédiaires pour répondre à leurs besoins en énergie. Au cours des dernières années, ces options intermédiaires ont enregistré une hausse impressionnante, passant de 43 projets avant 2000 à 123 projets dans le scénario 2020 de forte probabilité, et 132 projets en y incluant les projets à faible probabilité.

Tableau 3.1 Typologie des modes d'approvisionnement en électricité

	Auto-approvisionnement	Auto-approvisionnement + RSE	Auto-approvisionnement + vente au réseau	Approvisionnement par réseau + Auto-approvisionnement de secours	Options intermédiaires			Approvisionnement par le réseau
					Mines vendant collectivement au réseau	Mines investissant dans le réseau	Mines servent de client de référence pour IPP	
Description	La mine produit sa propre électricité en fonction de ses besoins	La mine fournit de l'électricité à la communauté par le biais de mini-réseaux ou de solutions hors réseau	La mine produit sa propre électricité et vend le solde produit au réseau	La mine est en priorité alimentée par le réseau et ne s'auto-approvisionne que lorsque c'est moins coûteux	Investissement coordonné d'un groupe de mines, de producteurs et d'utilisateurs dans une grande centrale proche du site minier raccordée au réseau	La mine investit avec le gouvernement dans de nouveaux actifs ou dans la modernisation des actifs énergétiques existants selon plusieurs types d'accords différents	La mine achète à un IPP son électricité et lui sert de client de référence	La mine ne produit aucune électricité, et s'approvisionne à 100 % sur le réseau
Principales sources d'énergie	Diesel, HFO	Diesel, HFO	Charbon, gaz, Hydroélectricité	Diesel, HFO	Diesel, HFO, solaire	Hydroélectricité, gaz	Toutes	Toutes
Présence	Mali et Guinée (hydroélectricité) Sierra Leone et Libéria (pétrole)	Guinée Madagascar	Zimbabwe Mozambique Cameroun	RDC Tanzanie	Ghana	Niger RDC	Afrique du Sud	Mozambique Zambie

Source : Base de données énergie-exploitation minière en Afrique 2014, Banque mondiale, Washington DC.

Note : RSE = Responsabilité sociale de l'entreprise ; HFO = Fioul lourd ; IPP = Producteur d'électricité indépendant.

Leur contribution à l'ensemble des projets est restée stable dans le temps. L'auto-approvisionnement est l'option qui enregistre toutefois la plus forte progression, passant de 6 % des projets avant 2000 à 18 % en 2020. En termes de TCAC, les projets adoptant l'auto-approvisionnement affichent la progression la plus rapide à 11,5 %, suivis par les options intermédiaires à 5,8 %, et par le réseau, avec un taux de 4,7 % (Figure 3.1). Malgré la forte hausse de l'option d'auto-approvisionnement, le modèle reste minoritaire au sein des dispositifs d'approvisionnement en électricité à l'horizon 2020 (Figure 3.2).

Parmi les options intermédiaires, trois tendances se dégagent. Premièrement, les deux options les plus pratiquées sur la période de 20 ans sont l'auto-approvisionnement avec revente au réseau et l'investissement des mines dans le réseau. Les deux options exigent que les mines et les entreprises de services publics interagissent en matière d'investissement. La première implique que les mines s'auto-approvisionnent et vendent l'excédent au réseau, ce qui peut exiger des investissements dans les réseaux de transport et de distribution, avec un impact concomitant sur les zones proches et sur l'ensemble des systèmes énergétiques. Dans la seconde option, les mines et les entreprises de services publics collaborent de même de diverses façons pour investir dans des actifs existants et nouveaux. Deuxièmement, la prévalence des régimes transitoires reste à peu près similaire, témoignant du caractère dynamique de l'approvisionnement en électricité. Les mines réagissent vite en réponse à l'évolution des situations quand elle est favorable. Avant 2000, au sein des projets à options intermédiaires, 23 % des projets avaient opté pour des régimes transitoires, et ils sont en légère hausse, à 24 %, en 2020. Troisièmement, en 2020, non seulement le nombre de projets donnant la priorité à l'auto-approvisionnement augmente, mais de nombreux projets vont également utiliser l'auto-approvisionnement comme un dispositif auxiliaire de secours, même s'ils sont raccordés au réseau. Cette option devrait fortement progresser.

La plus forte augmentation de la consommation annuelle se manifeste dans les options intermédiaires

Avec l'augmentation du nombre de projets miniers dans tous les cas de figure, la consommation annuelle d'énergie est en hausse dans toutes les options (Figure 3.3a). Sur la période 2000–2020, les options intermédiaires affichent la plus forte croissance, avec un TCAC de 7,8 %, suivies par l'auto-approvisionnement et l'approvisionnement par le réseau, à 5 % chacun. Mais la consommation annuelle moyenne d'énergie pour des projets d'auto-approvisionnement diminue de 5,8 %. Les options intermédiaires affichent une augmentation de 1,9 %, tandis que l'approvisionnement par le réseau reste neutre (Figure 3.3b). Ceci signifie que l'auto-approvisionnement alimente un plus grand nombre de projets de moindre envergure. Les grands projets sont alimentés par le réseau ou par des options intermédiaires (voir les tableaux B.5 et B.6, Appendice B).

Tant pour les projets de haute que de basse probabilité, ce sont les mines de l'Afrique du Sud qui dominent l'approvisionnement par le réseau en 2020,

Figure 3.1 Évolution des modes d'approvisionnement en électricité au fil du temps

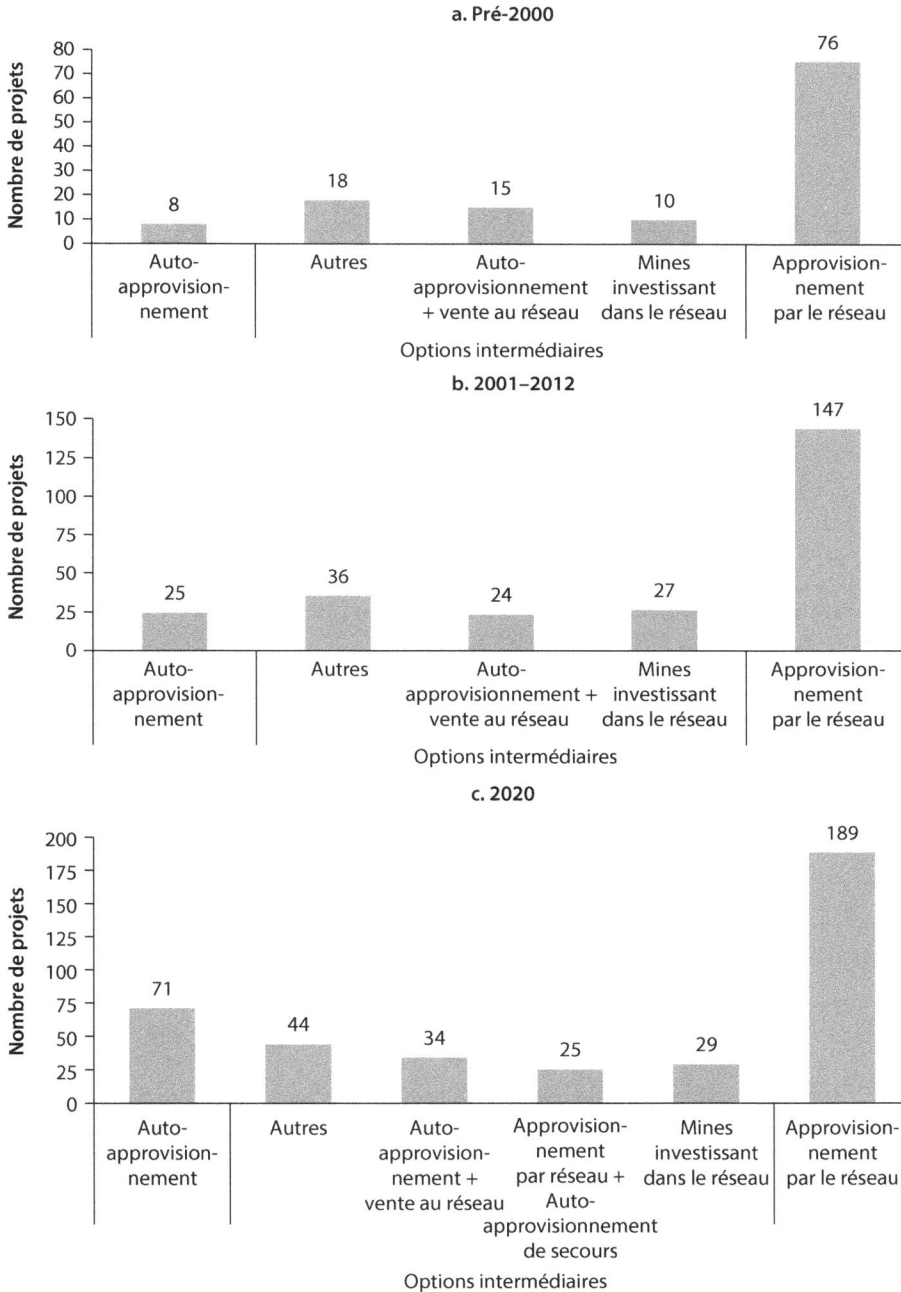

a. Pré-2000

b. 2001–2012

c. 2020

figure continue page suivante

Figure 3.1 Évolution des modes d'approvisionnement en électricité au fil du temps *(continue)*

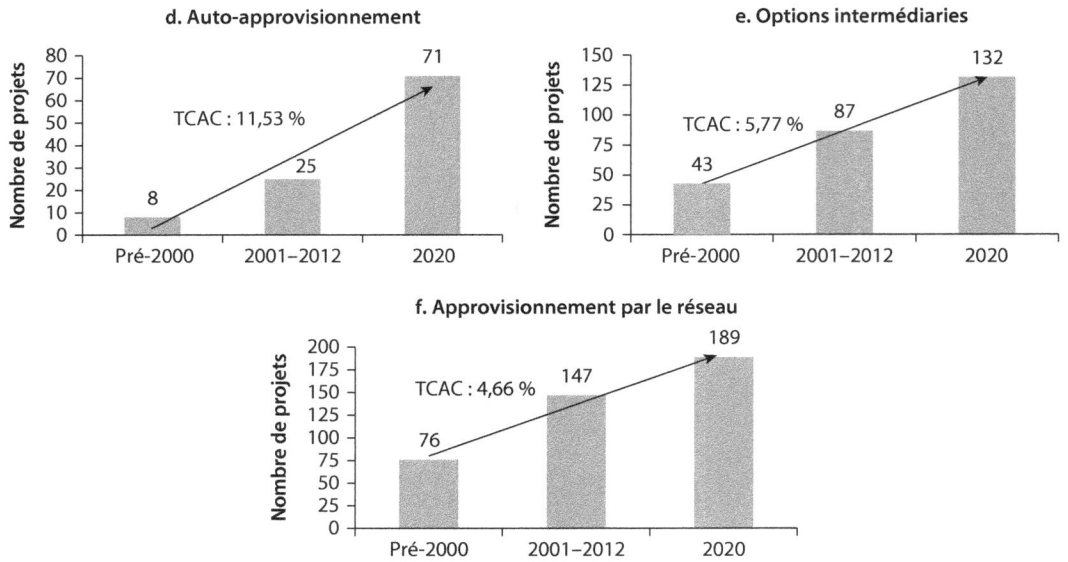

d. Auto-approvisionnement

e. Options intermédiaires

f. Approvisionnement par le réseau

Source : Base de données énergie-exploitation minière en Afrique 2014. Banque mondiale, Washington DC.
Note : Ceci comprend les projets à forte et à faible probabilité. TCAC = Taux de croissance annuel cumulé.

Figure 3.2 Options d'approvisionnement en électricité

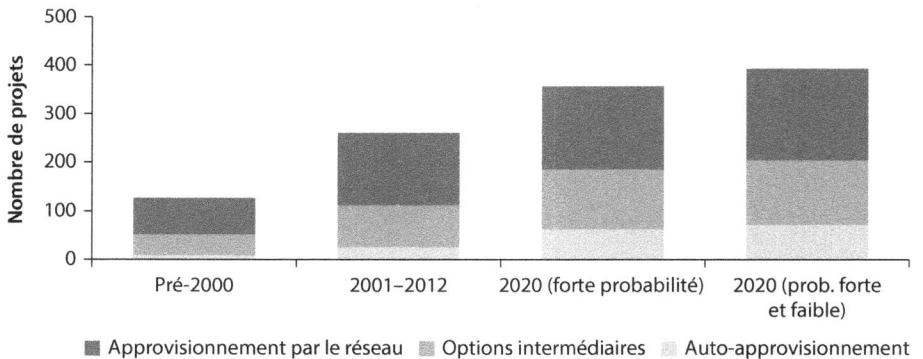

■ Approvisionnement par le réseau ▨ Options intermédiaires ░ Auto-approvisionnement

Source : Base de données énergie-exploitation minière en Afrique 2014. Banque mondiale, Washington DC.

avec au moins 70 % de la consommation d'énergie tirée du réseau, suivies par celles de la Zambie et du Mozambique (Figure 3.4a). Pour les options intermédiaires, la République démocratique du Congo et le Cameroun sont les premiers consommateurs d'énergie, derrière l'Afrique du Sud (Figure 3.4b). Pour l'auto-approvisionnement, la Guinée, le Mali, le Libéria et la Tanzanie occupent une place importante, loin derrière l'Afrique du Sud (Figure 3.4c). En 2020, la Guinée sera le principal acteur de ce type de dispositif, derrière l'Afrique du Sud.

Figure 3.3 Consommation énergétique

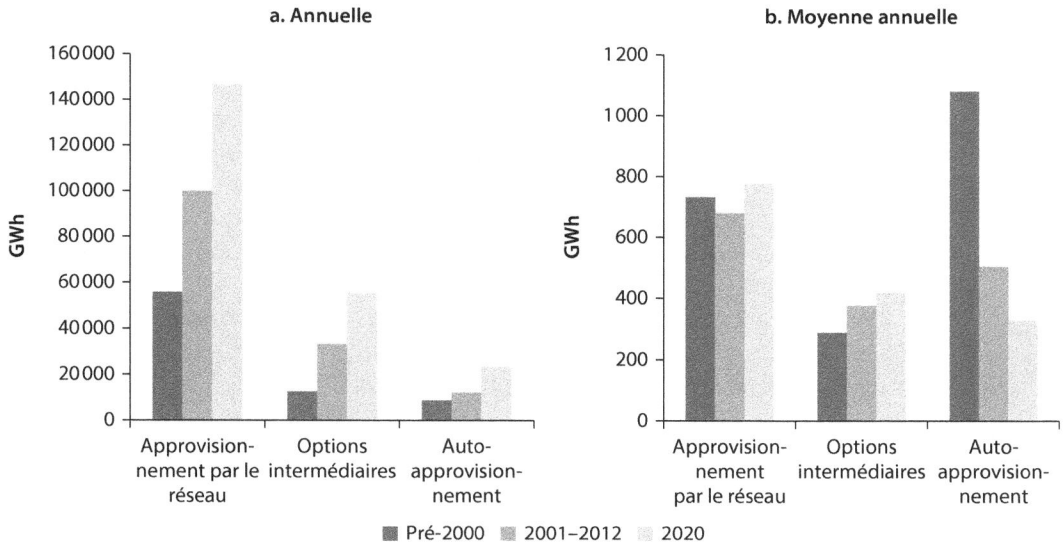

a. Annuelle

b. Moyenne annuelle

■ Pré-2000 ■ 2001–2012 ▨ 2020

Source : Base de données énergie-exploitation minière en Afrique 2014. Banque mondiale, Washington DC.

Figure 3.4 Répartition par pays de la consommation annuelle d'énergie, 2020

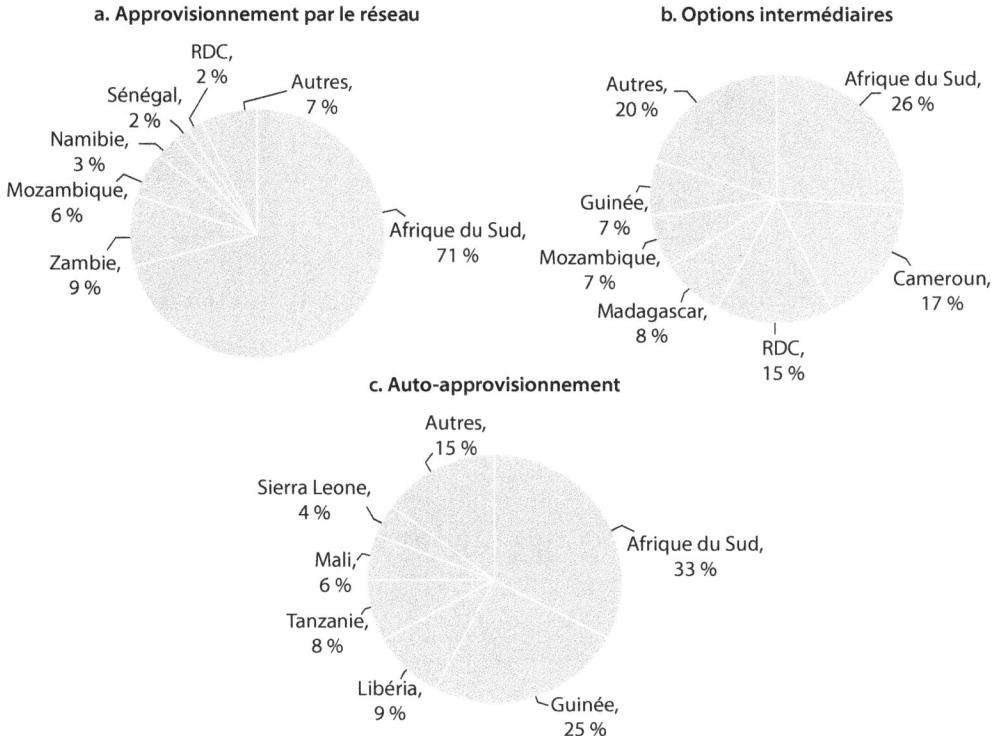

a. Approvisionnement par le réseau

RDC, 2 %
Sénégal, 2 %
Namibie, 3 %
Mozambique, 6 %
Zambie, 9 %
Autres, 7 %
Afrique du Sud, 71 %

b. Options intermédiaires

Autres, 20 %
Afrique du Sud, 26 %
Guinée, 7 %
Mozambique, 7 %
Madagascar, 8 %
RDC, 15 %
Cameroun, 17 %

c. Auto-approvisionnement

Autres, 15 %
Sierra Leone, 4 %
Mali, 6 %
Tanzanie, 8 %
Libéria, 9 %
Guinée, 25 %
Afrique du Sud, 33 %

Source : Base de données énergie-exploitation minière en Afrique 2014. Banque mondiale, Washington DC.

Le potentiel transformateur de l'industrie minière • http://dx.doi.org/10.1596/978-1-4648-0486-1

Les modes d'approvisionnement en électricité ont évolué dans les régions de l'Afrique subsaharienne

L'évolution du paysage de l'approvisionnement énergétique des mines de l'Afrique subsaharienne fait surgir des différences régionales. Avant 2000, les modes d'approvisionnement énergétique de l'Afrique centrale dépendaient fortement des réseaux, même si les options intermédiaires sont devenues par la suite plus adaptées. Le principal dispositif intermédiaire est celui où les mines investissent dans le réseau. En République démocratique du Congo, les mines collaborent avec l'entreprise de services publics, la Société nationale d'électricité (SNEL) (Figure 3.5a).

En Afrique de l'Est, les options intermédiaires dominent avant 2000, tandis qu'à l'horizon 2020 les options d'approvisionnement par le réseau et d'auto-approvisionnement auront émergé. La hausse de l'auto-approvisionnement est

Figure 3.5 Évolution des dispositifs régionaux d'approvisionnement en électricité au fil du temps
Pourcentage

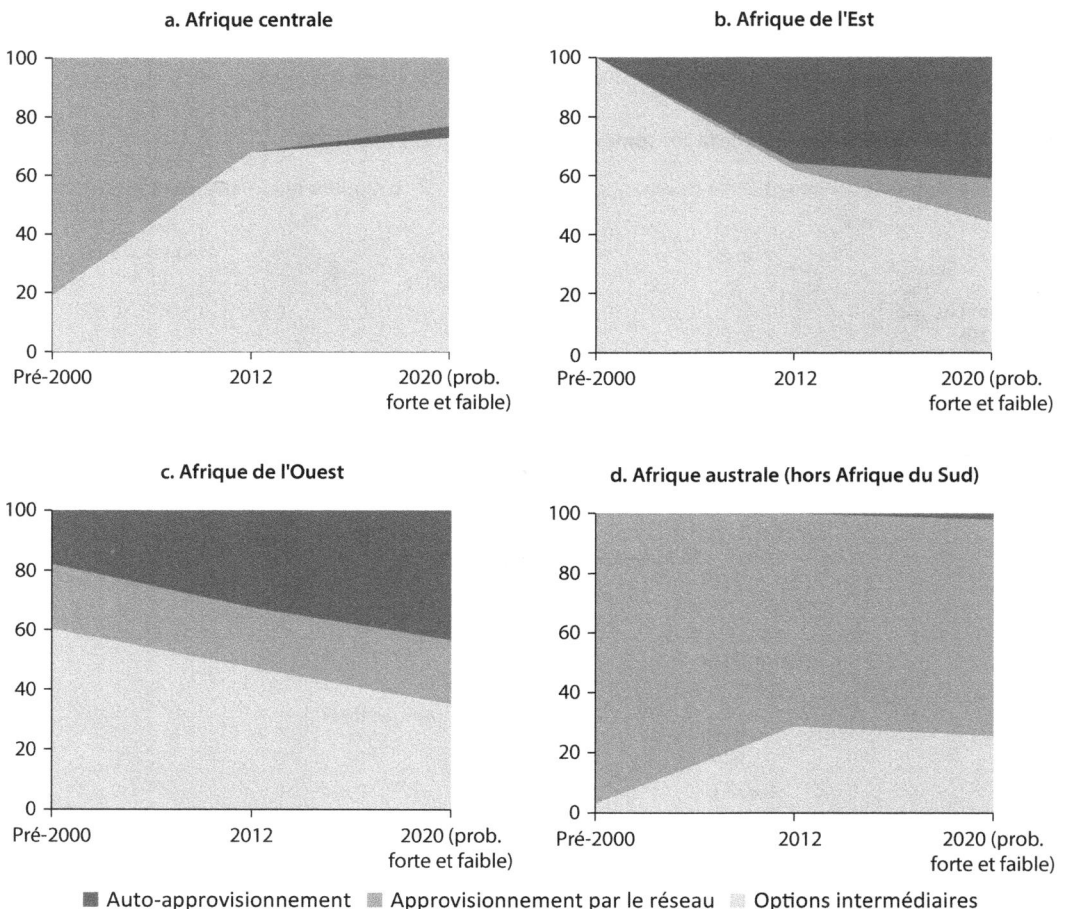

essentiellement due au projet de mine de cuivre de Bisha en Érythrée. Comme le réseau de ce pays repose essentiellement sur des centrales au mazout, les tarifs élevés incitent les mines à se tourner vers l'autoproduction, moins coûteuse. Le Kenya est le premier pourvoyeur d'électricité du réseau régional, appuyé notamment sur la mine d'ilménite de Kwale. La production d'énergie d'origine hydraulique domine au Kenya, si bien que les entreprises minières préfèrent s'alimenter à partir du réseau. La majorité des mines de l'Afrique de l'Est ayant adopté des dispositifs intermédiaires se trouve en Tanzanie. Comme le réseau de transport national y est relativement restreint, certaines mines investissent aux côtés de l'entreprise de services publics pour mettre à niveau le réseau tandis que d'autres développent leur production autonome (Figure 3.5b).

De toutes les régions d'Afrique subsaharienne, l'Afrique de l'Ouest est celle qui affiche la plus forte incidence de l'auto-approvisionnement, d'autant plus que les grands projets à très forte intensité énergétique se développent dans des pays où les ressources énergétiques sont inexploitées et où le réseau offre une capacité insuffisante ou n'en est qu'à ses débuts (par ex. Guinée, Libéria et Sierra Leone). En conséquence, il est plus rentable pour les mines d'opter pour une production d'électricité autonome. Avant 2012, la fonderie de VALCO au Ghana était le leader de l'approvisionnement par le réseau, elle a été supplantée en 2013 par la mine d'ilménite de Grande Côte du Sénégal. Sur la période 2000–2020, le Niger est le pays où l'option de l'investissement des mines dans le réseau est la plus fréquemment utilisée, mais le projet de Tonkolili du Sierra Leone, pour lequel *African Minerals* est en train d'agrandir le barrage de Bumbuna, devrait aussi devenir un gros consommateur utilisant ce type de dispositif d'ici à 2020. La Guinée est le leader de l'option auto-approvisionnement et RSE sur toute la période. C'est un pays qui a hérité de systèmes et d'accords en place qui permettent à ses mines de produire de l'énergie électrique pour les communautés locales à proximité des sites miniers (Figure 3.5c).

Comparativement aux autres régions de l'Afrique subsaharienne, l'Afrique australe est assez bien intégrée. La montée en flèche de l'option d'auto-approvisionnement avec revente au réseau est due au développement accru de projets de mines de charbon dans la région, notamment au Mozambique et en Afrique du Sud. Ces projets vendent, pour ainsi dire par définition, leurs excédents de capacité au réseau. Sur la période 2000–2020, l'option d'investissement des mines dans le réseau a été utilisée principalement au Botswana, où les mines travaillent souvent en collaboration avec l'entreprise de services publics, *Botswana Power Corporation*, et au Mozambique, où la mine d'ilménite Kenmare'Moma collabore avec l'entreprise de services publics, *Electricidade de Moçambique* (EDM), pour garantir l'accès de la mine au réseau (Figure 3.5d).

L'auto-approvisionnement impose un lourd fardeau

Parmi toutes les options, l'auto-approvisionnement est la plus coûteuse, se situant en moyenne à 23 cents par kWh et pouvant atteindre jusqu'à 29 cents par kWh (Figure 3.6). Les installations d'auto-approvisionnement sont alimentées

Figure 3.6 Fourchette des coûts énergétiques

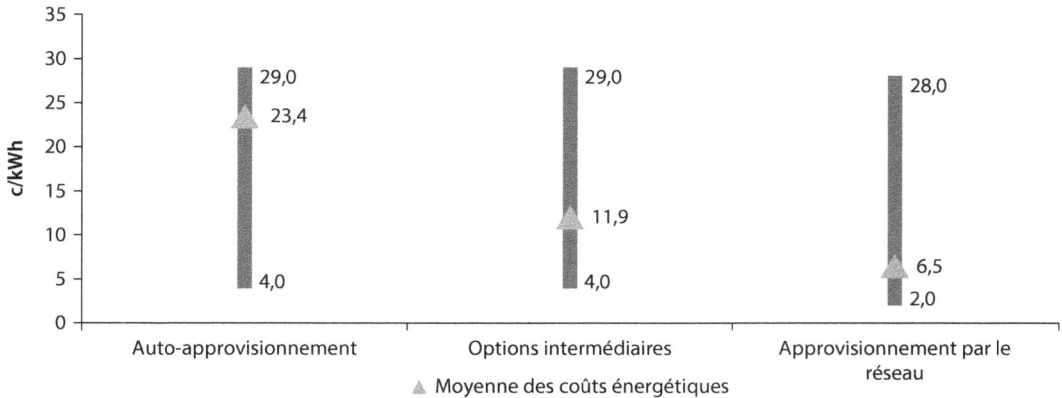

Source : Base de données énergie-exploitation minière en Afrique 2014. Banque mondiale, Washington DC.

principalement au diesel, suivi du fioul lourd ; dans les deux cas, ce sont aussi des sources importantes d'émissions de carbone. L'option d'alimentation par le réseau est la moins coûteuse, avec une moyenne d'environ 6 cents par kWh. Le tarif le plus bas offert par le réseau, à 2 cents par kWh, se trouve dans les mines de diamants du Lesotho qui sont approvisionnées en énergie hydro-électrique. Pour les options intermédiaires, la moyenne des prix se situe à mi-chemin, à 12 cents par kWh ; ils peuvent descendre jusqu'à 5 cents par kWh (par exemple, le régime transitoire de la mine de diamant de Catoca en Angola qui passe de l'auto-approvisionnement et RSE à un régime où la demande des mines sert de point d'ancrage pour un IPP) ou jusqu'à une moyenne de 6 cents par kWh pour l'option d'investissement des mines dans le réseau et l'option des mines servant de point d'ancrage comme acheteur principal pour un IPP. Dans d'autres régimes transitoires, rattachés à l'option d'auto-approvisionnement, le prix moyen peut atteindre jusqu'à 28 cents par kWh (Figure 3.6).

Les coûts de l'énergie depuis 2000 en ASS dépendent aussi de l'ampleur des ressources consacrées à chacun de ces dispositifs. Sur la période, les entreprises de services publics ont encaissé environ 75 milliards de dollars payés par les mines, suivies de près par les options intermédiaires qui ont engrangé 63 milliards de dollars. Mais les dépenses d'auto-approvisionnement ont représenté des pertes tant pour les entreprises de services publics que pour les pays, et ceci ne fera qu'empirer dans la mesure où les mines vont continuer à se tourner davantage vers l'auto-approvisionnement pour répondre à leurs besoins en énergie. Les dépenses d'auto-approvisionnement, à 14 milliards de dollars sur la période 2000–2012, devraient augmenter à 22 milliards de dollars sur la période 2013–2020. Le rapatriement d'une partie de ces ressources dans le giron de l'approvisionnement par le réseau ou des options intermédiaires procurerait des avantages à un groupe de parties prenantes plus large, allant au-delà des mines.

À l'horizon 2020, pour les dispositifs d'approvisionnement impliquant des partenariats basés sur un réseau (mines vendant collectivement au réseau, investissement des mines dans le réseau, la demande des mines sert de point d'ancrage pour un IPP et approvisionnement par le réseau), la production d'électricité à base de charbon représentera 69 % de l'approvisionnement dans le scénario de forte probabilité et 67 % en incluant les projets à faible probabilité. La production d'hydro-électricité représentera environ 27 à 29 %, selon le niveau de probabilité — haute et basse — et la production à base de produits pétroliers couvre les 4 % restants (figure 3.7a). L'Afrique du Sud sera le principal pourvoyeur d'électricité en réseau produite par des centrales au charbon avec des productions d'environ 11 064 MW et 11 887 MW dans les scénarios de forte et de faible probabilité, respectivement. Sans prendre en compte la capacité installée de l'Afrique du Sud, les ressources en énergie propre joueront un rôle important ; les besoins énergétiques des mines devraient permettre de libérer le potentiel d'énergie propre, chiffré à 4 490 MW et 5 000 MW dans les scénarios de forte et de faible probabilité, respectivement (Figure 3.7b).

Les mines ont investi des ressources importantes dans la création de capacités de production d'énergie, et cette tendance ne peut que se renforcer. Sur la période 2000–2012, environ 1,3 milliard de dollars a été investi dans des capacités de production de 1 590 MW comprenant des éléments d'auto-approvisionnement (auto-approvisionnement seul ; auto-approvisionnement + RSE ; auto- approvisionnement + vente au réseau ; approvisionnement par le réseau + production de secours autonome). À l'horizon 2020, il faudra ajouter au total environ 10 260 MW pour répondre à la demande de l'industrie minière. Sur ce total, les dispositifs comprenant une forme quelconque d'auto-approvisionnement produiront 1 753 MW dans le scénario de forte probabilité et 3 061MW si les

Figure 3.7 Comparaison des principales sources de production d'énergie dans les dispositifs collectifs

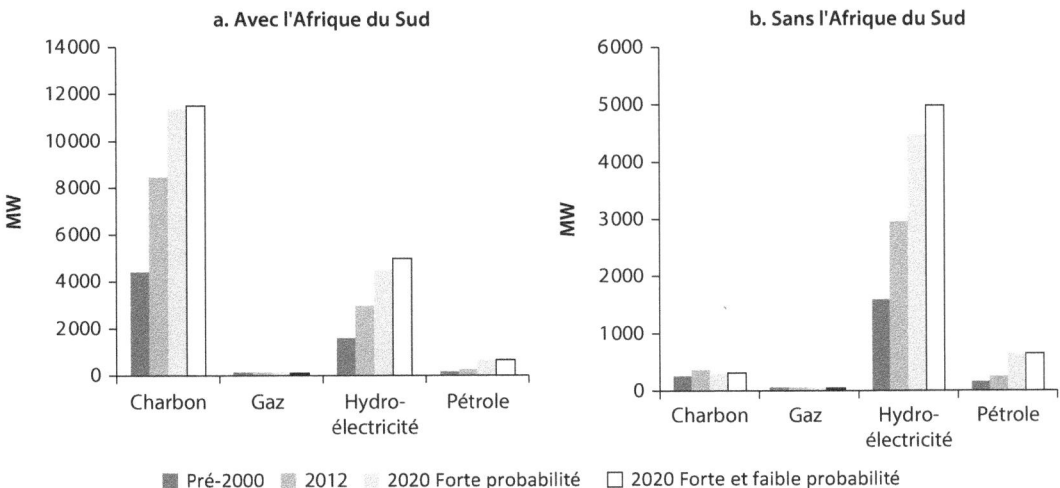

Source : Base de données énergie-exploitation minière en Afrique 2014. Banque mondiale, Washington DC.

projets de faible probabilité sont également inclus. Ceci coûtera entre 1,4 et 3,3 milliards de dollars et représentera de 21 à 30 % de la capacité de production totale nécessaire pour pouvoir satisfaire en 2020 la demande de l'industrie minière. Cette capacité de production sera en majeure partie thermique (diesel et fioul lourd). Le solde de capacité de production nécessaire — d'environ 6 650 MW dans le scénario de forte probabilité, et 7 195 MW en y ajoutant les projets du scénario de faible probabilité — devrait provenir de dispositifs collectifs (mines vendant collectivement au réseau ; investissement des mines dans le réseau ; la demande des mines sert de point d'ancrage pour un IPP) et ne concerner que l'approvisionnement par le réseau.

Trois facteurs principaux déterminent les modes d'approvisionnement en électricité

Premièrement, une source d'énergie primaire nationale est un facteur important pour disposer d'un approvisionnement suffisant et fiable. Les réseaux d'électricité d'origine hydro-électrique encouragent l'intégration dans la mesure où les mines sont raccordées au réseau ou recherchent des modalités d'accord avec les entreprises de services publics (Figure 3.8a). Lorsque l'énergie provenant du réseau est peu coûteuse, les mines rechercheront cette intégration tout en conservant un certain niveau de production autonome en dispositif auxiliaire de secours. Les réseaux alimentés par des centrales au gaz ont tendance à produire les mêmes effets que les réseaux d'hydro-électricité, mais ils sont encore peu nombreux. L'incidence élevée de l'option d'auto-approvisionnement avec revente au réseau dans les pays où l'hydro-électricité domine, est due à deux mines de charbon colossales au Mozambique, Moatize de Vale et Benga de Rio Tinto, qui envisagent de revendre au réseau l'électricité produite par leurs centrales au charbon.

Deuxièmement, certains types d'approvisionnement ont été adoptés pour compenser les déséquilibres offre-demande et la pénurie d'électricité qui en résulte. En cas de faible fiabilité de l'approvisionnement par le réseau, les mines se tournent vers l'auto-approvisionnement. Par exemple, un nombre croissant de projets raccordés au réseau d'Afrique du Sud se tournent vers l'auto-approvisionnement lorsqu'il est plus économique. Dans le passé, toutes les mines du pays étaient raccordées au réseau, mais la crise de l'énergie les a conduites à se tourner vers l'auto-approvisionnement. De même, en Tanzanie, des mines d'or qui avaient précédemment choisi de se connecter au réseau s'en détournent et adoptent l'auto-approvisionnement, découragées par les coupures de courant excessives provoquées par les goulets d'étranglement sur les lignes de transport (Figure 3.8b).

Troisièmement, les écarts de coûts entre les tarifs du réseau et les coûts de l'auto-approvisionnement jouent un rôle important (Figure 3.8c). Le choix de l'auto-approvisionnement se rencontre dans deux situations : (i) des pays dotés de réseaux alimentés par des centrales au fioul lourd (en particulier au Libéria et en Sierra Leone) où les mines s'auto-approvisionnent à des coûts inférieurs aux tarifs du réseau et (ii) des pays où l'électricité est d'origine hydro-électrique, en particulier la Guinée, où les coupures de courant sont fréquentes et où les mines s'auto-approvisionnent à un coût supérieur aux tarifs des services publics. Le coût caché des coupures est tel que l'auto-approvisionnement reste rentable. Les pays où l'industrie minière a investi au côté des pouvoirs publics dans des installations existantes ou nouvelles sont essentiellement ceux qui affichent des taux de coupures plus élevés et qui disposent de réseaux d'électricité d'origine

Figure 3.8 Dispositifs énergétiques des sociétés minières en fonction des trois principaux facteurs

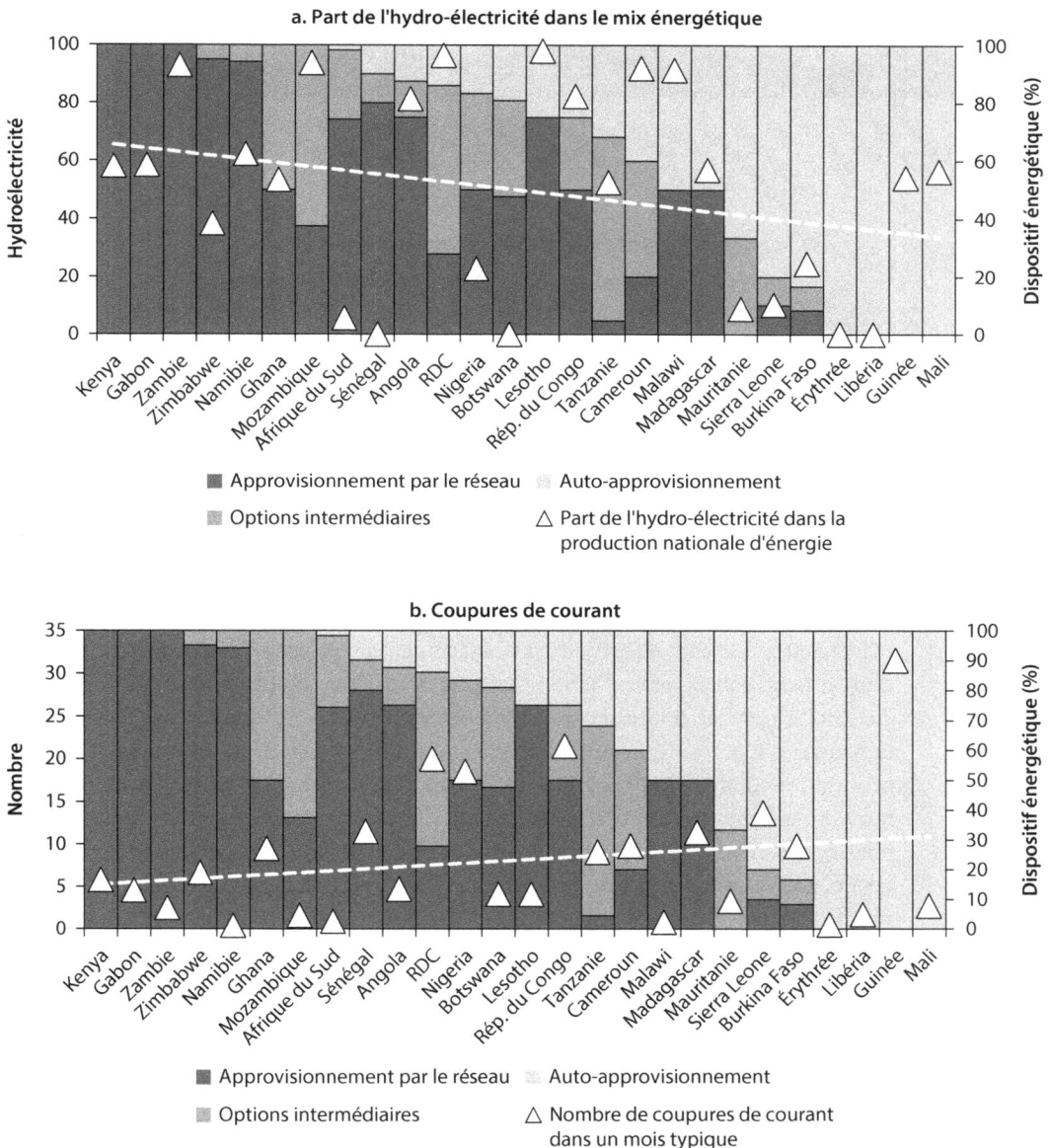

figure continue page suivante

Figure 3.8 **Dispositifs énergétiques des sociétés minières en fonction des trois principaux facteurs** *(continue)*

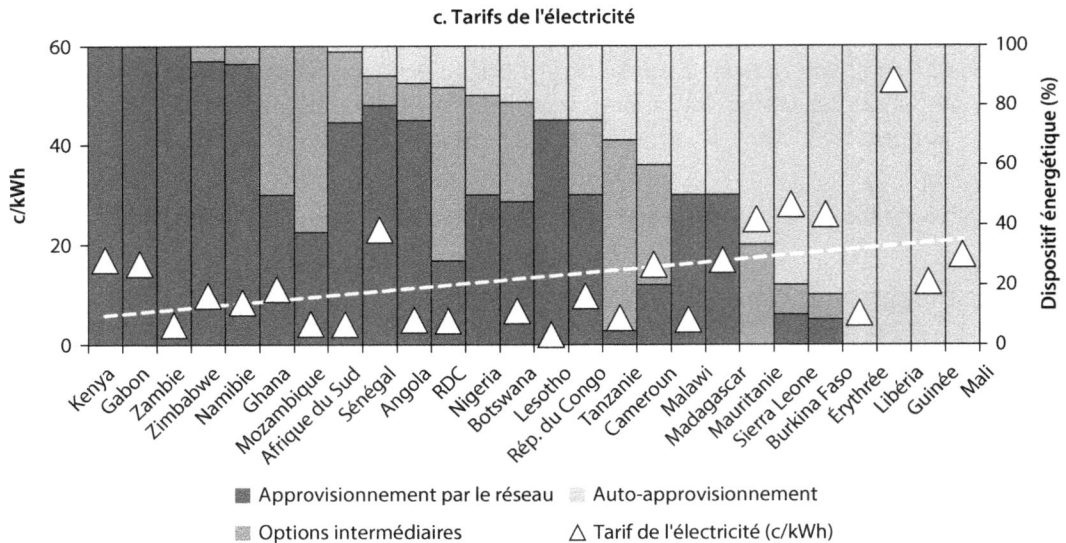

c. Tarifs de l'électricité

Approvisionnement par le réseau   Auto-approvisionnement

Options intermédiaires   △ Tarif de l'électricité (c/kWh)

Sources : Base de données énergie-exploitation minière en Afrique 2014. Banque mondiale, Washington DC.; Eberhard et al. 2011.

hydro-électrique. Ces conditions sont largement suffisantes pour inciter les mines à investir aux côtés des entreprises de services publics dans l'infrastructure. Il s'agit pour les mines de construire un réseau plus robuste, capable d'assurer une fourniture d'électricité stable et bon marché à moyen et à long termes.

Les mines auront davantage recours à l'auto-approvisionnement lorsque les tarifs de l'électricité sont plus élevés. Le prix de l'électricité dépend fortement de l'abondance relative de l'énergie à faible coût disponible pour produire de l'électricité. L'hydro-électricité est la principale source d'énergie des réseaux d'un échantillon de pays d'ASS, suivie du pétrole, du charbon et du gaz. L'hydro-électricité permet d'importantes économies d'échelle et constitue généralement la source d'électricité la moins chère sur une base de coût normalisé, tandis la production d'électricité à base de pétrole est la plus coûteuse. Ainsi, le prix moyen de l'électricité et le pourcentage d'auto-approvisionnement sont en cor-rélation positive avec la part de la production alimentée au pétrole et en corréla-tion négative avec la part de production d'origine hydro-électrique. Quoi qu'il en soit, les tarifs sont dans tous les cas le souci premier des sociétés minières (voir le Chapitre 5). Quand le chiffre mensuel des coupures de courant augmente, une mine est davantage incitée à se détourner du réseau pour répondre à ses besoins en électricité. En dehors de ces facteurs, le mode d'approvisionnement en énergie dépend de l'accès au réseau. Ceci permet de comprendre pourquoi les mines du Mali, où les tarifs sont relativement bas et les coupures assez peu fréquentes, optent pour le modèle d'auto-approvisionnement : la connexion au réseau peut ne pas être rentable pour des mines situées dans des régions éloignées, quelle que soit la source d'énergie.

CHAPITRE 4

Opportunités et enseignements de l'intégration énergie-exploitation minière

Ce chapitre examine le potentiel des synergies énergie-exploitation minière dans huit pays représentatifs des différentes phases de l'intégration énergie-exploitation minière pratiquée en Afrique subsaharienne. Une première analyse simule le potentiel d'une intégration énergie-exploitation minière dans quatre pays. Cet exercice vise à présenter une série d'options innovantes à l'horizon 2020, compte tenu des limitations des prévisions à plus long terme. Dans l'ensemble des pays étudiés, il existe des opportunités de contribution des mines au développement du secteur national — et parfois régional — de l'électricité qui méritent d'être explorées dans les pays dont le contexte est similaire. En second lieu, les enseignements de l'expérience de pays où un certain degré d'intégration énergie-exploitation minière existe sont présentés afin de fournir une référence historique dans l'identification des avantages et des risques.

Ce chapitre est complété par trois annexes : Cartes (Appendice A), Données (Tableaux B.7–B.10, Appendice B), et Méthodologie et hypothèses (Appendice C).

Aperçu de l'intégration énergie-exploitation minière

Les huit pays retenus pour cette analyse illustrent les différentes modalités selon lesquelles une intégration énergie-exploitation minière peut être réalisée en ASS, en prenant en compte la contribution du secteur minier à l'économie au sens large d'un pays, l'ampleur de la demande d'énergie comme incitation à mettre en valeur des ressources d'énergie propre et de vastes ressources énergétiques domestiques, les opportunités d'intégration régionale, et la performance des entreprises de services publics. Les pays retenus sont la Guinée, la Mauritanie, la Tanzanie, le Cameroun, la République démocratique du Congo (République démocratique du Congo), le Mozambique, le Ghana et la Zambie.

Le secteur minier contribue de manière significative à l'économie au sens large de ces pays, à l'exception du Cameroun, où l'exploitation minière est considérée comme une source de devises étrangères. Il représente également une contribution importante au PIB : la plus élevée est en Mauritanie, où elle atteint 37 %, suivie de la Guinée, à 18 % et de la République démocratique du Congo à 12 %. Dans ces trois pays, ainsi qu'au Mozambique, la contribution du secteur minier au PIB augmentera très probablement, compte tenu de la taille des activités minières actuelles et prévues.

Ces huit pays sont également dotés de ressources énergétiques considérables, en particulier de gaz et hydro-électricité. Au Mozambique et en Tanzanie, de vastes réserves de gaz ont été récemment découvertes au large des côtes, plaçant ainsi ces deux pays parmi les six premiers pays dotés de réserves P2 en ASS (Tableau 1.1). Le Cameroun, la République démocratique du Congo et le Mozambique possèdent également un vaste potentiel hydro-électrique. Les ressources énergétiques nationales de ces huit pays indiquent un fort potentiel d'énergie garantie[9] dont les systèmes énergétiques pourraient tirer parti. C'est particulièrement important pour l'investissement dans la production d'électricité car ces types de projets sont financièrement plus attrayants et sont susceptibles de parvenir à des coûts unitaires plus bas. En termes d'activités minières, la production d'hydro-électricité à moindre coût constitue un avantage pour les activités extractives, mais pourrait n'attirer essentiellement que des activités de fonderie, exigeant une électricité relativement bon marché.

Les opportunités et l'ampleur de l'intégration dépendent de nombreux facteurs, notamment la fiabilité et l'adéquation de l'énergie, son coût et le taux d'électrification. Tout d'abord, la fiabilité et l'adéquation de l'énergie offerte par les entreprises nationales de services publics aux gros consommateurs est un élément clé, en particulier pour les mines qui exigent un approvisionnement continu. Le manque de fiabilité incite les mines à répondre à leurs besoins en électricité par l'auto-approvisionnement. Les performances en Guinée et en Mauritanie sont particulièrement médiocres, caractérisées par une faible disponibilité de leur capacité de production installée, en elle-même déjà très limitée, ce qui incite le secteur à assurer sa propre production d'électricité. En revanche, le Mozambique affiche d'excellentes performances dans les deux catégories (Figure 4.1).

Deuxièmement, la justification de l'intégration énergie-exploitation minière est évidente quand elle est examinée sous l'angle des économies de coûts. Au Cameroun, en République démocratique du Congo et en Zambie, le prix fixé pour les services du réseau est inférieur au dixième du prix de revient dans chaque pays de l'auto-approvisionnement à partir d'un générateur diesel classique de 5 MW en se basant sur le coût marginal à long terme (CMLT) du système. Ce sont les mines du Cameroun qui paient le tarif le plus bas, suivies par celles de la République démocratique du Congo, du Mozambique et de la Zambie. Dans ces pays, il faut que le manque de fiabilité de l'approvisionnement soit considérable pour que les mines se décident à passer à l'auto-approvisionnement. Les tarifs électriques industriels haute-tension qui s'appliquent aux mines en Guinée et en Mauritanie sont les plus élevés parmi les huit pays étudiés (Figure 4.2).

Figure 4.1 Fiabilité et potentiel de ressources

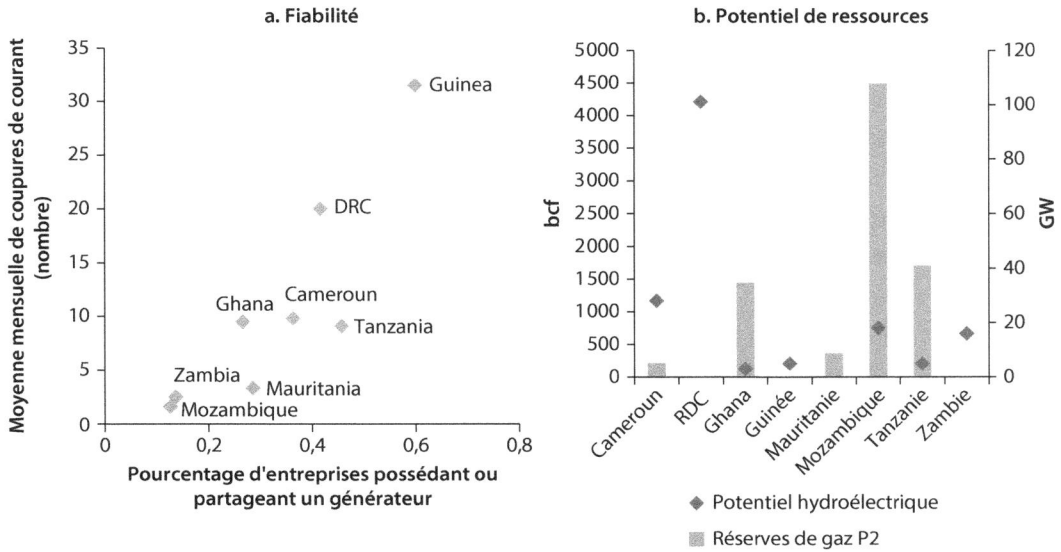

a. Fiabilité

b. Potentiel de ressources

Sources : Analyse de *Economic Consulting Associates* ; Foster et Steinbucks 2009.

Figure 4.2 Tarifs payés par les mines et CMLT du secteur de l'électricité

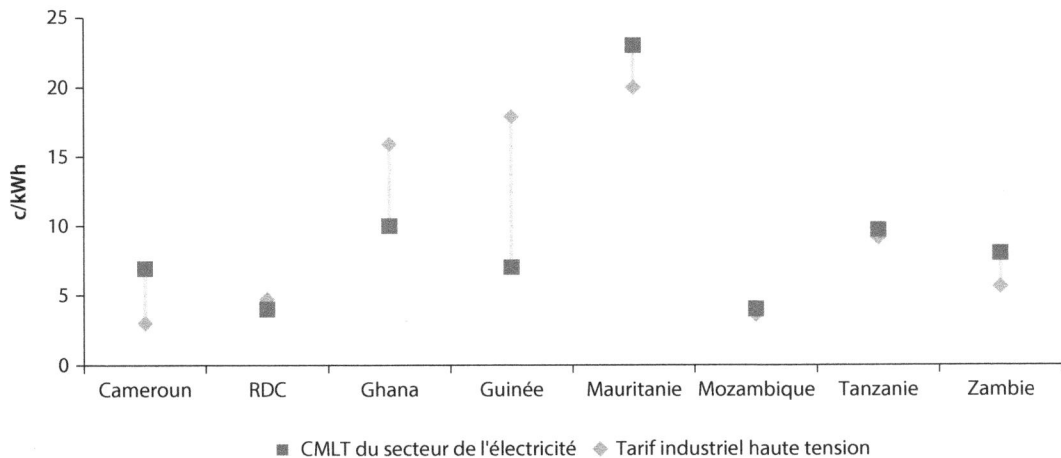

Source : Analyse *Economic Consulting Associates.*

Les entretiens avec de hauts responsables des sociétés minières dans les huit pays révèlent une combinaison plus complexe d'objectifs et de motivations dans l'étude des options d'approvisionnement énergétique d'une compagnie minière. En outre, il est essentiel de noter que les mines accordent au moins autant d'importance à la sécurité de l'approvisionnement qu'au coût. Elles investissent dans l'auto-approvisionnement, même lorsque le coût du kilowattheure livré est beaucoup plus élevé, afin de conserver le contrôle de leur approvisionnement en électricité et d'en assurer la continuité. Les centrales hydro-électriques publiques dont les coûts d'immobilisations sont déjà passés en charge peuvent fournir une électricité particulièrement peu coûteuse, mais les mines préfèrent opter pour l'autoproduction quand la fourniture de cette électricité n'est pas fiable.

Les huit pays affichent diverses solutions d'approvisionnement en électricité

À l'horizon 2020, la demande d'électricité du secteur minier, en cumulant les deux scénarios de forte et faible probabilité, s'étage de 125 MW en Mauritanie à 1 394 MW en Zambie. Comme on l'a vu au chapitre 3, ces huit pays affichent un éventail de dispositifs énergétiques dans le secteur des mines — depuis une dépendance prépondérante à l'égard de l'auto-approvisionnement jusqu'à une intégration complète avec le réseau. Tous ces pays ont la possibilité d'utiliser la demande des mines non seulement au bénéfice des mines, mais aussi, plus largement, de la population et du pays en général. Plus de la moitié de la capacité supplémentaire de production installée au cours de la période 2012–2020 appartiendra à la catégorie intermédiaire. Environ 24 % de cette nouvelle capacité sera raccordée au réseau, tandis que le solde sera produit de manière autonome. La Zambie est le seul pays où les mines resteront intégralement approvisionnées par le réseau. C'est en Guinée que l'auto-approvisionnement sera la plus importante, suivie par la Tanzanie. Le Cameroun, le pays avec la plus forte demande du scénario de faible probabilité, dépendra presque entièrement des dispositifs intermédiaires (Figure 4.3).

Figure 4.3 Modes d'approvisionnement en électricité (comprenant les projets à forte et à faible probabilité)

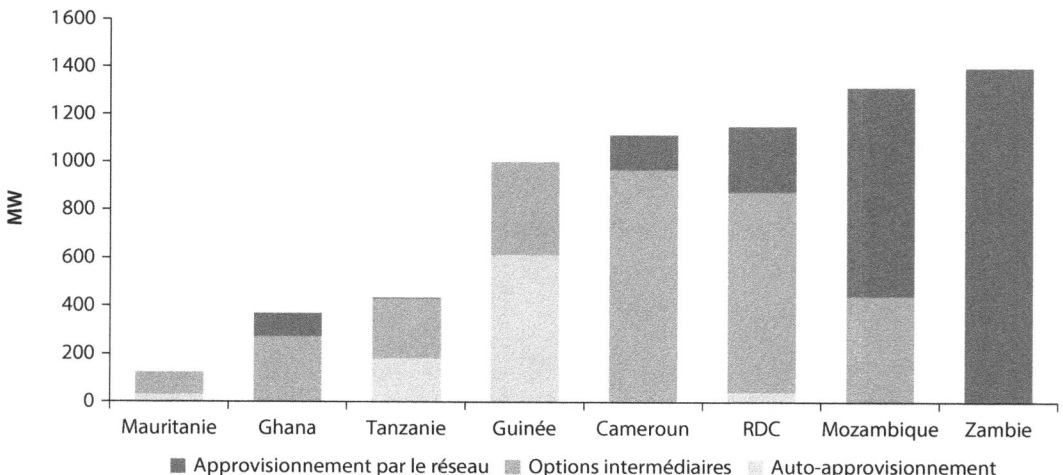

Source : Base de données énergie-exploitation minière en Afrique 2014. Banque mondiale, Washington DC.

Les huit pays ont été classés en trois groupes, en fonction des synergies entre leurs deux secteurs, mines et électricité (Tableau 4.1). Ces regroupements sont dynamiques et peuvent changer à mesure que l'économie des différentes options se modifie au fil du temps.

Groupe 1 : Synergies minimales — Guinée, Mauritanie et Tanzanie — Appui à l'électrification en utilisant les mines comme point d'ancrage de la puissance appelée

Guinée

Le secteur de l'électricité en Guinée, intégré verticalement et exploité par Électricité de Guinée (EDG), fait face à des défis commerciaux et de performance significatifs. Il ne dispose que de 88 MW de puissance installée opérationnelle sur un total de puissance installée de 395 MW avec un taux d'électrification qui n'atteint que 18 %. Le pays possède toutefois d'importantes ressources hydro-électriques dont le potentiel est estimé à environ 6 000 MW. Ces ressources n'ont pas été développées en raison d'un manque de financement de la production et du transport, d'une demande résidentielle insuffisante pour justifier le développement de centrales hydro-électriques, et du caractère embryonnaire du dialogue entre les secteurs des mines et de l'électricité.

Le secteur minier de la Guinée est dynamique et en croissance, stimulé par trois projets principaux : Simandou (minerai de fer, Vale), Simandou (minerai de fer, Rio Tinto), et Kalia (minerai de fer) (Figure 4.4). Toutefois, le sort de la mine de Simandou est actuellement incertain. Sur la période allant jusqu'à 2033, une forte baisse se produira en 2024 au moment où la mine d'or de Kouroussa sera fermée. La demande des mines de fer domine de plus en plus car le secteur du fer se développe tandis que les mines de bauxite et d'or voient leurs ressources s'épuiser les contraignant à fermer.

L'auto-approvisionnement est couramment pratiqué dans les opérations minières. Un autre scénario pourrait prévoir un ou plusieurs réseaux isolés ou un réseau national entièrement intégré. Mais la situation est paradoxale : tant qu'il n'y a pas un système qui fonctionne bien, les mines ne sont pas enclines à y participer ; or, sans la forte demande que les mines peuvent offrir en tant qu'acheteur principal, les anciennes lignes ne peuvent pas être réhabilitées de manière économique et il n'y a pas de justification suffisante pour en créer de nouvelles et les financer.

Le réseau est embryonnaire et n'est pas près de s'étendre vers des centres de demande miniers. C'est pourquoi les simulations sont développées à partir d'une analyse portant sur un lieu spécifique, dans laquelle la demande des mines est regroupée autour de cinq mines d'or contiguës dans le nord-est de la Guinée : Siguiri, Kiniero, Lefa, Tri-K, et Kouroussa[10]. Outre la demande émanant des mines, les simulations calculent la demande résidentielle et non résidentielle dans deux villes voisines, Siguiri et Kankan, sur la base de la population de chacune d'entre elles, du taux d'électrification, de la croissance de la population, et du plan de charge moyen des ménages. La demande non résidentielle est évaluée à

Tableau 4.1 Groupes de synergies mines/électricité dans les huit pays analysés

Pays	Tarif[a]	Source d'énergie majeure de l'option d'approvisionnement	Fiabilité de l'entreprise de services publics	Principaux minerais produits et processus miniers	Principaux modes d'approvisionnement des mines
Groupe 1 : Minimale — Potentiel des mines comme clients de référence (ancrage de la demande) permettant un développement local					
Guinée	Élevé	HFO	Faible	Bauxite, minerai de fer (futur)	Auto-approvisionnement
Mauritanie	Élevé	Gaz, fioul lourd	Faible	Fer, or, cuivre	Auto-approvisionnement
Tanzanie	Moyenne	Hydro-électricité, fioul lourd	Moyenne-faible	Or, fer (futur), nickel (futur), uranium (futur)	Réseau (transition vers l'auto-approvisionnement)
Groupe 2 : Moyenne — Potentiel des mines comme clients de référence (ancrage de la demande) permettant un développement national et régional[b]					
Cameroun	Faible	Hydro-électricité	Moyenne	Fusion de l'aluminium, minerai de fer (futur)	Réseau
République démocratique du Congo	Faible	Hydro-électricité	Moyenne	Cuivre, y compris fusion, coltan	Réseau
Mozambique	Moyenne	Hydro-électricité, charbon	Élevé	Fusion aluminium, charbon, ilménite	Réseau ou auto-approvisionnement
Groupe 3 : Élevée — Potentiel de rationalisation de la tarification					
Ghana	Moyenne	Hydro-électricité, fioul lourd	Élevé	Or	Réseau
Zambie	Faible	Hydro-électricité	Élevé	Cuivre	Réseau

Niveau d'intégration

Note : HFO = Fioul lourd.

a. Faible = 3 à 4 cents par kWh ; moyenne = 6 à 12 cents par kWh ; élevé = > 13 cents par kWh.

b. Ces pays disposent également de vastes ressources énergétiques.

Figure 4.4 Simulation localisée — demande des mines et demande résidentielle et non résidentielle dans les environs, Guinée

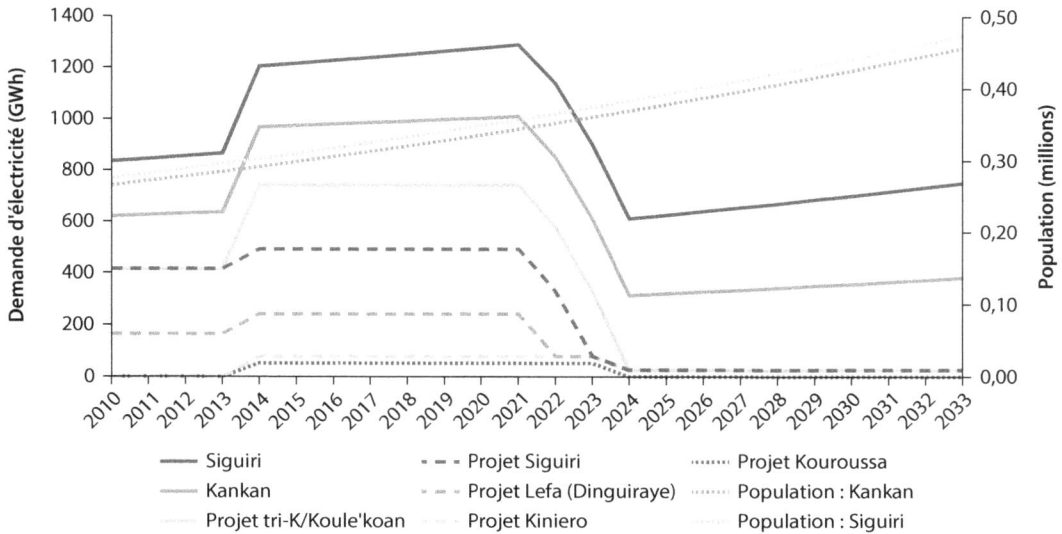

Sources : Base de données énergie-exploitation minière en Afrique 2014. Banque mondiale, Washington DC ; Analyse de *Economic Consulting Associates*.
Note : La figure prend en compte les projets opérationnels jusqu'à 2020 ; la demande en 2030 est chiffrée en fonction des projets opérationnels en 2020 qui resteront opérationnels jusqu'en 2030. Un certain nombre de projets seront fermés entre ces deux dates.

la moitié de la demande résidentielle. Alors que la population des villes s'accroît, le poids croissant de leur demande d'électricité coïncide avec un épuisement progressif des ressources minières ; il est prévu que la plupart des mines auront fermé d'ici à 2024. À cette date, les installations serviront à assurer l'électrification des villes proches, tout en approvisionnant des sites de dépôt de minerais voisins des mines d'origine.

Les cinq mines contiguës peuvent choisir entre les options suivantes :

Scénario 1 — Les mines s'auto-approvisionnement. Dans ce scénario, les mines continuent à produire de manière autonome leur électricité à partir d'unités alimentées au diesel. Les coûts d'investissement sont relativement modestes, mais les coûts de carburant et les dépenses de fonctionnement sont élevés. Les coûts s'appliquent uniquement à la production d'électricité, il n'est pas nécessaire de développer des lignes de transport.

Scénario 2 — centrale hydro-électrique partagée. Une centrale hydro-électrique est construite à proximité des mines et un mini-réseau est construit entre les mines et la centrale. La centrale fonctionne comme un producteur d'électricité indépendant (IPP) avec des contrats d'achat d'électricité (PPA) des sociétés minières constituant une garantie d'achat viable. Ce scénario prévoit le développement d'une centrale hydro-électrique de 150 MW sur la rivière Mandan près de Kankan.

Scénario 3 — centrale hydro-électrique partagée et approvisionnement urbain. Le mini-réseau alimenté par l'IPP est élargi jusqu'aux villes les plus proches de Siguiri et Kankan, avec une population totale de 539 306 habitants ; le scénario prend pour hypothèse une croissance annuelle de la population de 2,4 %, un taux d'électrification de 18 % et évalue la demande non résidentielle à la moitié de la demande résidentielle. Le scénario prévoit une extension de la capacité de la centrale à 300 MW et un renforcement des lignes de transport qui relient la population la plus proche au réseau.

Dans le cadre des scénarios 2 et 3, il est prévu que les mines pourraient établir conjointement — ou passer un accord avec — un IPP indépendant chargé de la gestion des systèmes de production et de transport dans ce qui constituerait de fait l'exploitation d'un mini-réseau fonctionnant en tension de transport. L'investissement dans le réseau de distribution et les modalités des accords commerciaux avec les villes le concernant devront être déterminés séparément.

Les résultats montrent que le scénario 1 — c'est-à-dire l'option du statu quo, où les mines sont autonomes et utilisent des sources de production décentralisées au diesel — est le système de production le plus coûteux, avec des coûts unitaires s'élevant à 24,5 cents par kWh (Figure 4.5). Le scénario 2 donne les coûts les plus bas, à 4,9 cents par kWh ; mais le scénario 3 n'est pas beaucoup plus coûteux, à 5,0 cents par kWh. Les principaux facteurs de ces économies de coûts collaboratives sont des dépenses de fonctionnement moins élevées et des économies d'échelle provenant d'une centrale hydro-électrique relativement importante. L'ajout de la demande urbaine dans le scénario 3 répartit les coûts sur une base de clientèle plus large ce qui accentue la baisse des coûts unitaires de l'électricité pour les mines. Il semble peu probable que les mines se montrent disposées à engager des coûts d'investissement significativement plus élevés pour offrir une couverture aux communautés locales si

Figure 4.5 Coûts normalisés de trois scénarios, Guinée

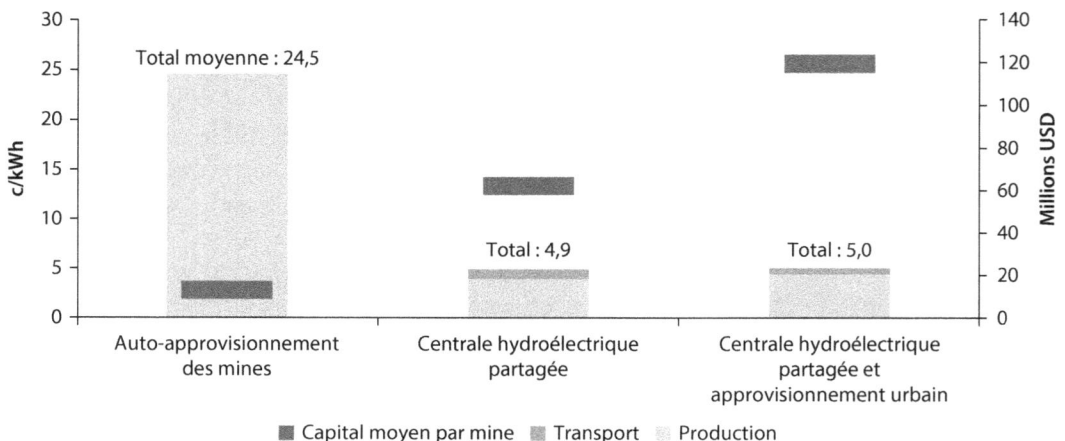

■ Capital moyen par mine ▨ Transport ░ Production

Source : Analyse *Economic Consulting Associates.*

ceci devait se traduire par des coûts normalisés de l'électricité légèrement plus élevés. Pour en faire bénéficier les communautés locales, il faudrait sans doute une forme de subvention gouvernementale ou de financement par un partenaire de développement.

Le coût d'investissement de l'auto-approvisionnement (scénario 1) est le plus faible, s'élevant à seulement 65 millions de dollars. L'hydro-électricité et les options de transport (scénarios 2 et 3) exigeraient des investissements beaucoup plus importants en capital, de 310 millions de dollars et 592 millions de dollars respectivement. La capacité ne sera pas intégralement consommée par la demande prévue dans les scénarios 2 et 3, ce qui signifie que la centrale hydro-électrique pourrait approvisionner d'autres clients à l'avenir, notamment quand la demande des mines chutera avec l'épuisement des réserves. Le scénario 3 permettrait d'atteindre 5 % de la population du pays. Dans le scénario 1, les émissions totales de dioxyde de carbone (CO_2) atteindraient 2 831 tonnes, alors que les scénarios 2 et 3 sont exempts de toute émission de CO_2.

Les coûts unitaires plus bas des scénarios 2 et 3 pourraient offrir des avantages économiques substantiels tant pour les mines que pour la population. Si les mines adoptent les scénarios 2 ou 3 au lieu de suivre le scénario 1, elles pourraient économiser environ 640 millions de dollars. Le calcul de l'avantage économique pour la population se base sur des estimations du coût unitaire et du coût de substitution des piles sèches à 8 dollars par mois. Les valeurs représentent les avantages en termes de valeur courante sur la durée du projet. Dans le scénario 3, les avantages économiques dans les villes électrifiées pourraient atteindre un total d'environ 433 dollars par ménage sur la durée du projet.

Les résultats d'une analyse de sensibilité sur le coût du carburant, le taux d'actualisation et les coûts d'investissement montrent que le scénario 1 est très sensible aux prix du carburant (voir Coûts de production, Appendice C). Si le prix du diesel augmente de 5 %, les coûts unitaires augmentent de 4 %. Les scénarios 2 et 3 sont tous deux sensibles aux coûts d'investissement dans la mesure où la centrale hydro-électrique est un projet à forte intensité capitalistique. Une variation de plus ou moins 10 % des dépenses en capital entraînera une augmentation/diminution correspondante des coûts unitaires de 5 %. L'hypothèse sous-jacente de taux d'actualisation a également une influence conséquente sur les résultats dans le scénario 3 : les coûts sont fortement concentrés en début de période sans incidence notable du taux d'actualisation, mais un taux d'actualisation élevé se traduit par un coût unitaire plus élevé dans le scénario 3, là où la consommation urbaine se déploie au-delà de celle des mines.

Une étude de cas plus vaste, incluant la mine de Simandou et couvrant l'ensemble de la région orientale, pourrait aussi être simulée. Toutefois, compte tenu des incertitudes entourant Simandou, elle n'a pas été développée ici. Si le projet devait se concrétiser, l'électrification des communautés voisines pourrait intéresser jusqu'à 10 % de la population. Le coût de production moyen est de 23,6 cents par kWh pour les mines qui s'auto-approvisionnent. Le coût unitaire total de production et de transport dans le scénario 2 (centrale hydro-électrique partagée) et le scénario 3 (centrale hydro-électrique partagée et approvisionnement des villes) est de 6,2 cents par kWh et 5,5 cents par kWh, respectivement. C'est le scénario 3 qui affiche évidemment le coût unitaire d'électricité le plus bas. En revanche, les coûts d'investissement du scénario 3 sont beaucoup plus élevés, avec un total de 1 441 millions de dollars.

Mauritanie

L'entreprise de services publics nationale, la Société mauritanienne d'électricité (SOMELEC), est une entreprise publique intégrée verticalement, chargée de la production, du transport, de la distribution et de la commercialisation de l'électricité dans les zones urbaines. Traditionnellement, l'industrie minière en Mauritanie a été dominée par la Société nationale Industrielle et minière (SNIM), une entreprise publique, mais le pays abrite aujourd'hui également de nombreuses entreprises privées. La SNIM détient la majorité des mines de minerai de fer dans le nord du pays qui constituent de loin la plus vaste ressource minière du pays.

Les mines de Mauritanie sont situées dans des régions éloignées, dépourvues de réseaux de transport d'électricité. La capacité de production d'électricité limi- tée de SOMELEC a poussé les mines à s'équiper pour garantir leur propre approvisionnement énergétique. Pour remédier à ces difficultés, le Gouvernement mauritanien souhaiterait renforcer la participation du secteur privé au secteur de l'électricité. Un nouveau projet de production d'électricité en association avec le secteur privé est en cour avec une centrale électrique duale de 80 MW qui passera du fioul lourd au gaz naturel en 2016 quand le gaz de Banda sera dis- ponible pour atteindre une capacité totale de 300 MW. Le projet de production d'électricité basée sur deux combustibles, dans lequel la SNIM et SOMELEC ont des participations, fournira de l'électricité à SOMELEC et exportera de l'électricité au Sénégal au cours de la première phase. Cette centrale dispose de capacités de production supplémentaires qui pourrait être vendue à un tiers, une société minière par exemple. Les systèmes de transport sont embryonnaires, à l'exception d'un réseau à haute tension desservant le Sénégal.

En choisissant d'exporter 80 MW d'énergie au Sénégal en utilisant la ligne de transport existante, la centrale duale devient l'option de production marginale jusqu'en 2030 si le Sénégal s'engage à acheter la production ou si la mine achète 75 MW. Si la mine se limite à un accord d'achat d'énergie de 25 MW, la centrale duale est typiquement une centrale marginale jusqu'en 2035. L'aptitude à être opérationnelle de la centrale duale dépendra tant du volume des contrats d'achat *off-take* que de la croissance de la charge appelée. En se plaçant du point de vue de SOMELEC, la centrale servira principalement à satisfaire la croissance de la charge appelée nationale pour les 20 à 25 années à venir. Il n'est pas surprenant, sous l'angle de la viabilité opérationnelle de la centrale, de constater qu'il y a peu de différence entre un accord d'achat *off-take* du Sénégal de 80 MW et celui de la mine de 75 MW. Mais s'il faut financer la création d'une ligne de transport entre la centrale et les mines, l'exportation d'électricité vers le Sénégal sera une option très préférable car elle ne nécessite pas de construire une nouvelle ligne de transport.

La simulation en Mauritanie couvre quatre mines dans la région nord-est (Figure 4.6). L'intégration de toutes les exploitations minières dans le réseau

Figure 4.6 Simulation localisée — Demande des mines et demande résidentielle et non résidentielle dans les environs, Mauritanie

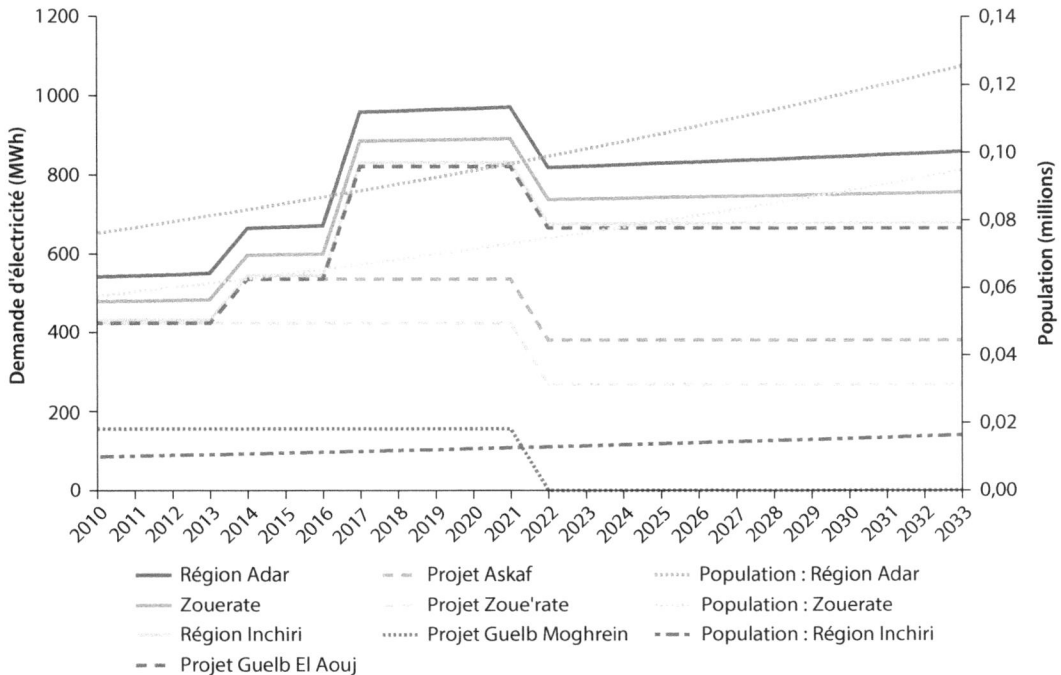

Source : Analyse *Economic Consulting Associates.*

national serait difficile en raison de l'éloignement des plus grandes mines de minerai de fer. Ces quatre mines peuvent choisir entre trois scénarios suivants :

Scénario 1 — Les mines s'auto-approvisionnement. Les quatre mines continuent à satisfaire leurs besoins propres en électricité à l'aide d'une production autonome alimentée au diesel.

Scénario 2 — Turbine à gaz à cycle combiné (TGCC) partagée. Une nouvelle centrale au gaz TGCC de 150 MW (type E) est mise en place à Nouakchott. La centrale fonctionne comme un PPP disposant de PPA signés avec les sociétés minières. Le coût de l'investissement et l'entretien du réseau sont à la charge de l'IPP, qui peut être contrôlé par les sociétés minières ou être une entité privée distincte.

Scénario 3 — centrale TGCC partagée et approvisionnement urbain. Ce scénario va au-delà du scénario 2 en prolongeant les lignes de transport jusqu'aux villes voisines.

Dans le scénario 3, la centrale pourrait desservir des villes voisines comme Benechab, Akjouj, Atar, Chinguetti, Aoujeft et Zouerate, dont la population combinée de 143 436 habitants équivaut à 5 % de la population totale et du déficit d'accès en Mauritanie (Voir carte A.3, Appendice A). Ce scénario part d'une hypothèse de croissance de la population de 2,2 %, d'une croissance annuelle de l'électricité de 11 %, avec un taux d'électrification de 19 % (comme aujourd'hui) et évalue la demande non résidentielle à la moitié de la demande résidentielle. Les estimations de la demande résidentielle et non résidentielle de toutes les régions atteignent un total de 126 GWh pour 2013 et 183 GWh pour 2030.

Une autre alternative pourrait être une centrale solaire à grande échelle installée dans les régions du nord. La puissance électrique solaire brute reçue en Mauritanie est estimée à 218 GWh par an. Mais cette option exige aussi une compensation par une production de secours afin d'assurer la continuité des activités d'exploitation minière. L'énergie solaire ne peut pas fournir la capacité nécessaire pour le démarrage des machines, donc une production à base de diesel complémentaire serait nécessaire. En outre, l'énergie solaire est intermittente. Seuls des systèmes hybrides coûteux avec des générateurs et des batteries de secours pourraient offrir aux mines la sécurité d'approvisionnement dont elles ont besoin, avec toutefois des risques élevés compte tenu de l'isolement des territoires miniers du nord. Mais les systèmes hybrides solaires vont devenir plus en plus adaptés à l'avenir[11]. À aujourd'hui, la centrale à gaz à Nouakchott est l'option qui présente le meilleur potentiel de faisabilité.

On pose comme hypothèse que les mines établiront conjointement un IPP — ou passeront toute autre forme d'accord avec un IPP — chargé de la gestion des systèmes de production et de transport dans ce qui constituera de fait l'exploitation d'un mini-réseau fonctionnant en tension de transport. L'investissement dans le réseau de distribution et les modalités des accords commerciaux avec les villes le concernant devront être déterminés séparément.

Les résultats des simulations indiquent que le scénario 2 présente les coûts unitaires de production les plus bas à 9,1 cents par kWh, ce qui suggère qu'une action conjointe des mines leur procure les avantages économiques plus élevés (Figure 4.7). Un élargissement supplémentaire pourrait être envisagé à l'avenir car les coûts unitaires du scénario 3 ne sont que très légèrement supérieurs à ceux du scénario 2. La solution la plus coûteuse serait de poursuivre l'auto-approvisionnement à base de diesel. Les principaux facteurs d'économies de coûts sont des économies d'échelle dans les coûts d'investissement et des réductions des coûts de fonctionnement de la centrale TCGG afin de compenser les coûts des lignes de transport. La demande urbaine dans le scénario 3 n'est pas suffisamment élevée pour que les coûts unitaires baissent et compensent les coûts d'investissement supplémentaires liés au raccordement des centres urbains au réseau de transport alimentés par les TCGG (Figure 4.7). Il faudra sans doute des financements extérieurs de l'interconnexion de transport pour que les villes avoisinantes bénéficient de l'électrification.

Le coût d'investissement total des trois scénarios s'élève à 60 millions de dollars, 104 millions de dollars et 142 millions de dollars respectivement. Le projet est une source d'avantages économiques pour les mines et la population. Les mines devraient en tirer environ 990 millions de dollars de bénéfices, tandis que l'avantage économique est estimé à environ 285 dollars par ménage sur 20 ans.

Figure 4.7 Coût normalisé des scénarios, Mauritanie

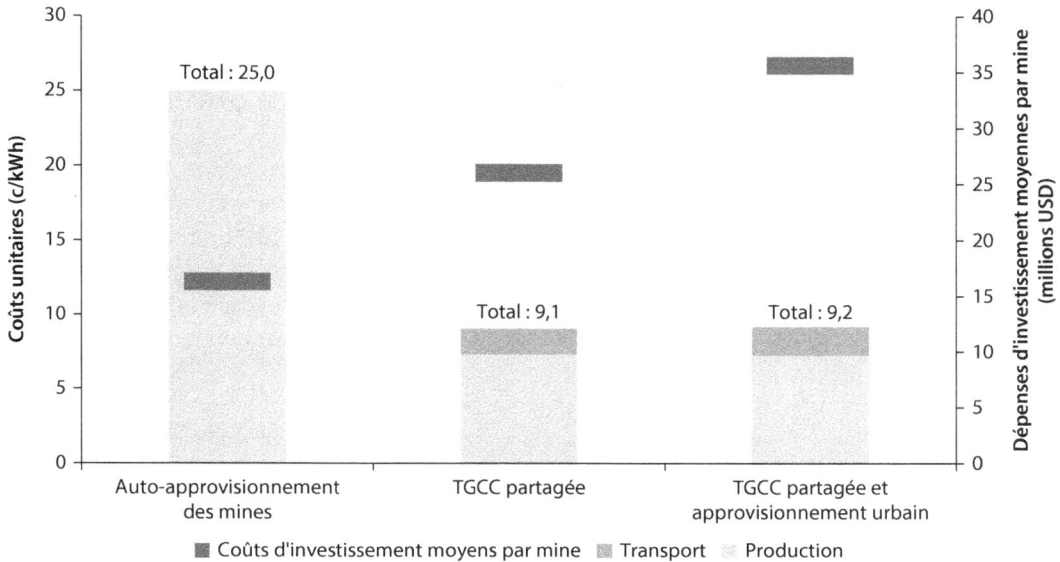

Source : Analyse *Economic Consulting Associates.*
Note : TGCC = Turbine à gaz à cycle combiné.

La prise en compte des émissions de CO_2 est également importante dans le choix du type de production électrique optimal. Les deux sources de production alternatives impliquent des carburants produisant des émissions. Mais le facteur carbone du diesel est beaucoup plus élevé que celui du gaz, et le rendement de la centrale TCGG est supérieur à celui des générateurs diesel. Les scénarios 2 et 3 produisent donc moins d'émissions que le scénario 1. Le scénario 3 présente un niveau de production et de consommation d'électricité beaucoup plus élevé sur la durée de vie du projet ; donc en termes absolus, à 5 737 tCO_2, il présente des émissions plus élevées que le scénario 2, à 2 112 tCO_2, et même que le scénario 1, à 3 651 tCO_2.

L'analyse de sensibilité au taux d'actualisation, au coût du capital et aux coûts de carburant indique que le facteur d'actualisation n'affecte pas significativement le total des coûts unitaires (voir Appendice C). En revanche, des augmentations des prix des carburants de 5 % et 10 % pourraient provoquer une augmentation des coûts unitaires de 3 à 11 %. Le scénario 2 est le scénario le moins sensible aux variations de prix du carburant, mais les deux scénarios 2 et 3 sont sensibles aux variations des coûts d'investissement.

Tanzanie

Le secteur de l'électricité de la Tanzanie est géré et exploité par l'entreprise publique nationale intégrée verticalement *Tanzania Electric Supply Company* (TANESCO), qui fournit environ 19 % de l'accès à l'électricité de la population. Les principales capacités de production d'électricité du pays (1 006 MW) sont basées sur l'hydro-électricité (56 %) et le gaz naturel (34 %). En dépit de l'ampleur du potentiel de ressources énergétiques du pays, son secteur de l'électricité a traversé plusieurs crises de production ces dernières années en raison d'un manque d'eau dans les réservoirs des barrages et de retards dans l'expansion des capacités de production, conduisant à de nombreuses coupures de courant et à un rationnement de l'électricité, et incitant les grands clients à se passer de TANESCO pour répondre à leurs besoins d'électricité.

La Tanzanie est riche en ressources minérales. Ses réserves d'or sont au deuxième rang pour l'Afrique, derrière l'Afrique du Sud. C'est l'un des rares pays où la charge appelée du secteur minier est explicitement prise en compte dans le plan directeur du secteur de l'électricité. La mise à jour du plan de 2012 prévoit en détail les charges nouvelles liées aux mines et à d'autres demandes supplémentaires que TANESCO compte fournir au réseau d'ici à 2018, représentant un total de 563 MW : 200 MW pour deux grands projets — gaz naturel liquéfié (GNL) et une fonderie de minerai de fer — et jusqu'à 197 MW pour des projets de mines d'or, de nickel et de diamants.

La situation financière détériorée de TANESCO explique le potentiel de création de liens entre les secteurs de l'électricité et des mines. Le tarif appliqué actuellement aux mines est de 9,1 cents par kWh, ce qui est proche de la valeur du CMLT qui s'établit à 9,7 cents par kWh. Si TANESCO était en mesure de satisfaire l'intégralité de la demande du secteur minier, la facture d'électricité annuelle serait d'environ 45 millions de dollars. Dans l'hypothèse où des conditions de croissance élevée s'établissent, sous l'impulsion essentielle de la demande du secteur minier, et si les tarifs appliqués aux mines sont établis à un niveau proche d'un CMLT avec adaptation continue des investissements, les tarifs devraient baisser à environ 6 cents par kWh, soit une réduction de 34 %, vers la fin de la période du plan. Les mines existantes pourront en retirer des économies annuelles de 15 millions de dollars et les mines nouvelles seront plus compétitives grâce aux coûts d'électricité plus bas. La réduction des coûts d'exploitation fournira une incitation à lancer de nouveaux investissements et contribuera ainsi aux efforts engagés pour atteindre les objectifs ambitieux de croissance économique à long terme du pays.

Le problème dans l'immédiat vient de la médiocrité des services fournis par TANESCO. Il en résulte que les mines ont recours à des générateurs de secours pour leurs opérations essentielles ce qui les contraint à réduire leur production globale dans la mesure où la capacité de production des installations de secours est insuffisante pour permettre un fonctionnement à plein régime. Certaines mines ont décidé d'investir dans des générateurs diesel ou hybrides diesel-solaire pour produire à pleine capacité, sans prendre la peine de vérifier si elles pourraient être desservies par TANESCO.

Les difficultés de la situation financière de TANESCO sont une cause sous-jacente principale des problèmes en cours de maintenance et investissement inadéquats, se traduisant par une offre insuffisante, des délestages, et des pannes fréquentes. Tant que perdurera ce cercle vicieux, les mines existantes seront de plus en plus enclines à recourir à l'auto-approvisionnement, même si ceci doit renchérir les coûts de production et réduire la production globale, avec une baisse des recettes fiscales et des recettes d'exportation. Les insuffisances de TANESCO et les coûts en résultant ont incité les mines à rechercher des solutions alternatives (Tableau 4.2). Le projet le plus important est le projet de renforcement du réseau fédérateur de transport d'électricité de 400 kV. Reliant Iringa à Shinyanga (voir Carte A.4, Appendice A), c'est un réseau essentiel pour assurer la sécurité d'approvisionnement des mines existantes et permettre de nouveaux développements miniers, en particulier pour l'or. Dans le sillage de ce projet, trois concepts de projets de production et de transport ont été mis au point que les mines pourraient conjointement adopter pour surmonter les contraintes de puissance tout en obtenant des coûts d'approvisionnement en électricité très inférieurs à ceux de la production autonome au diesel.

En Tanzanie, les simulations se concentrent sur les besoins de capacité supplémentaires sollicités par la nouvelle demande minière, la connexion des nouvelles mines au réseau national, et le bon fonctionnement et l'entretien des lignes de transport et des centrales électriques existantes et nouvelles.

Scénario 1 — Les mines s'auto-approvisionnement. La demande des mines sera satisfaite par le recours à des unités de production autonome au diesel. Dans cette configuration, les coûts d'investissement sont relativement faibles, mais les coûts de carburant et les dépenses de fonctionnement sont élevés.

Scénario 2 — Source d'énergie partagée pour les mines. Dans ce scénario, la centrale fonctionne comme un PPP disposant de PPA signés avec les sociétés minières. Trois options ont été explorées pour ce scénario :

* *Option 1* — Hydro-électricité. Une centrale hydro-électrique est construite à Stieglers Gorge (bassin de la rivière Rufiji). Ceci permettrait au pays de développer la première phase de ce projet appuyée sur la demande du secteur minier qui servirait de point d'ancrage et de sécuriser l'investissement. La première phase comprend la construction d'un barrage poids-voûte de 130 m et une centrale hydro-électrique de 300 MW. Une nouvelle ligne de

Tableau 4.2 Coût de l'insuffisance de l'offre de TANESCO aux mines, Tanzanie

Acteur	Capacité (MW)	Facture d'électricité annuelle à pleine capacité (millions de dollars)	Coût des insuffisances de TANESCO
Mines disposant de capacités de secours limitées	45	28	Coûts directs de la production de secours, coûts indirects (plus importants) de production perdue
Mines disposant d'une capacité de production autonome adéquate	25	17	Coût de l'auto-approvisionnement = 50 millions USD, soit une charge supplémentaire de 33 millions USD
TANESCO	—	—	50+ MW à fournir à d'autres clients, avec une perte de chiffre d'affaires net

Source : Analyse *Economic Consulting Associates.*
Note : — = sans objet.

transport devra être construite pour raccorder la centrale au réseau fédérateur double circuit de 400 kV à Iringa.

- *Option 2* — Gaz. Une centrale au gaz de 300 MW est construite à Dar es Salaam pour couvrir les besoins énergétiques de l'industrie minière après la fin de la construction d'un nouveau gazoduc entre Mtwara et Dar es-Salaam. Une nouvelle ligne de transport devra également être établie entre Dar es-Salaam et Dodoma pour transférer l'électricité vers le réseau fédérateur, et finalement aux mines d'or.
- *Option 3* — Charbon. Une centrale au charbon de 300 MW est construite près des mines de charbon à Mbeya pour alimenter les mines d'or de la région du nord. Une nouvelle ligne de transport est nécessaire pour transférer l'énergie produite à Mbeya vers le système de la région du nord.

Scénario 3 – Une centrale partagée dessert aussi des zones urbanisées à Mwanza et Shinyanga. Outre l'électrification des mines (scénario 2), l'excédent de capacité est transféré sur le réseau national pour répondre à la demande d'électricité émergente des nouvelles zones urbanisées de Shinyanga et Mwanza. La capacité des centrales reste stable à l'exception de la centrale hydro-électrique dont la troisième tranche (ajout d'une unité de 600 MW) est construite.

Il est prévu que la demande résidentielle et non résidentielle dans les zones entourant les mines croisse rapidement. Selon le plan directeur national de l'électricité, la demande à Shinyanga devrait passer de 391 GWh en 2013 à 3 778 GWh en 2030 et à Mwanza, de 358 GWh en 2013 à 2 055 GWh en 2030. Ceci signifie qu'il faut ajouter plusieurs capacités supplémentaires de production d'électricité pour répondre aux projections de demande en hausse.

Le coût d'investissement de l'auto-approvisionnement est le plus faible, et représente une moyenne de 50 millions de dollars par mine. Les options des scénarios 2 et 3 requièrent des niveaux d'investissements moyens plus élevés. Par exemple, l'option charbon exigerait 71 millions de dollars pour chaque mine, soit un total de 300 millions de dollars et de 425 millions de dollars dans les scénarios 2 et 3, respectivement.

Parmi les trois options du scénario 2, l'option 1 présente les coûts unitaires de production les plus bas, mais ce résultat demande un complément d'analyse compte tenu des graves sécheresses intervenues en Afrique de l'Est qui ont eu un impact sur la disponibilité d'énergie hydro-électrique. L'option 3 est au deuxième rang pour les coûts tandis que l'option 2 affiche le coût le plus élevé. Le scénario 3 répartit les coûts sur une base de demande plus large ce qui permet d'obtenir les coûts unitaires les plus bas. Ceci suggère qu'un approvisionnement à partir d'une source commune, en combinaison avec un transfert de la capacité excédentaire vers le réseau est la stratégie la plus efficace (Figure 4.8).

Les coûts unitaires inférieurs des scénarios 2 et 3 pourraient offrir des avantages économiques substantiels tant pour les mines que pour la population. Le calcul se fonde pour les mines sur des estimations des coûts unitaires et de la demande, et pour la population sur des estimations des coûts unitaires et du consentement à payer. Les valeurs représentent les avantages en termes de valeur actualisée sur la

Figure 4.8 Coût normalisé des scénarios, Tanzanie

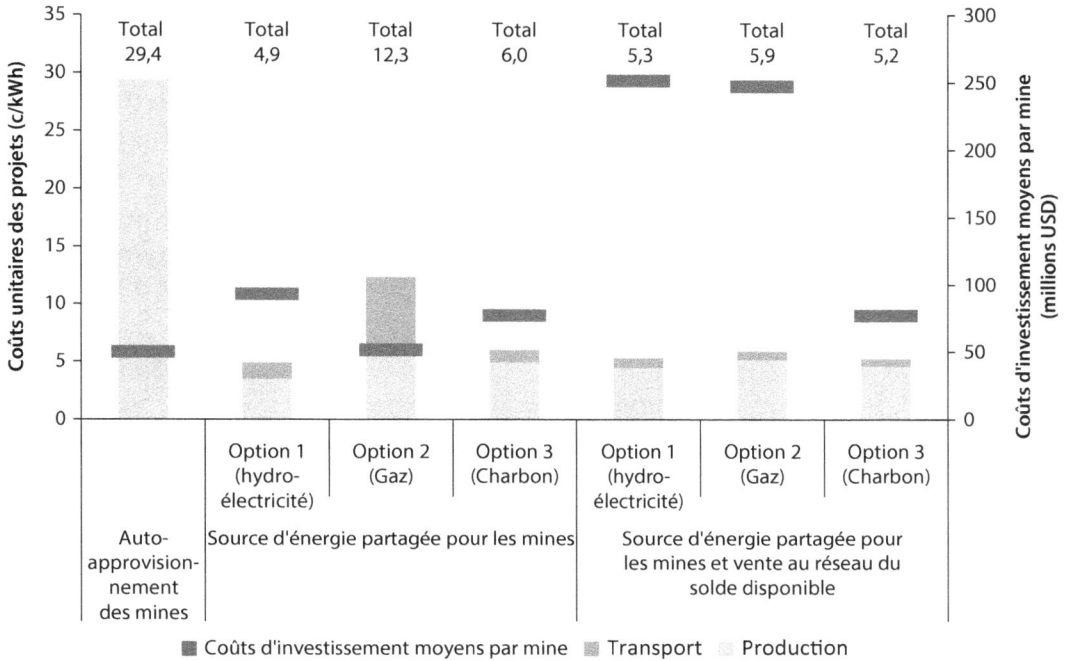

Source : Analyse *Economic Consulting Associates.*

durée du projet. Elles indiquent que les mines pourraient économiser de 3,4 à 3,7 milliards de dollars si elles adoptent les scénarios 2 ou 3 au lieu de suivre le scénario 1. Les avantages financiers sur la durée du projet sont estimés à environ 400 dollars par ménage pour les consommateurs nouvellement raccordés.

En termes d'émissions de CO_2, l'option 3 et la production autonome à base de diesel sont les choix les plus polluants. L'option 1 affiche un taux d'émission nul, tandis que c'est l'option 2 qui émet le moins de CO_2 par comparaison avec d'autres carburants utilisés pour la production thermique.

L'analyse de sensibilité indique que les coûts totaux pourraient être sensiblement affectés par le taux d'actualisation dans les scénarios 2 et 3, le facteur clé étant l'effet sur le calcul de la valeur actuelle des volumes d'électricité dans chaque cas. La valeur actuelle des dépenses de capital et de fonctionnement est également affectée par le taux d'actualisation, mais dans une moindre mesure.

Les variations du coût d'investissement affectent les projets comprenant de fortes dépenses en immobilisations. La différence la plus forte s'affiche pour les projets de centrales hydro-électriques, avec des variations entre – 9,9 % et 8,3 % dans le scénario 1. Les projets de centrales au gaz présentent une variation entre – 8,3 % et 4,1 %, et un projet de centrale au charbon varie entre – 4,5 % et 4,1 % dans le scénario de base. Le scénario 1 n'est que légèrement affecté par des différences de coûts d'investissement.

En revanche le scénario 1 est très sensible aux variations des coûts des carburants dans la mesure où les coûts unitaires totaux d'un générateur au diesel sont essentiellement fonction des dépenses pour ledit carburant. Une hausse de 5 % du prix du carburant se traduit par une hausse de 4 % du total des coûts unitaires; de même, une augmentation de 10 % entraîne une augmentation de 9 %. Les scénarios 2 et 3 sont moins sensibles aux variations des prix des carburants.

Groupe 2 : Synergies moyennes — Mozambique, Cameroun et République démocratique du Congo — Intégration des systèmes énergétiques régionaux en utilisant les mines comme point d'ancrage de la puissance appelée

Le groupe 2 présente un degré d'intégration plus élevé entre le secteur de l'électricité et le secteur minier en raison de la présence combinée dans ces trois pays d'importantes ressources hydro-électriques et de gaz et de réserves de minerais. Ces caractéristiques ouvrent des alternatives d'investissement dans lesquelles l'industrie minière joue un rôle clé de développement de vastes projets d'infrastructure essentiels pour satisfaire la demande nationale et régionale. Ces projets s'appuient sur la solvabilité des sociétés minières pour financer des investissements énergétiques qui sans elles ne se réaliseraient pas, et ils pourraient ne pas entraîner des coûts importants.

Mozambique

L'entreprise de services publics d'électricité du Mozambique, *Electricidade de Moçambique* (EDM), est une entreprise intégrée verticalement, responsable de la fourniture d'électricité. Elle dispose d'une capacité installée de 2 428 MW et le taux d'électrification atteint 12 %. Les autorités publiques ont lancé plusieurs vastes initiatives d'investissement afin d'exploiter le potentiel énergétique du pays pour satisfaire la demande d'électricité nationale croissante et d'exporter de l'énergie sur le marché du Pool énergétique d'Afrique australe (SAPP), notamment en réponse à la demande considérable émanant de l'Afrique du Sud.

Ces initiatives s'appuient sur la construction de grands projets de centrales, axés principalement sur la production d'énergie hydro-électrique (1 500 MW, Mphanda Nkuwa et 1 245 MW, Cahora Bassa rive nord) et sur la construction de lignes de transport haute tension en courant continu et de lignes de transport haute tension en courant alternatif permettant d'évacuer l'électricité relativement peu coûteuse (voir Carte A.5, Appendice A). Le système de transport appartiendra et sera exploité par une entité ad hoc, la *Sociedade Nacional de Transporte de Energia* (STE).

Le Mozambique est doté de nombreuses ressources minérales ; les réserves de charbon à coke dans la province de Tete sont particulièrement conséquentes et d'une qualité exceptionnelle. Avec au départ de très faibles niveaux de production de charbon et n'ayant commencé à l'exporter qu'en 2011, le Mozambique est en train de devenir rapidement un exportateur majeur de charbon ; il devrait fournir en 2025 un quart du charbon à coke vendu dans le monde. Sur la période

2013–2020, 190 MW supplémentaires de demande d'électricité sont attendus des nouvelles exploitations minières, attribuables au charbon et au minerai de fer.

Les principaux centres de charge du pays sont éloignés du complexe hydro-électricité et charbon de Tete. La capacité de transport est un facteur clé pour réaliser le potentiel de production. Les estimations des études du transport réalisées dans le cadre du plan directeur de production de 2009 chiffrent le besoin d'investissement pour l'évacuation de l'énergie produite par les centrales hydro-électriques et au charbon à plus de 2 milliards de dollars. Le financement de ces investissements n'est nullement garanti et la structure de l'actionnariat est encore débattue. Mais quand la ligne de la STE sera construite, il pourrait être judicieux d'introduire dans le système différentes options alternatives d'approvisionnement.

Le cas du Mozambique se distingue des autres car l'objectif principal de l'intégration énergie-exploitation minière n'y est pas de fournir de l'électricité aux mines du pays, mais de créer des opportunités de production d'électricité à bas prix permettant non seulement d'alimenter le pays, mais aussi le marché du pool énergétique SAPP, à partir des résidus de charbon issus de l'extraction de charbon à coke destiné à l'exportation. Une option distincte de création d'un marché d'électricité produite à partir de résidus de charbon a donc été simulée (Figure 4.9). Il s'agirait en l'occurrence d'une fonderie installée sur le port de Macuze, lui-même en cours de construction en vue d'assurer la gestion des exportations de charbon en vrac provenant de la région de Tete.

La production d'électricité à base de résidus de charbon comporte des avantages évidents, mais aussi en contrepartie, des coûts à prendre en compte.

Figure 4.9 La demande d'électricité des projets de fonderie et du secteur du charbon, Mozambique

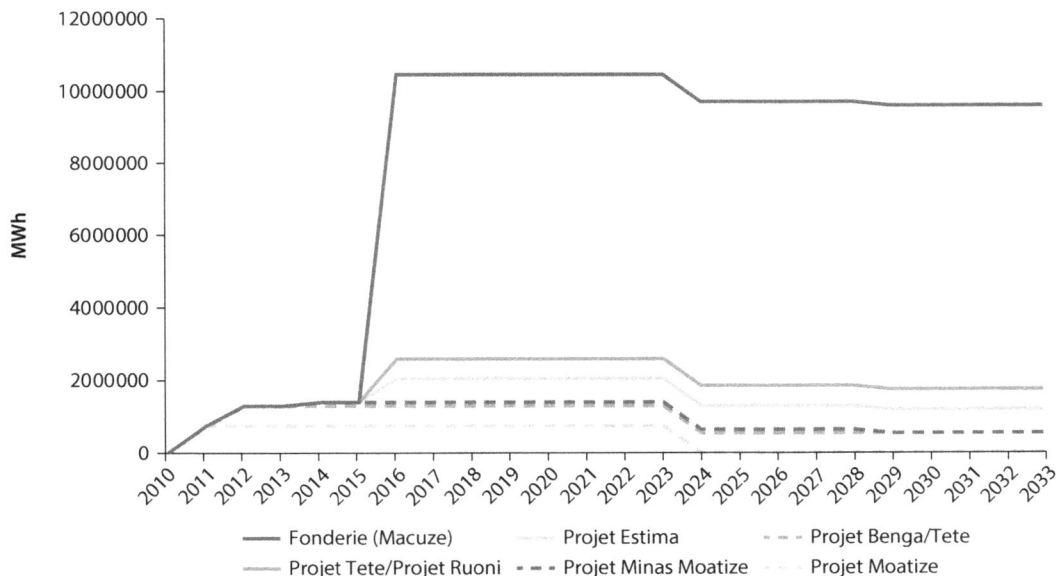

Source : Analyse *Economic Consulting Associates.*

Dans l'avenir immédiat, les mines évitent les coûts de ré-enfouissement du charbon, sécurisent leur propre approvisionnement en électricité et rentabilisent l'investissement dans la centrale électrique en vendant l'électricité. EDM obtient une source sûre d'énergie de base pour alimenter le réseau du nord, avec une certaine consolidation du réseau et une distribution locale, mais il peut aussi y avoir des problèmes de stabilité du réseau qu'il faut traiter. Le Mozambique évite que les résidus du charbon entraînent des aléas environnementaux, mais fait face à un coût environnemental de contrepartie lié aux rejets provenant de la combustion du charbon. Si le marché régional est sécurisé et si la capacité de transport est construite — ce qui permettra d'atteindre le plein potentiel de la production à base de résidus de charbon — les mines en retireront un chiffre d'affaires accru et le pays profitera des effets multiplicateurs de l'énorme coup de fouet dont bénéficieront les exportations et le PIB.

Les deux scénarios se présentent de la manière suivante :

Scénario 1 — Les mines s'auto-approvisionnement. Les centrales alimentées par les résidus de charbon dans chacune des mines ne satisfont que la demande des mines. (Il s'agit ici d'un exercice illustratif. Dans la pratique, des exportations vers les marchés national et régional d'une partie de l'électricité sont à prévoir.) (236 MW).

Scénario 2 — capacité de production supplémentaire, ligne de transport dédiée et fonderie partagée à Macuze. Les mines de charbon renforcent la capacité de production de leurs centrales et évacuent leur excédent par une ligne de transport dédiée vers une fonderie d'aluminium de 900 MW dans le port de Macuze (1 810 MW).

Les coûts moyens de l'électricité pour les mines et pour le projet de la fonderie sont respectivement de 5,8 et 4,1 cents par kWh (Figure 4.10). Ces coûts comprennent les coûts d'investissement de la production et du transport et sont basés sur un prix du charbon supposé de 12,76 dollars/tonne. C'est un prix

Figure 4.10 Coût normalisé des scénarios, Mozambique

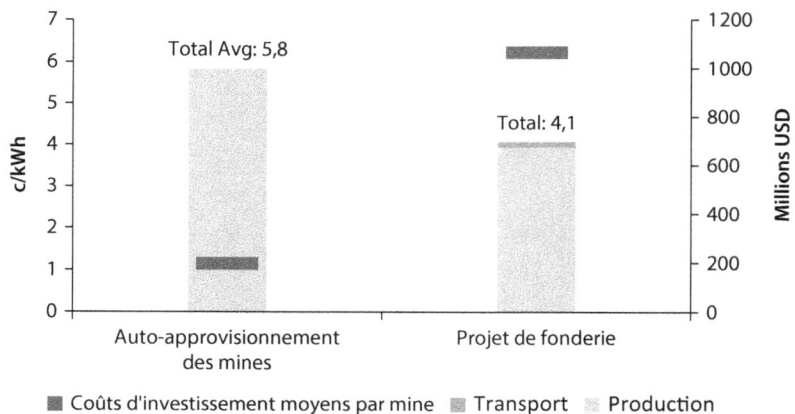

Source : Analyse *Economic Consulting Associates.*

approximatif auquel les mines pourraient facturer la centrale si elle prend la forme d'un IPP et que celui-ci vend aussi de l'électricité à EDM et aux marchés du pool énergétique SAPP. Dans la mesure où le coût d'opportunité du charbon est proche de zéro pour les mines, lorsqu'elles rachètent l'électricité à 5,8 cents par kWh, elles ne paient en réalité que 4 cents par kWh. En ce qui concerne la capacité créée pour alimenter la fonderie, il est supposé que les résidus de charbon sont à un prix nul, ce qui permet à la fonderie de ne payer que 4,06 cents par kWh.

Les émissions de CO_2 dans le scénario 2 (la fonderie) sont beaucoup plus élevées que dans le scénario 1.

République démocratique du Congo

La Société nationale d'électricité (SNEL) est une entreprise publique de services d'électricité verticalement intégrée. Créée en 1971, la SNEL résulte de la nationalisation de plusieurs entreprises privées sous régionales de services d'utilité publique en vue de contrôler les opérations et d'assurer la maintenance des projets Inga 1 et 2 et des lignes de transport connexes. Elle a été transformée à la fin de 2010 en société à responsabilité limitée et encadrée par un contrat de performance signé avec l'État au début de 2012. Malgré des améliorations récentes de la performance opérationnelle de la SNEL, 10 % seulement des ménages ont accès à des services d'électricité. Les coupures de courant — de plus de trois heures en moyenne — se produisent plus de 180 jours par an. Les entreprises sont donc contraintes de recourir à des générateurs d'appoint coûteux.

Comme les mines ont traditionnellement confié leur approvisionnement à la SNEL, les pertes de production peuvent être lourdes quand l'approvisionnement du réseau n'est pas sûr. En février 2012, la Chambre des Mines a estimé l'impact des déficits régionaux d'électricité dans la région minière du Katanga à 141 MW et a indiqué que si cette situation perdurait sur un an, 250 000 tonnes de production de cuivre serait perdues (Munanga, 2012). Ceci se traduirait par une perte de chiffre d'affaires des mines (base prix 2013) d'au moins 1,8 milliard de dollars; en termes de pertes d'énergie, ceci représenterait 170 cents par kWh ou 36 fois le tarif officiel de l'électricité que la SNEL pourrait fournir de manière sécurisée. Le pays dans son ensemble subirait des pertes à l'exportation de 1,8 milliard de dollars, soit 4,4 % du PIB (près de 700 millions USD) et des pertes de recettes fiscales représentant 1,6 % du PIB (environ 250 millions USD).

Les mines seraient plutôt enclines à payer des tarifs plus élevés si ceci pouvait leur procurer un approvisionnement fiable et supprimer leurs pertes de production ou des primes de qualité quand les variations de l'approvisionnement électrique menacent leurs processus de production. Une étude récente de la Banque mondiale sur le projet de Marché énergétique de l'Afrique australe conclut que la SNEL aurait besoin d'appliquer un tarif d'ensemble de 5,0 cents par kWh avec un taux de recouvrement de 95,8 % (Banque mondiale, 2012a). Le tarif haute tension correspondant, de 5,5 cents par kWh, permet de maintenir les subventions croisées au bénéfice des clients de basse tension, malgré les coûts unitaires plus élevés que doit absorber le système. Le tarif moyen de la SNEL aura besoin d'être porté à 6,0 cents par kWh d'ici à 2019.

Dans la province du Katanga, les sociétés minières souhaitent d'engager des projets hydro-électriques relativement modestes ; il est prévu qu'une fois le projet de barrage hydro-électrique d'Inga soit construit, le pays sera complétement approvisionné en électricité relativement bon marché, avec une prévision de coût de production à long terme à 2,5 cents par kWh. Dans ce contexte, tout coût que les mines subissent en raison de leur engagement dans des projets énergétiques ou de l'achat d'énergie coûteuse produite par les centrales hydro-électriques locales ou en raison des exportations en provenance de la Zambie, s'ajoute à ce qu'ils auraient eu à payer si la SNEL avait été efficace et avait investi suffisamment pour maintenir la capacité au niveau de la demande à moindre coût. Ce n'est pas le cas dans la pratique ; les prix plus élevés qui ont été payés par les mines sont largement inférieurs aux coûts de la production perdue.

Cameroun

Le principal enjeu pour le Cameroun est de développer son important potentiel hydroélectrique, notamment le long du fleuve Sanaga. L'achèvement du barrage de régulation de Lom Pangar va permettre de produire jusqu'à 3 000 MW d'énergie hydroélectrique continue en toutes saisons. Conscient du potentiel de contribution des sociétés minières au développement de l'hydroélectricité, le gouvernement a adopté une approche dynamique et inclusive, associant les sociétés minières et les autres gros consommateurs d'électricité à l'élaboration de la nouvelle Loi sur l'électricité, qui est entrée en vigueur en décembre 2011 (Encadré 5.1). L'approfondissement des relations énergie-exploitation minière devrait se traduire par des avantages substantiels pour le pays, les sociétés minières, le fournisseur d'électricité et le Pool énergétique de l'Afrique centrale (CAPP), actuellement inactif. Les sociétés minières tireront parti des grands projets énergétiques et elles vont très probablement participer au financement initial des immobilisations requises, à condition de disposer d'un cadre régulateur clair. AES Sonel, le fournisseur d'électricité, disposera du supplément de capacité introduit dans le système énergétique national sans avoir à financer et à mettre en œuvre de projets de centrales hydroélectriques et de lignes de transport. La taille de ces projets sera suffisante pour tirer pleinement parti des économies d'échelle. Ils permettront de fournir une électricité bon marché à tous les consommateurs du Cameroun.

La région du pool énergétique CAPP bénéficiera également du développement de l'hydro-électricité au Cameroun. Après avoir satisfait la demande locale, il est prévu un solde de ressources disponible pour l'export. Le Cameroun est un exportateur net clé pour le pool énergétique CAPP et le projet de Lom Pangar est considéré comme une première étape essentielle à la réalisation du potentiel d'exportation d'électricité du pays (Prevost, 2010). Le pays va bénéficier d'un impact substantiel des grands projets. Les effets directs se manifesteront par un l'accroissement des contributions au PIB, des exportations, des recettes fiscales et des emplois, amplifiés par l'effet de lien et de multiplicateur, et proviendront surtout de l'impact de l'amélioration du service d'électricité et de son moindre coût sur l'économie et la population en général.

Groupe 3 : Leçons de l'expérience — Ghana et Zambie

Le Ghana et la Zambie se sont engagés depuis longtemps dans une relation intégrée avec les mines. Au Ghana, le barrage géant d'Akosombo a été construit sur la Volta en 1961–1965 pour alimenter une centrale hydro-électrique de 912 MW, qui a été modernisée en 2006 et portée à 1 020 MW. C'était à l'époque une décision plutôt ambitieuse car la demande nationale en 1960 n'atteignait que 70 MW. Un barrage a été construit — avec comme acheteur principal une fonderie d'aluminium, *Volta Aluminium Company Limited* (VALCO) — en vue de développer le secteur. Actuellement, la demande d'électricité du secteur minier, estimée à 95 MW sur la période 2012–2020, est relativement faible par comparaison avec celle des grands clients industriels. À ce jour, le secteur de l'électricité se répartit en trois volets d'activités, la production assurée par la *Volta River Authority* (VRA), le transport qui relève de la *Ghana Grid Company* et la distribution assurée par la *Northern Electricity Distribution Company* et l'*Electricity Company of Ghana* (ECG).

En Zambie, la région de la ceinture de cuivre, riche en mines, a été partie intégrante du développement de l'entreprise de services publics nationale, *Zambia Electricity Supply Company* (ZESCO). ZESCO, entreprise publique responsable de la production, du transport et de la distribution, fournit en électricité les marchés nationaux et régionaux et dessert environ 23 % de la population. Les deux autres acteurs majeurs sont la *Copperbelt Energy Corporation* (CEC) et la *Lunsemfwa Hydro Power Company*. CEC est une société de transport dans laquelle les sociétés minières ont une participation et qui achète à ZESCO l'électricité à haute tension et la distribue à l'industrie minière dans la région de la ceinture de cuivre. CEC possède également une centrale de production à turbines à gaz de 80 MW utilisée uniquement en cas d'urgence minière. La société d'électricité *Lunsemfwa Hydro Power Company* est un IPP produisant environ 48 MW d'énergie hydro-électrique vendus à ZESCO dans le cadre d'un PPA.

Les mines du Ghana et de la Zambie s'approvisionnent essentiellement sur le réseau. Mais dans les deux pays, leur degré de dépendance élevé à l'égard de l'hydro-électricité et la faiblesse des marges de réserve en eau ont rendu le système de production vulnérable aux sécheresses périodiques. Les récentes restrictions de capacité du Ghana, aggravées par la sécheresse et les problèmes d'approvisionnement en gaz de la *West African Gas Pipeline Company* ont provoqué des délestages et des pannes et coupures de courant plus fréquentes. Bien que les générateurs de secours puissent aider à atténuer les problèmes dus à l'irrégularité de l'approvisionnement par le réseau, les coûts directs pour les mines s'imputent en pertes de production.

Au Ghana, ces coûts d'opportunité subis sont relativement élevés par comparaison aux coûts normaux de l'approvisionnement électrique et pourraient justifier l'installation d'une capacité au diesel suffisante pour répondre pleinement aux besoins en électricité des gros consommateurs, y compris les mines. Une crise énergétique majeure en 2006–2007 aurait pu être évitée. Selon les estimations, elle aurait coûté au pays près de 1 % de croissance du PIB (Banque mondiale, 2013b). La liste des projets actuels de production et de transport dans le pays est suffisante pour combler les insuffisances d'approvisionnement qu'a connu le pays au cours de ces dernières années. Les mines n'ont plus besoin de faire des efforts pour sécuriser par elles-mêmes leur approvisionnement.

Au Ghana, les tarifs négociés par les mines sont maintenant plus élevés que les tarifs commerciaux et résidentiels (faible consommation). Historiquement, les tarifs des mines étaient plus faibles. Les mines n'étaient pas financièrement incitées à signer des PPA avec des IPP dans la mesure où le producteur VRA leur fournissait de l'électricité bon marché d'origine hydro-électrique ou mixte. Ordinairement, ces accords avec la VRA étaient courts, souples et révisés chaque année, à la différence des clauses plus strictes des PPA (par exemple, paiements de capacités et *take-or-pay*) (Banque mondiale, 2013b).

Compte tenu de l'incertitude actuelle de l'échéancier des projets de centrales au gaz et de l'augmentation importante des tarifs, les mines ont maintenant plus de raisons de vouloir développer des projets énergétiques avec des IPP. Les nouveaux tarifs, annoncés par la Commission de régulation des services d'utilité publique (PURC) le 1er octobre 2013, exigent que les gros consommateurs industriels, y compris les mines, payent environ 39 cents par kWh pour les suppléments d'électricité permettant de satisfaire la demande. Les consommateurs industriels ayant des relations contractuelles directes avec la VRA bénéficieraient selon certaines sources de tarifs plus bas, d'environ 16 cents par kWh. Ce sont, malgré tout, des tarifs relativement élevés selon les normes historiques car ils sont basés sur les coûts actuels de production thermique, avec une contribution d'hydro-électricité héritée de 10 % seulement, ajoutée pour modérer le tarif moyen.

Le cadre juridique dans lequel doit s'inscrire le projet de marché de gros de l'électricité offre un moyen de surmonter potentiellement le manque d'investissement dans le secteur. Une réglementation essentielle (LI 1937), promulguée en 2008, confie à la Commission de l'énergie l'enregistrement des participants au marché de gros et stipule que le marché sera composé de deux éléments, un prix marché et un marché de contrats bilatéraux. Une autre disposition du règlement LI 1937, qui reste à mettre en œuvre, interdit les contrats bilatéraux comprenant une part d'hydro-électricité, l'intention étant d'inciter fortement les mines et les IPP à développer de nouveaux projets de production pour développer la capacité nationale. Deux contraintes majeures doivent être levées : le manque d'approvisionnement en gaz fiable et adéquat et le manque d'acheteurs *off-take* solvables autres que les mines, en raison de leurs mauvaises performances techniques et financières, comme c'est notamment le cas d'ECG.

En Zambie, le tarif actuel appliqué aux mines — équivalant à environ 5,6 cents par kWh — est légèrement inférieur à celui des consommateurs résidentiels. La question est donc de savoir à quel prix l'intégration peut être envisagée. La nouvelle demande d'électricité des mines restera desservie par le réseau et selon une étude des coûts des services de 2007 *(IPA Energy Consulting, Norton Rose, and PB Power 2007)*, le secteur a traditionnellement bénéficié de tarifs inférieurs à ce qu'il devrait payer. Rien n'incite les mines à s'auto-approvisionner. Leur contribution se limite quand même à fournir le financement nécessaire au raccordement des nouvelles mines éloignées du réseau et des lignes de transport et postes de transformation nouveaux sont nécessaires.

L'accord commercial principal entre les mines et ZESCO est négocié par le biais de la CEC. La relation entre ZESCO et la CEC est définie par un PPA d'achat en gros devant se terminer en 2020. Selon l'étude *IPA Energy Consulting, Norton Rose, and PB Power 2007*, le tarif de l'accord d'achat en gros est inférieur à la couverture du coût du service (Tableau 4.3) ; une constatation plus grave est que ZESCO a fixé le prix dans de nouveaux contrats avec des mines à un niveau inférieur à celui de l'accord d'achat en gros.

Tableau 4.3 Tarifs appliqués aux mines et coût d'approvisionnement, Zambie

Tarif (c/kWh)	2005	2006	2007	2008	Manque à gagner
Coût du service pour les mines	—	2,65	2,76	3,01	—
Ventes de ZESCO à CEC	2,27	2,33	2,41	2,48	0,53
PPA ZESCO-Kansanshi (2003)	1,80	1,85	1,91	1,97	1,04
PPA ZESCO-Equinox (2006)	—	—	—	2,14	0,87
Prix de revente au détail de CEC	2,84	2,91	3,00	3,09	—

Source : IPA, Norton Rose, and PB Power 2007.
Note : – = Données indisponibles ; CEC = Copperbelt Energy Corporation ; PPA = accord d'achat d'énergie ; ZESCO = Zambia Electricity Supply Company.

Figure 4.11 Tarifs et coût marginal à long terme (CMLT), Ghana et Zambie

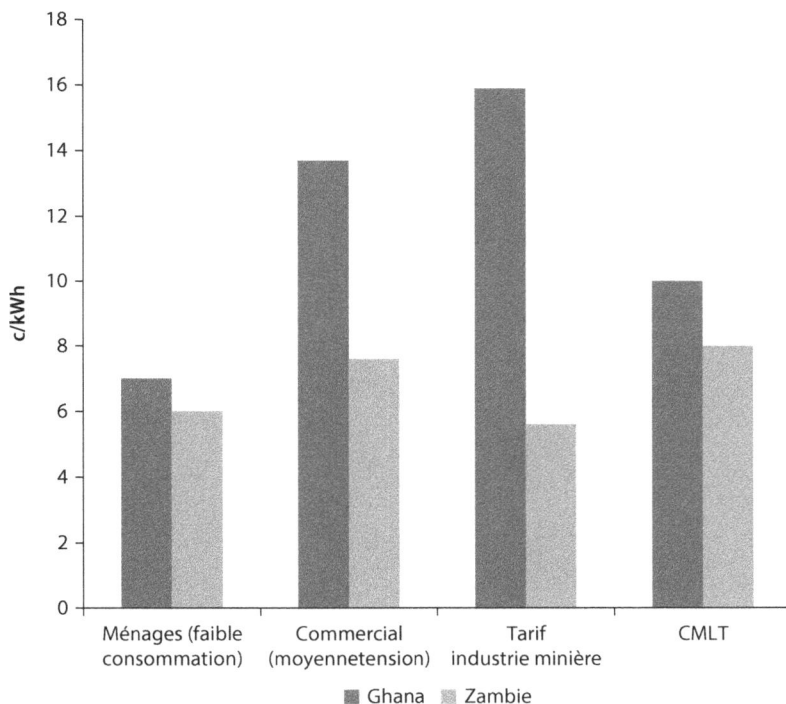

Source : Analyse *Economic Consulting Associates.*

Voir la Figure 4.11 pour la comparaison des tarifs et des CMLT au Ghana et en Zambie.

L'étude « coût du service » de 2007 relève que ZESCO justifie les tarifs exceptionnellement bas pratiqués dans les PPA récents comme des mesures de compensation d'investissements réalisés par les mines dans le système de transport de ZESCO permettant de les raccorder. Ces accords ne sont cependant pas transparents. L'étude a estimé que « si ce sous paiement de la puissance appelée par les mines est autorisé dans l'avenir, il est probable que les besoins en revenus de ZESCO afficheront un déficit cumulé de 926 millions de dollars au cours des 10 prochaines années » (p. 9). Ceci devra être financé par des subventions croisées d'autres consommateurs d'électricité — y compris potentiellement les ménages à faible revenu — ou par l'impôt sur les revenus, ce qui représente un coût d'opportunité pour l'ensemble de la société — y compris les 80 % de la population sans accès à l'électricité. Depuis 2007, les tarifs des mines ont été relevés deux fois, mais ils restent inférieurs aux tarifs commerciaux et au CMLT.

CHAPITRE 5

Les défis de l'intégration énergie-exploitation minière

Ce chapitre retrace les défis que pose le développement de synergies entre les secteurs de l'électricité et des mines, en tirant les leçons des expériences menées en Afrique subsaharienne et dans le reste du monde. Il examine également les instruments d'atténuation des risques pouvant favoriser une intégration des infrastructures minières et énergétiques, génératrice de retombées bénéfiques plus vastes pour l'économie toute entière.

Trois scénarios

Le tableau 5.1 présente trois scénarios représentatifs de l'ensemble des pays de l'ASS dotés de ressources minérales importantes.

Dans le premier scénario, où le réseau est inexistant ou est trop éloigné de la zone minière et les mines s'auto-approvisionnent, des opportunités existent qui permettraient d'élargir le bénéfice des options de production autonome aux zones urbaines ou rurales avoisinantes. Les sociétés minières, souvent situées dans des régions éloignées, peuvent jouer un rôle important dans la politique publique d'accélération de l'électrification des communautés avoisinantes, ce qui contribue aussi à rehausser le profil de responsabilité sociale de ces entreprises. D'ailleurs, de nombreuses sociétés minières se sont lancées dans l'élaboration de plans de services d'électricité pour les communautés ; mais elles ne les intègrent que rarement dans une initiative de planification conjointe définissant les responsabilités publiques et privées — notamment en matière d'O&M, d'évaluation de ce que peuvent payer les communautés et de leur volonté de payer, et de pérennité de la fourniture d'électricité au-delà de la durée de vie de la mine.

Le développement de mini-réseaux est une option qui pourrait ouvrir la voie à une stratégie plus durable de valorisation de l'énergie décentralisée des mines. Les technologies utilisant des sources d'énergie renouvelables sont également de plus en plus appréciées par les acteurs privés, en particulier les sociétés minières. L'initiative d'*Exxaro Ressouces*, la deuxième compagnie minière de l'Afrique du

Tableau 5.1 Scénarios d'intégration énergie-exploitation minière

Scénario	Comment le secteur de l'énergie peut-il tirer parti de la demande d'énergie des mines?	Économies de coûts pour la mine	Bien-être accru dans le pays récepteur
Réseau : Trop éloigné Mine : Met en place sa production autonome (« auto-approvisionnement » et « auto-approvisionnement et RSE »)	Effet de levier de l'énergie décentralisée en faveur de l'électrification rurale (hors réseau ou mini-réseau)	Évite les coûts d'obtention du permis social d'exploitation	Accélère la progression des efforts d'électrification
Réseau : Trop coûteux ou trop instable Mines : Met en place sa production autonome (« auto-approvisionnement » ; « auto-approvisionnement et revente au réseau » ; « mines vendant collectivement de l'électricité au réseau » ; « demande des mines sert de point d'ancrage pour un IPP »)	Effet de levier favorisant une production accrue : Si la production de la mine est excédentaire et qu'elle revend au réseau Si la demande de la mine sert de point d'ancrage pour un IPP ; si la mine construit une centrale collective plus grande	Soit des revenus supplémentaires Soit une diminution du coût de l'énergie nécessaire	Sources supplémentaires de production Le coût de la production baisse
Réseau : À base hydro-électrique (à base de gaz) et très bon marché Mine : Veut s'approvisionner sur le réseau (« raccordement au réseau et production de secours autonome » ; « mines vendent collectivement au réseau » ; « mines investissent dans le réseau », « approvisionnement par le réseau »)	Effet de levier favorisant une robustesse accrue du réseau : Si les mines participent à la modernisation du réseau Si les mines exploitent la capacité de production inutilisée des générateurs de secours pour moins tirer sur le réseau	Accès stable à de l'électricité très bon marché Opportunité de revenus supplémentaires	Le rendement de l'entreprise de services publics peut s'améliorer ; amélioration des infrastructures Évite la saturation du réseau

Note : RSE = Responsabilité sociale des entreprises ; IPP = producteur d'électricité indépendant.

Sud, donne un exemple récent de ces efforts en faveur de l'énergie propre. *Exxaro Ressources* a mis en place en 2012 cinq projets d'énergie renouvelable (deux projets solaires et trois projets éoliens) sous une forme de co-entreprise avec un tiers non identifié (Odendaal, 2012). Une autre initiative au Burkina Faso vient d'une mine d'or, *Semafo Inc.* qui a prévu de faire construire une centrale solaire de 20 MW par sa filiale, *Semafo Energy*, en partenariat avec le gouvernement Burkinabé (Zgodzinski, 2013). En se tournant davantage vers les technologies à base d'énergies renouvelables, les mini-réseaux offrent une excellente plate-forme pour en installer un grand nombre.

Avec le deuxième scénario, dans lequel l'électricité provenant du réseau est plus coûteuse ou trop peu fiable par rapport à l'auto-approvisionnement, les sociétés minières sont clairement incitées à investir dans des capacités de production d'énergie et de transport autonomes. Pour les pays, la perspective de pouvoir disposer de sources de production d'énergie additionnelles représente la principale opportunité, mais pour cela, il leur faut créer des incitations, soit en faveur de l'industrie minière pour qu'elle produise un supplément d'électricité à revendre au réseau, soit en faveur de la demande d'électricité des mines afin qu'elle puisse servir de point d'ancrage aux IPP — les deux options permettant de réduire le coût de l'électricité et d'accroître la stabilité du réseau. Compte tenu du montant des dépenses d'investissement à prévoir pour établir une production autonome et du potentiel d'économies d'échelle réalisables à l'aide d'investissements coordonnés, les mines devraient y trouver un avantage économique les convaincant de coordonner des investissements conjoints. Ceci ne peut se concrétiser que dans le cas où des sources d'énergie bon marché sont accessibles, telles que l'énergie hydro-électrique et le gaz, et avec la participation d'un partenaire local.

Dans le troisième scénario, où l'électricité fournie par l'entreprise de services publics est relativement stable et beaucoup moins coûteuse que la production autonome d'électricité, les mines chercheront toutes à acheter l'électricité du réseau. Le défi consiste donc à trouver des mécanismes pour accroître la capacité de production et de transport et d'éviter que l'approvisionnement en électricité manque de fiabilité. Pour pouvoir continuer à accéder à une électricité bon marché, les mines seront généralement disposées à coopérer avec les entreprises de services publics, et parfois avec des concurrents, dans des configurations commerciales variées permettant de mettre en place, ou de simplement moderniser, la capacité de production, de transport et de distribution pour satisfaire leur demande. La clé est de trouver la configuration commerciale adaptée offrant des réductions de coûts à l'industrie minière et une densification des infrastructures énergétiques au pays hôte.

Mais la présence d'un « aléa moral » dans cette configuration peut conduire à toujours donner la priorité aux mines au détriment de la demande résidentielle. Pour éviter cet aléa, il convient d'appliquer des mesures de gestion de l'offre et de la demande et d'intensifier le commerce régional énergétique. À titre d'exemple, l'Afrique du Sud a connu une crise énergétique majeure en 2008, mettant en péril le système, avec des insuffisances d'offre persistantes d'environ 3 500 MW (soit environ 10 % de la demande de pointe) et une éviction de la demande résidentielle. Le gouvernement a adopté une série de mesures de gestion de la demande et d'efficacité énergétique dans le cadre de son Programme de conservation de l'énergie, avec un accent initial sur les grands utilisateurs industriels, en particulier les mines et les fonderies. Des résultats impressionnants ont été obtenus en quelques mois (Banque mondiale, 2011b).

Contraintes freinant le développement de synergies entre les secteurs de l'électricité et des mines

Parmi les contraintes pesant sur la réalisation du potentiel d'intégration du secteur de l'énergie et des mines, certaines sont partagées par tous les pays alors que d'autres sont spécifiques à un pays (Tableau 5.2). En République démocratique du Congo, Guinée, Mauritanie et Tanzanie, les contraintes sont étroitement liées à la faiblesse des tarifs d'électricité, aux insuffisances des entreprises nationales de

Tableau 5.2 Contraintes pesant sur l'intégration énergie-exploitation minière

Contraintes	Pays	Mesures correctives
Réseau de transport d'énergie national inadapté	Cameroun, Guinée, Mauritanie, Mozambique, République démocratique du Congo, Tanzanie, Zambie	Projets de renforcement du transport
Approvisionnement en carburant et débits d'eau irréguliers	Cameroun, Ghana	Achèvement de Lom Pangar ; rétrocession d'énergie de *Jubillee Field* à *West African Gas Pipeline Company*
Économie politique et faiblesse de l'entreprise de services publics nationale	Cameroun, Guinée, Mauritanie, Tanzanie	Renforcement des capacités de l'entreprise de services publics et du secteur ; renforcement des organismes de régulation et de leur capacité à procéder à des hausses de tarif pour atteindre les niveaux de viabilité commerciale
Manque d'infrastructures ferroviaires et portuaires pour les exportations minières en vrac	Guinée ; Mozambique	Projets ferroviaires et portuaires
Contraintes du marché régional et de capacité d'interconnexion	République démocratique du Congo, Mozambique, Zambie	Renforcement des institutions du marché régional et interconnexions régionales
Cadres d'investissement	Cameroun, Ghana	Le Cameroun doit confirmer le cadre dans lequel les mines peuvent investir dans des projets de centrales hydro-électriques ; le Ghana va élaborer une réglementation du marché offrant un appui à l'équilibrage du marché pour les contrats bilatéraux entre les mines et les IPP

Note : IPP = Producteur indépendant d'électricité.

services d'électricité et à l'inadéquation des réseaux de transport d'énergie nationaux. Au Mozambique, les contraintes de transport incitent surtout à se tourner vers la production à base de charbon, tant pour l'approvisionnement d'EDM que pour l'accès au marché régional du pool énergétique SAPP. La République démocratique du Congo et la Zambie ont besoin de lever les contraintes du marché énergétique régional et des interconnexions. Le besoin de diversification du Ghana — où domine l'énergie hydro-électrique — par des centrales au gaz, est contrarié par le manque de fiabilité de l'approvisionnement en gaz[12]. Au Cameroun, c'est le contrôle des débits du principal axe fluvial ayant un potentiel hydro-électrique qui représente une contrainte importante[13]. En Guinée et au Mozambique, le transport est une contrainte plus forte pour l'expansion des exportations du minerai de fer et de charbon à coke que l'électricité[14].

La contrainte physique la plus répandue vient de l'inadéquation des réseaux nationaux de transport, incapables de prendre en charge les flux supplémentaires résultant d'une expansion du secteur minier et du reste de l'économie.

C'est l'obstacle le plus immédiat et tangible en Guinée. L'état du réseau de transport résulte en grande partie des insuffisances de GDE sur une longue période. L'infrastructure physique doit être remise en état et renforcée parallèlement aux réformes de l'entreprise de services publics. La proposition de synergie localisée, présentée dans le chapitre 4, pourrait être l'un des catalyseurs de cette transformation. La Mauritanie est quasiment dépourvue de réseau de transport en dehors d'une ligne reliant une installation hydro-électrique sur la frontière sénégalaise à la capitale Nouakchott ; mais ce réseau n'est pas suffisamment résistant pour absorber une forte augmentation de la demande, et – plus important — il n'est pas situé près des installations minières existantes ou prévues.

L'autre contrainte majeure est la faiblesse de la situation financière des entreprises de services publics. En République démocratique du Congo, par exemple, le programme global de cinq ans du gouvernement, destiné à assurer le redressement opérationnel et financier de la SNEL (2012–2017) cherche à répondre à la situation de 2012 où les pertes techniques et non techniques élevées et le faible taux de recouvrement des créances ont conduit à une situation où la société ne percevait de recettes que sur à peine plus de 1 kWh, sur 2 kWh produits. Selon les estimations, les inefficacités du secteur de l'électricité conjuguées à des tarifs très bas représentent 4 % du PIB. En Tanzanie, TANESCO affiche des déficits financiers depuis de nombreuses années ; en 2012, sa perte d'exploitation s'est élevée à 139 millions de dollars, avec des pertes cumulées de 503 millions de dollars, soit 2 % du PIB.

Plusieurs facteurs facilitent la réussite de l'intégration

Transformer l'entreprise de services publics en un partenaire viable et solvable des sociétés minières

Quel que soit le dispositif d'approvisionnement en électricité entre les mines et l'entreprise de services publics, cette dernière sera le partenaire principal des mines. Ceci tient au fait que, en dehors du Ghana, les structures verticales intégrées, où l'État est seul actionnaire, prédominent (sauf au Cameroun, où la compagnie d'électricité américaine *AES Corporation* détient une participation majoritaire dans *AES Sonel* pendant toute la durée de l'accord de concession). Au Ghana, une compagnie de transport distincte a été formée (*Ghana GRID Company*), qui agit comme acheteur unique auprès des producteurs et vend l'énergie aux sociétés de distribution et aux marchés d'exportation. Le Ghana a mis en place le cadre juridique du marché de gros de l'électricité, mais doit encore élaborer les réglementations et insuffler le dynamisme nécessaire pour faire décoller ce marché.

Quel que soit le rôle de l'entreprise de services publics — contrat d'enlèvement (*off-taker*), distributeur d'électricité ou co-investisseur — sa santé financière et sa solvabilité détermineront les différents types de dispositif d'approvisionnement en électricité possibles. La stabilité de l'entreprise de services publics est un facteur indispensable pour développer le secteur de l'électricité et puiser dans le potentiel généré par la demande d'énergie des mines. Des mécanismes de responsabilisation transparents, des investissements dédiés pour réduire les inefficacités et développer le stock de capital, et un ministère de l'énergie puissants sont particulièrement importants. Ainsi, les contrats de performance que certains pays utilisent maintenant, sont des accords écrits précisant les objectifs et les mesures incitatives destinés à inciter les gestionnaires à les atteindre. Ils couvrent généralement les tarifs, les investissements, les subventions, les objectifs sociaux et le financement, ainsi que des indicateurs de performance ; ils incluent parfois des primes en cas de bonnes performances managériales et plus rarement des sanctions en cas d'inexécution (Banque mondiale, 2011 a). D'autres dispositifs ont des objectifs similaires ; au Cameroun, par exemple, c'est un accord de concession avec des indicateurs de performance, et au Ghana et en Zambie, des indicateurs de performance clés sont définis pour les entreprises de services publics.

Intégrer les plans directeurs du secteur minier et du secteur de l'électricité

Parmi les huit pays, seuls deux ont explicitement intégré les investissements énergétiques et la croissance minière dans leurs plans directeurs du secteur de l'énergie électrique (Tableau 5.3). Aussi, il n'est que rarement possible de valoriser l'investissement des mines car le réseau de transport n'est pas en état d'absorber les charges qu'elles pourraient revendre au réseau.

Traditionnellement, les entreprises publiques étaient responsables de la planification et des marchés d'infrastructures énergétiques. Cependant, avec les vagues de réformes du secteur et l'introduction des IPP, ces fonctions ont été transférées au ministère de l'énergie, qui coordonne généralement la planification. Au Kenya, les autorités régulatrices conduisent ces activités de manière inclusive.

Tableau 5.3 Coordination énergie-exploitation minière

Pays	Demande des mines explicitement incluse dans le plan directeur du secteur	Coordination ministérielle entre les secteurs énergétique et minier	Autres mécanismes de coordination entre les secteurs énergétique et minier
Cameroun	Non	Même ministère	Loi sur l'électricité de 2011
République démocratique du Congo	Non	Plusieurs ministères	Programme quinquennal de redressement financier et opérationnel de la SNEL
Ghana	Non	Plusieurs ministères	Programme de fiabilité de l'énergie en gros de la *GRID Company* du Ghana
Guinée	Non	Plusieurs ministères	–
Mauritanie	Non	Même ministère	–
Mozambique	Un peu	Plusieurs ministères	–
Tanzanie	Oui	Même ministère	Le programme « *Big Results Now* »
Zambie	Non	Plusieurs ministères	Bureau de promotion des investissements énergétiques privés

Note : – = Sans objet ; SNEL = Société nationale d'électricité.

Dans des pays comme le Cameroun, la Mauritanie et la Tanzanie, les ministères de l'énergie et des mines sont intégrés [15], ce qui peut être un facteur de synergies.

D'autres mécanismes de coordination existent. Par le biais de son Bureau de promotion des investissements énergétiques privés, la Zambie tente d'associer le secteur privé aux initiatives de l'État de développement de grands projets de centrales hydro-électriques et d'autres types de centrales. Le Cameroun offre un exemple de meilleures pratiques pour les autres pays avec son approche qui associe les mines et d'autres gros consommateurs d'énergie à la recherche de la meilleure solution pour exploiter les ressources hydro-électriques du pays et à la rédaction de la Loi de l'électricité de 2011 visant à en faciliter la planification (Encadré 5.1). Le cadre retenu prévoit que l'attribution des sites ayant un potentiel hydro-électrique aux promoteurs privés relève d'un processus de mise en concurrence, à l'exception des cas où il apparaît logique d'attribuer le site à une mine pour qu'elle puisse développer des capacités de production d'électricité en fonction de ses propres besoins. En confiant à la mine la responsabilité de l'intégralité du développement du potentiel de production d'hydro-électricité du site, il devient possible de réussir à maximiser les économies d'échelle et de définir la répartition optimale des ressources entre la mine et le réseau, avec la vente au réseau de l'excédent de production à des tarifs permettant le recouvrement des coûts, déterminés par l'autorité de régulation.

En Asie, la Mongolie offre un exemple intéressant d'une initiative visant à assurer la coordination à plusieurs niveaux au sein des organismes gouvernementaux, et entre eux, l'industrie minière et la société civile (Encadré 5.2).

Encadré 5.1 Loi sur l'électricité camerounaise

La Loi sur l'électricité du Cameroun de décembre 2011 stipule que la quantité d'électricité revendue au réseau, conformément aux termes de l'accord de concession, sera déterminée en optimisant l'électricité disponible et que le tarif de l'électricité fournie au réseau public sera déterminé par le régulateur sur la base du coût des services pour s'assurer que le public bénéficie également de prix bon marché. Les sites sont attribués par sélection compétitive, mais ils peuvent être concédés sur une base de fournisseur unique à des projets industriels intégrés.

Dans une lettre de politique signée par le Premier Ministre, datée du 17 février 2012, le Gouvernement s'est engagé à élaborer l'ensemble de la législation secondaire prévue par la Loi de l'électricité de 2011 en consultation avec les parties prenantes. Cette législation secondaire précisera : les principes retenus pour déterminer la part d'électricité allouée au réseau public ; les projections de l'offre et de la demande intérieures ; la préférence accordée à l'approvisionnement des consommateurs domestiques devançant celui des consommateurs industriels ou l'exportation d'électricité ; les dispositifs existant liant les producteurs autonomes (auto-approvisionnement) et le concessionnaire du réseau public ; les caractéristiques physiques du site ; et la demande d'électricité du producteur autonome.

Source : Banque mondiale, 2012b.

Encadré 5.2 Mongolie — Un cadre institutionnel de planification

Les autorités de la Mongolie ont organisé des réunions de négociation avec l'industrie minière pour coordonner le développement des infrastructures et définir les priorités, en prévoyant de mettre en place de nouvelles institutions chargées de poursuivre cet objectif structurées de la manière suivante. Une entité coiffe les décisions de développement des infrastructures et est responsable de la mise en œuvre globale du plan de développement intégré tandis que chaque organisme d'exécution, selon sa spécialisation particulière, est responsable de la mise en œuvre, comme suit :

Conseil des infrastructures de la Mongolie méridionale. Le Conseil est composé de représentants des administrations centrales, des collectivités locales, des sociétés minières et de la société civile. Il sert de plate-forme pour la consultation publique et l'échange d'informations. Il pourrait prendre la forme d'un Comité consultatif ou d'une entité décisionnelle finançant le développement des infrastructures.

Unité de coordination des infrastructures de la Mongolie méridionale. Cette entité sert de forum d'information pour coordonner les multiples niveaux de l'administration locale et est habilitée à intervenir pour accélérer le processus décisionnel.

Unité PPP. Cette unité dispose d'une expertise dans le développement de partenariats public-privé (PPP) capable de compenser le manque d'expertise national dans ce domaine.

Unité de gestion des risques. Dans la mesure où les investisseurs dans les opérations de PPP exigent généralement des garanties de l'État, cette unité est spécialisée dans la négociation des garanties publiques pour les PPP et établit des plafonds d'exposition aux risques de l'État. L'unité transmet un rapport annuel au gouvernement sur le montant et le taux de risque de ses engagements.

Groupe consultatif d'experts internationaux en infrastructures. Ce groupe d'experts vérifie que les pouvoirs publics négocient aux meilleures conditions et peut faire appel à un panel d'experts internationaux pour examiner les dossiers.

Agence de régulation économique. Cet organisme est compétent dans l'établissement des grilles tarifaires s'appliquant aux secteurs ferroviaire et énergétique.

Centre d'Information et de gestion des eaux souterraines de Mongolie méridionale. Cet organisme est chargé de la collecte des informations sur les eaux souterraines auprès de tous les autres organismes publics (Banque mondiale, 2009).

Source : Adapté de *Vale Columbia Center*, Université de Columbia (2012).

Mettre en place un cadre stable, favorable à l'investissement

Les pays doivent fournir un environnement suffisamment conjecturable pour attirer les investissements massifs garantis par les riches gisements de minerais de l'Afrique. Dans les pays où des ressources hydro-électriques ou de gaz sont disponibles, les sociétés minières sont souvent disposées à aider le développement de ces sources de production relativement peu coûteuses. Mais elles ne le feront que si le pays est stable, le risque politique relativement faible, et si le cadre juridique est clair et sécurisant. En Guinée, faute de pouvoir offrir ces conditions, les investisseurs se sont détournés du pays, ce qui retardé l'expansion de la production d'énergie hydro-électrique.

Les PPP sont autorisés dans tous les pays, à l'exception de la République démocratique du Congo où une loi sera prochainement promulguée. Leur cadre juridique assure une articulation formelle du partage de responsabilité entre les partenaires privés et publics, prévoit des obligations de service et de résultat, des mécanismes de résolution des litiges, et le statut et le régime de propriété des actifs, y compris lorsqu'il est mis fin au partenariat.

La régulation par voie contractuelle est une pratique courante dans les pays ayant une expérience récente des PPP, mais elle ne peut fonctionner que dans un environnement juridique favorable à l'application des contrats et offrant un cadre clair et sans ambiguïté. Elle peut également être une source de problèmes et de risques pour l'État hôte. Le succès dépend de la capacité du gouvernement à négocier des contrats extrêmement complexes et à honorer son engagement de transparence, car le contrat est négocié bilatéralement à l'abri des regards indiscrets.

Là où l'expansion de la capacité de production est demandée par les mines agissant comme IPP, les coûts d'investissement doivent pouvoir être couverts et les sources de revenus futures être définies de façon suffisamment précise pour permettre au propriétaire de l'unité de production d'électricité d'obtenir le financement à des conditions raisonnables. La réglementation peut autoriser les fournisseurs et les clients à conclure des contrats à long terme, par lesquels les clients (c'est-à-dire l'entreprise de services publics ou d'autres utilisateurs) s'engagent sur une période plus longue à acheter aux propriétaires des moyens de production une quantité minimum de la production. C'est la solution généralement préférée par les fournisseurs car elle offre plus de garanties et est généralement nécessaire pour obtenir un financement de l'investissement. Mais l'entreprise de services publics peut être mise dans une position financière délicate quand elle est aussi partie contractante, ce qui justifie de prévoir un cadre approprié pour ce type de contrats (généralement un PPA).

Un PPA peut être signé entre la compagnie minière et l'entreprise de services publics (cas le plus fréquent), entre la compagnie minière et un utilisateur final (lorsque c'est autorisé) et entre la compagnie minière et un IPP (lorsque c'est autorisé). Un opérateur minier peut souhaiter signer un accord avec un IPP s'il fournit une électricité moins chère que le service public, ou si le service public ne fournit pas assez d'électricité, ou si la compagnie minière décide que la production d'électricité n'entre pas dans ses activités. Dans ce modèle, l'IPP peut soit prendre les risques et les obligations liés à la pleine propriété, y compris les risques commerciaux et les obligations de maintenance, ou simplement être l'opérateur de la centrale électrique que la mine finance. Un exemple en Afrique du Sud permet de suivre le processus, ainsi que les rôles des différents intervenants (Encadré 5.3). Mais pour que les mines, les IPP et l'entreprise de services publics puissent s'entendre, il faut un accord plus normalisé réduisant les coûts de transaction pour toutes les parties.

Encadré 5.3 Afrique du Sud — *Anglo American* et son IPP

Pour alimenter sa mine de platine, qui exige un approvisionnement sécurisé, gage de la continuité de ses opérations et de son expansion future, la société *Anglo American* cherche à signer un projet de centrale électrique au charbon de 450 MW avec un producteur d'électricité indépendant (IPP) dans la commune d'Emalahleni, en Afrique du Sud. C'est un projet de construction-propriété-exploitation (BOO) et le démarrage de ses opérations commerciales est prévu pour 2015. Le projet « explore le territoire relativement inexploré de l'utilisation par un tiers du système de transport et de distribution » (T. Creamer, 2011). Les tâches sont réparties entre les parties comme suit :

Anglo American. La société fournit les terrains, le charbon et l'eau (M. Creamer, 2011). *Anglo American* est également chargée d'obtenir un financement par le biais de prêts internationaux ; les dépenses d'investissement s'élèvent à 1 milliard de dollars (Hall, 2010).

IPP. La société *Anglo American* envisage de signer un accord d'approvisionnement en charbon et un accord d'achat d'énergie (PPA) sur 25 ans avec l'IPP couvrant la totalité de sa capacité de production. Elle signera également un accord d'approvisionnement complémentaire avec *Eskom* (l'entreprise de services publics) afin d'utiliser l'électricité produite par la centrale de l'IPP pour ses opérations minières (Hall, 2010). En parallèle, l'IPP a signé des accords de raccordement, transport, utilisation du système et exploitation avec *Eskom* pour lui permettre de vendre son électricité à *Eskom*. Un contrat d'achat de la production a été également signé entre *Anglo American* et *Eskom* pour qu'elle puisse s'approvisionner à partir d'un poste qui sera construit par *Eskom* (M. Creamer 2011).

Fournisseur public d'électricité. Selon la stratégie sectorielle publique de l'électricité énoncée dans le Plan des ressources intégrées du Gouvernement, *Eskom* est chargée de définir les termes des accords de raccordement, le calendrier de l'infrastructure et les coûts de l'utilisation du système (Ministère de l'Énergie, 2011). (*Anglo American* critique ce cadre juridique, jugeant que les coûts sont trop élevés par rapport aux normes internationales, et qu'elle ne dispose pas des appuis nécessaires pour garantir une répartition équitable des coûts.)

Rôle des autres organismes publics. L'Agence nationale de régulation de l'énergie de l'Afrique du Sud et le Ministère de l'Énergie apportent un appui pour faciliter la mise au point des accords contractuels régissant l'utilisation par des tiers (cadre réglementaire, tarification appropriée, calendrier du raccordement) et ils doivent les approuver.

Source : Adapté de *Vale Columbia Center*, Université de Columbia (2012).

Adopter des réglementations efficaces

Des réglementations efficaces sur la fourniture des services d'électricité sont fondamentales pour établir un lien mutuellement bénéfique entre le secteur énergétique et le secteur minier et pour appuyer l'expansion des services d'électricité. Il est donc indispensable de pouvoir s'appuyer sur des réglementations transparentes et efficaces pour (i) la tarification de l'électricité, (ii) les services de transport de l'électricité vers les mines ou par elles, et (iii) les concessions de prestations de services de distribution ou de vente au détail des mines.

Les tarifs doivent être transparents pour tous les clients et tenir compte du coût de la quantité d'énergie livrée ou du coût « d'utilisation du système ». En outre, il est fondamental que le coût des investissements d'un éventuel investissement public-privé soit dissocié du prix de l'électricité compte tenu des trois éléments mentionnés ci-dessus. Ceci permettra une répartition transparente des coûts de l'investissement et évitera des privilèges tarifaires temporaires difficiles à éliminer ultérieurement.

La Zambie est le premier pays parmi les huit pays étudiés à avoir établi une autorité de régulation (*Energy Regulatory Board*). Le Cameroun, la Mauritanie et le Mozambique disposent également d'agences régulatrices de l'énergie ou de l'électricité, tandis que le Ghana et la Tanzanie possèdent des régulateurs pluri-sectoriels (eau et énergie). La situation du Ghana est cependant plus complexe en raison de règlements techniques et de délivrance de licences relevant d'un organisme distinct (Commission de l'énergie). La République démocratique du Congo et la Guinée n'ont pas d'agence autonome, et c'est le gouvernement qui fait fonction d'autorité de régulation.

Dans la plupart des pays, la régulation des aspects techniques est satisfaisante. En revanche, la régulation économique semble insuffisante précisément là où elle serait la plus nécessaire : la détermination de tarifs assurant un recouvrement des coûts afin que la viabilité des entreprises de services publics soit suffisante pour entretenir convenablement les équipements existants et investir. Deux des autorités de régulation ayant une solide réputation en matière de bonne gouvernance — *Energy Regulatory Board* de Zambie et *Energy and Water Utilities Regulatory Authority* de Tanzanie — n'ont cependant pas réussi à relever les tarifs à des niveaux assurant la viabilité du secteur.

Quelle que soit la structure du marché de l'énergie, la supervision par une autorité de régulation des tarifs de vente pratiqués par une société minière dans un cadre de PPA est indispensable pour que les utilisateurs finaux soient assurés de la viabilité du marché. Le coût de l'approvisionnement électrique en gros représente généralement de 50 à 70 % des coûts totaux d'approvisionnement du distributeur (Besant-Jones, Tenenbaum et Tallapragada, 2008). Par ailleurs, en Afrique subsaharienne, le prix facturé par les 28 IPP dans un cadre de PPA varie de 4 à 40 cents par kWh, et la limite supérieure est souvent inabordable pour les entreprises de services publics (Besant-Jones, Tenenbaum et Tallapragada, 2008). Et s'il faut inciter les entreprises à produire de l'électricité supplémentaire, les prix ne peuvent pas non plus être fixés trop bas. Une solution serait un système d'intervention légère, par lequel le régulateur ne fixe pas les prix mais vérifie les prix fixés par les parties et formule des remarques sur leur caractère raisonnable jusqu'à ce qu'ils atteignent un niveau adéquat, comme c'est le cas au Nigeria (Commission Nigériane de régulation de l'électricité, 2006).

Il faut aussi un système de régulation efficace pour gérer les risques et régle-menter l'accès. Les risques inhérents aux IPP et PPA sont les faillites, les retards de paiement et le non-respect des obligations contractuelles. Les autorités de régulation peuvent faire respecter les contrats et consolider la position des ser-vices d'utilité publique incapables de fournir des garanties souveraines, par le

Tableau 5.4 Mécanismes de régulation

Pays	Régulateur (Agence ou contrat ?)	Codes de réseau
Cameroun	ARSEL	Oui
République démocratique du Congo	Ministère de l'Énergie	Non
Ghana	EC et PURC	Oui
Guinée	Ministère de l'Énergie	Non
Mauritanie	Autorité régulatrice	Non
Mozambique	CNELEC	Non
Tanzanie	EWURA	Oui
Zambie	ERB	Oui

biais de comptes séquestres, du rapatriement des bénéfices et des garanties en cas de nationalisation (généralement requises lorsque le service d'utilité publique n'est pas viable).

Les autorités de régulation doivent aussi être les garantes de l'accès. Quand les mines jouant le rôle d'IPP sont autorisées à vendre à un tiers, il faut veiller à ce que leur accès au réseau de transport soit établi à des tarifs non discriminatoires, en particulier là où l'entreprise de services publics pourrait être tentée d'augmenter ses prix pour les concurrents et de privilégier l'électricité produite par ses propres générateurs. *Eskom*, en Afrique du Sud, a été critiquée par les sociétés minières pour avoir exercé ce type de discrimination (Harding, 2012). Afin d'éviter ceci, des codes de réseau favorisant le libre accès à des tarifs non discriminatoires, accompagnés de mécanismes connexes de règlement des différends seraient nécessaires, mais la moitié des huit pays n'en ont pas (Tableau 5.4).

Des instruments d'atténuation des risques existent

Des contrats soigneusement rédigés — des accords efficaces de concession de services de vente au détail d'électricité dans des zones spécifiques gérées par la mine

Lorsqu'il n'y a pas de réseau national, comme en Guinée ou en Mauritanie, des projets localisés peuvent être proposés. Pour les nouvelles mines et les communautés avoisinantes, les mines pourraient établir conjointement — ou passer un accord conjoint avec — un IPP chargé de la gestion des systèmes de production et de transport dans ce qui constituerait de fait un mini-réseau fonctionnant en tension de transport. Les modalités d'investissement et de commercialisation s'appliquant au réseau de distribution dans les villes devront être déterminées séparément. L'entreprise de services publics peut choisir d'installer et d'exploiter le réseau de distribution dans les villes, en achetant en gros l'électricité fournie par le mini-réseau. Ou ceci peut être assuré par une société privée de distribution ou par l'IPP qui exploite le mini-réseau. Dans ce dernier cas, une certaine distanciation entre le transport et la distribution serait souhaitable afin que le prix de livraison en gros du mini-réseau au distributeur soit clairement défini, avant que celui-ci ne procède à la vente au détail aux clients dans les villes.

Une rédaction attentive des contrats est importante. Certaines sociétés minières sont très désireuses de fournir de l'électricité localement dans le cadre de leur politique de RSE, mais le caractère volontaire de cette initiative peut en compromettre la durabilité et exonère les gouvernements nationaux et locaux de toute responsabilité. L'établissement de contrats types de concession rendant obligatoire la fourniture d'électricité sur un certain périmètre renforcerait la sécurité des investisseurs, en mettant les programmes de RSE de toutes les sociétés minières sur un pied d'égalité, et donnerait plus de poids à l'État pour faire respecter l'application du contrat.

Si les scénarios sont explorés de manière plus approfondie, il faudra définir les modalités commerciales s'appliquant à la fourniture d'électricité urbaine, estimer les coûts, calculer les tarifs et ensuite vérifier si les hypothèses de demande initiales sont toujours valables. Le tarif au détail devra peut-être être subventionné. Le gouvernement pourra envisager de le faire par le biais de l'entreprise de services publics ou bien par des paiements directs, et les mines pourront également y contribuer, soit volontairement, soit par une décision réglementaire. Les mines conserveraient malgré tout la possibilité de bénéficier de tarifs de l'électricité inférieurs à ceux de leur meilleure option suivante, tout en payant une prime par rapport au niveau de recouvrement des coûts ; les recettes additionnelles permettraient de réduire le tarif au détail dans les villes.

La Zambie offre un exemple de meilleures pratiques avec sa société de distribution et d'approvisionnement (*Northwest Energy Company*) qui fournit déjà de l'électricité aux communautés isolées vivant à proximité des mines (Encadré 5.4). NWEC achète l'électricité en gros à l'entreprise de services publics, ZESCO, et la revend au détail à quelque 1 000 clients qui résident près de la mine de Lumwana.

Contrats commerciaux types

Pour les mines approvisionnées par le réseau national, l'accord commercial standard pour la mine se base sur un tarif approprié au niveau de tension de transport fourni par le réseau, intégrant les composantes de capacité et d'énergie. Là où les mines ont payé une partie des coûts d'investissement du raccordement (ligne de transport et postes), l'infrastructure reste généralement la propriété de l'entreprise de services publics et le prépaiement est considéré comme un prêt (encadré 5.5). Le remboursement s'effectue de préférence en nature, plutôt qu'en argent comptant, en procédant par compensation dans la facturation de l'électricité achetée par la mine. L'équivalent d'un tarif réduit pourrait être appliqué au cours de la période de remboursement, mais un tarif réduit risque fortement d'être perçu par les autres consommateurs d'électricité comme une faveur discriminatoire accordée aux sociétés minières (en particulier en Zambie).

Quand l'électricité est d'origine hydraulique ou thermique, la perspective de coûts moindres représente une forte incitation pour les mines à se raccorder au

---

Encadré 5.4 Une expérience de franchisé desservant des communautés en Zambie

En Zambie, la *Northwest Energy Company* (NWEC) et l'agence de régulation énergétique, *Energy Regulatory Board* (ERB), ont eu récemment un différend tarifaire. L'ERB a affirmé que le tarif à 9,5 cents par kWh n'avait pas été approuvé et qu'il fallait le ramener au niveau du tarif national uniforme de 6 cents par kWh en payant des dommages-intérêts. En 2011, ERB a porté le différend devant la Haute Cour, mais le juge a rejeté la plainte. Si 9,5 cents par kWh peut sembler un tarif élevé en Zambie, il ne serait pas considéré comme cher dans d'autres parties de l'Afrique australe, notamment dans les centres éloignés qui ne disposent que d'une seule option d'approvisionnement en électricité.

Les clients de NWEC n'ont pas jugé dissuasif le tarif de 9,5 cents par kWh, comme en témoigne l'élargissement continu de la base de clientèle. En outre, d'autres sociétés minières ont approché NWEC pour étudier l'installation de mini-réseaux de distribution similaires pour *First Quantum Minerals* afin d'électrifier environ 5 000 maisons qui seront construites par *Kansanshi Copper and Gold Mines* à Solwezi. Et un autre grand projet a été mis sur le marché à Kalumbila. Si ERB avait obtenu gain de cause devant la Haute Cour, NWEC aurait risqué de faire faillite, privant les consommateurs d'électricité non seulement à Lumwana, mais dans les nouvelles zones de projets offrant un accès à l'électricité.

Cette expérience offre des enseignements aux autres pays qui cherchent des opérateurs privés pour des petits réseaux de distribution. Ce type de dispositif ne peut fonctionner que si le distributeur est autorisé à facturer des tarifs plus élevés que les tarifs pratiqués par l'entreprise de services publics dans les principaux centres urbains du pays. Il reste cependant bénéfique pour les clients desservis car l'accès au réseau d'électricité leur permettra de profiter d'une énergie de meilleure qualité à un prix inférieur à celui qu'ils paieraient autrement pour des produits de remplacement de qualité inférieure (par exemple, kérosène et piles sèches).

Source : Auteurs.

---

réseau, mais aussi à se coordonner avec l'entreprise de services publics et à participer à ses côtés au financement.

Projets énergétiques financés par les mines

Les projets d'électricité financés par les mines en association avec le secteur public doivent s'appuyer sur des accords de PPP transparents et efficaces, et il est préférable que les accords sur la tarification de l'énergie restent distincts. Il sera toujours difficile d'assurer la régulation des accords qui combinent une participation des mines à l'infrastructure (par des apports en financement ou en capital) et des réductions tarifaires. Les accords de compensation des achats d'électricité sont la norme pour les mines effectuant des investissements importants dans l'électricité, au-delà des réseaux desservant leurs propres exploitations ; ces investissements se font en association avec l'entreprise de services publics ou en son nom. Sur les huit pays étudiés, la République démocratique du Congo en offre un exemple.

Encadré 5.5 Types d'accords commerciaux entre les entreprises de services publics et les mines

Les mines investissent dans des lignes de transport et l'entreprise de services publics rembourse avec paiement d'intérêts. Au Burkina Faso, *Semafo*, le propriétaire d'une mine à ciel ouvert, Mana, inaugurée à la mi-2008 a signé un accord avec le gouvernement en octobre 2011. Le contrat portait sur la construction d'une ligne de transport alimentant la mine Mana de *Semafo* d'un coût estimatif de 19 millions de dollars. La ligne permettra de réduire les coûts de production du minerai de 40 USD par once. *Semafo* versera à SONABEL, le service public d'électricité national, la moitié de l'investissement. SONABEL procédera au remboursement de cette somme sur huit ans, après la mise en service de la ligne. Cet investissement réduira le coût de l'électricité pour la mine de 13 cents par kWh (passant de 31 à 18 cents par kWh) (Hill, 2011).

Les mines investissent dans l'infrastructure électrique et sont facturées en compensation à tarif réduit ou négligeable. Pour éviter un auto-approvisionnement coûteux, *Katanga Mining Limited* (KML) en République démocratique du Congo a pris en charge la mise à niveau du réseau national. En mars 2012, KML a annoncé la signature d'un accord de prêt avec la Société nationale d'électricité (SNEL) de 283,5 millions de dollars permettant de moderniser les capacités de production et les réseaux de transport d'électricité du pays. Les filiales minières de *KML* de Kansuki et Mutanda rembourseront un total de 189 millions de dollars car elles utiliseront une part importante de la nouvelle production d'électricité. L'accord prévoit qu'un excédent de production de 10 % sera revendu à la SNEL. Le remboursement de cet investissement prendra la forme de crédits sur facturation accordés par la SNEL pour un montant de 261,8 millions de dollars et la SNEL versera également des intérêts sur le prêt. Selon KML, la nouvelle capacité de 450 MW — qui devrait être atteinte d'ici la fin de 2015 — permettra de produire 310 000 tonnes de cuivre par an (*Katanga Mining Limited*, 2012).

Les mines investissent dans une centrale électrique de secours à laquelle elles ont un accès prioritaire en cas de coupure de courant. Au Ghana, à la suite de la crise de l'énergie de 2006–2007, une centrale thermique duale de 80 MW a été mise en place à Tema par un consortium de quatre sociétés minières. Achevée en 2007, un transfert partiel de propriété a été réalisé comme convenu au profit de la *Volta River Authority* (VRA) (GBC News 2008). Aujourd'hui, la centrale ne dessert les mines que comme un auxiliaire de secours au cas où se produirait une autre crise de l'énergie.

Les mines payent un tarif majoré en compensation de leur accès prioritaire et peuvent même contribuer au remboursement de la dette. L'électricité du Zimbabwe dépend largement des importations de *Hydro Cahora Bassa* (HCB) du Mozambique. Mais en 2012, HCB a menacé de bloquer l'alimentation de l'entreprise de services publics, *Zimbabwe Electricity Supply Authority* (ZESA), jusqu'au remboursement de sa dette à HCB. Avec l'aide de deux sociétés d'extraction de platine, ZESA a apuré sa dette de 76 millions de dollars envers HCB à la fin de 2012. Elle a obtenu d'elles 40 millions de dollars et a crédité ce montant sur leurs comptes en tant que prépaiement de l'électricité (Sibanda, 2012). ZESA a aussi garanti l'approvisionnement en électricité de ces deux exploitations minières pendant cinq ans (Moyo, 2012).

Au Zimbabwe, la mine d'or Turk-Angelus de *New Dawn Mining Corporation*, située à 56 km au nord-est de Bulawayo, a accru sa production annuelle d'or à 23 000 onces. Raccordée au

encadré continue page suivante

Encadré 5.5 Types d'accords commerciaux entre les entreprises de services publics et les mines (continue)

réseau électrique national par une ligne de 88 kV-ampères, la mine a trois générateurs utilisés en production de secours fournissant 3 MW en cas de panne du réseau. Les générateurs ont été mis en service en novembre 2010, au moment même où ZESA annonçait une proposition de contrat d'alimentation électrique continue moyennant un tarif majoré. Comme ce tarif majoré était encore inférieur au coût de l'électricité produite par les générateurs, et que la mine disposait d'une ligne de transport électrique adéquate, la mine a signé un accord avec ZESA. Les générateurs serviront de capacité de secours en cas de coupures d'électricité régionales ou nationales. Quand la fiabilité de l'approvisionnement continu aura été démontrée, les générateurs pourront être déplacés ailleurs (Othitis, 2012).

Les mines payent un tarif plus élevé en échange d'un investissement de l'entreprise de services publics dans la production et le transport d'électricité. En mars 2012, le groupe indépendant de transport d'électricité, *Copperbelt Energy Corporation Plc* (CEC) —appartenant aux sociétés minières et fournissant de l'électricité achetée à la *Zambia Electricity Supply Company* (ZESCO) à la plupart des exploitations minières de la Ceinture de cuivre — et l'*Africa Finance Corporation* du Nigeria, ont signé un accord de financement pour la construction de deux centrales hydro-électriques en Zambie : l'une dans les gorges de Kabompo dans le nord-ouest du pays et l'autre dans la province de Luapula. Pour un coût de 1,15 milliard de dollars, ces projets fourniront potentiellement un surplus d'électricité de 6 000 MW d'ici à 2016 (Chanda, 2012).

L'expansion de l'industrie du cuivre de la Zambie a été entravée par l'instabilité de l'approvisionnement électrique. La CEC a prévu que les tarifs industriels allaient augmenter de 20 à 30 % par an pour permettre de recouvrer les coûts et de financer de nouveaux investissements de production (CEC, 2012). Entre 2008 et 2011, les mines étaient protégées par un accord de stabilisation des tarifs. Quand cet accord a pris fin, et après autorisation de l'autorité de régulation, ZESCO a augmenté son tarif d'approvisionnement en gros de CEC de 30 %. En conséquence, ZESCO et CEC doivent négocier un accord cadre quinquennal sur les augmentations à prévoir pour atteindre des niveaux de tarifs de l'approvisionnement en gros reflétant les coûts (ERB, 2011).

Source : Adapté de Vale Columbia Center, Université de Columbia (2012).

En République démocratique du Congo, les grands projets financés par les entreprises minières, structurés par des accords avec l'entreprise de services publics (SNEL), n'ont pas donné de résultats satisfaisants. Après quatre ans de négociations, le projet de *Katanga Mines* d'un montant de 320 millions de dollars a été engagé dans le cadre d'une structure de co-entreprise. Mais lorsque le projet a capoté, un constructeur clés en mains a été désigné, supervisé conjointement par la société minière et la SNEL. Également en République démocratique du Congo, le projet *Freeport McMorans* à N'seke d'un montant de 170 millions de dollars est mis en œuvre par la SNEL. Bien que la société minière fasse partie du Comité technique mixte, elle n'a pas réussi à empêcher les importants dépassements des coûts et des délais du projet. Avec le recul, il apparaît que les sociétés minières auraient dû choisir d'autres structures d'investissement pour ces projets, en optant éventuellement pour un dispositif direct clés en mains sous une supervision conjointe (encadré 5.6).

Une gestion des recettes minières axée sur les services publics d'infrastructure

Les revenus tirés du secteur minier par le biais de la fiscalité, des dividendes et/ou des royalties ont un potentiel important de stimulation du développement des infrastructures à condition d'être convenablement gérés. La titrisation permet d'améliorer les conditions d'emprunt en conférant le statut d'*investment grade*, et de réduire les coûts financiers, d'atténuer les incertitudes relatives aux revenus grâce au partage des risques, de promouvoir une gouvernance solide, la transparence et des pratiques robustes de gestion des actifs, et de développer l'expérience du marché des capitaux ce qui profitera aux transactions ultérieures.

Développement conjoint par les mines

Pour l'option de création d'une fonderie au Mozambique (voir le Chapitre 4), il est prévu que les sociétés d'exportation de charbon financent conjointement la construction de la fonderie et qu'elles s'engagent à lui fournir l'énergie requise

---

Encadré 5.6 Typologie des modalités de financement

Les investissements dans les infrastructures financés par les recettes de l'industrie minière peuvent être classés en trois catégories : une expansion des services d'infrastructure directement liés à l'industrie minière pour desservir le grand public ; le financement de services d'infrastructure indirectement reliés à l'industrie minière, appuyé sur des recettes tirées des mines ; et, la capitalisation de recettes minières en vue de financer des infrastructures qui n'ont aucun lien avec l'industrie minière.

Expansion de services d'infrastructure directement liés à l'industrie minière afin de desservir le grand public. En sur dimensionnant des projets au moment de leur élaboration, il devient possible d'offrir des services à une base de clientèle plus large que celle de l'industrie minière et de bénéficier d'économies d'échelle. En RDP du Laos, la centrale hydroélectrique de Nam Theun II a été conçue avec une capacité de 1 070 MW, dont 995 MW destinés à être exportés en Thaïlande dans le cadre d'un accord d'achat d'énergie (PPA) passé avec la société de services publics thaïlandaise EGAT à un prix convenu sur une base « *take-or-pay* ». Le chiffre d'affaires garanti par ce PPA — avec un acheteur *off-take* solvable — a procuré un niveau de sécurité suffisant pour pouvoir financer un projet élargi, comportant une capacité additionnelle de 75 MW affectée à la consommation nationale. Les créanciers du projet n'ont pas eu à prendre en compte les ventes sur le marché intérieur pour sécuriser leur prêt, tandis que les exportations ont permis au projet d'être légèrement surdimensionné et de financer un surcroît limité d'investissement. Le projet est entré en service en 2009 et fonctionne dans un cadre d'accord concessionnel de 25 ans à l'issue duquel il sera transféré au Gouvernement de la RDP du Laos.

encadré continue page suivante

Encadré 5.6 Typologie des modalités de financement (continue)

Financement de services d'infrastructure indirectement reliés à l'industrie minière, appuyé sur des recettes tirées des mines. L'élaboration d'un projet comportant un acheteur *off-take* prêt et solvable comme acheteur principal — par exemple, une mine — peut faciliter le financement d'infrastructures à destination du public. Au Mozambique, le développement en amont de champs de gaz naturel par *Sasol* dans la province Inhambane, et la vente de cette production garantie par l'accord de vente de gaz signé avec l'Afrique du Sud sur la base d'un accord *take-or-pay*, ont permis de construire le gazoduc qui relie le Mozambique à l'Afrique du Sud. *ROMPCO*, l'entreprise qui exploite le gazoduc, perçoit une redevance de transport auprès de *Sasol* en tant qu'acheteur et transporteur du gaz dans le cadre d'un accord *ship-or-pay* fixé à 80 % du volume prévu par le contrat sur 25 ans. Ces recettes garanties peuvent aider ensuite à lever des fonds pour le projet, tandis que l'accès des tierces parties est garanti par l'autorité de régulation. Dans l'accord définissant les utilisations du gazoduc, depuis la mise en service, un accès ouvert est disponible pour le transport et la distribution du gaz naturel à l'intérieur du Mozambique, et il en ira de même en Afrique du Sud dix ans après. Au Mozambique, l'autorité de régulation approuve l'accès des parties tierces à condition qu'il soit prévu une capacité non affectée au-delà de la livraison des volumes tels que prévus par l'accord de transport du gaz (*Gas Transportation Agreement*). Ces dix années de restriction d'accès au gazoduc de l'Afrique du Sud permet à *Sasol* d'améliorer ses prévisions de recouvrement des coûts et d'attirer les financements nécessaires.

Capitalisation de recettes minières en vue de financer des infrastructures qui n'ont aucun lien avec l'industrie minière. L'accès au marché des capitaux est limité dans de nombreux pays ne répondant pas aux critères d'*investment grade* (catégorie investissement), il permet cependant d'aller au-delà des filières de financement habituelles des infrastructures. Des recettes correspondant à des flux annuels de recettes provenant de l'industrie minière, perçues par le biais d'impôts, taxes, dividendes et/ou royalties peuvent être converties en un montant déterminé de stock de capital à l'aide d'une procédure de titrisation. Ceci pourrait permettre de financer une infrastructure spécifique ayant un impact transformationnel — soit à l'appui du secteur minier, soit au bénéfice d'un secteur prioritaire de l'État, comme des écoles ou des hôpitaux par exemple. En cautionnant les emprunts par des recettes attendues, les projets peuvent obtenir une note de crédit de catégorie investissement — avec des coûts de financement réduits et donnant accès à une gamme d'investisseurs plus large, à condition toutefois que la gouvernance et la gestion des fonds d'investissement créés soient bien structurées.

Le schéma suivant décrit plus précisément ce concept. Une partie des recettes de l'État émanant de l'industrie extractive sous la forme de royalties et d'impôts (1), ou des recettes de l'entreprise publique concernée sous la forme de dividendes, pourrait être allouée à un compte séquestre ou à un Fonds d'infrastructure (2). Dans ce cas, les recettes servent de nantissement à un prêt octroyé par des prêteurs aux conditions du marché (3). Les produits de la dette pourraient ensuite être affectés : au budget de l'État pour des travaux publics (option A) ; à l'entreprise publique responsable du secteur des industries extractives pour des infrastructures auxiliaires (option B) ; ou, encore alloués à une entité publique distincte (option C).

encadré continue page suivante

Encadré 5.6 Typologie des modalités de financement *(continue)*

Figure E5.6.1 Capitalisation de recettes minières en vue de financer autres infrastructures

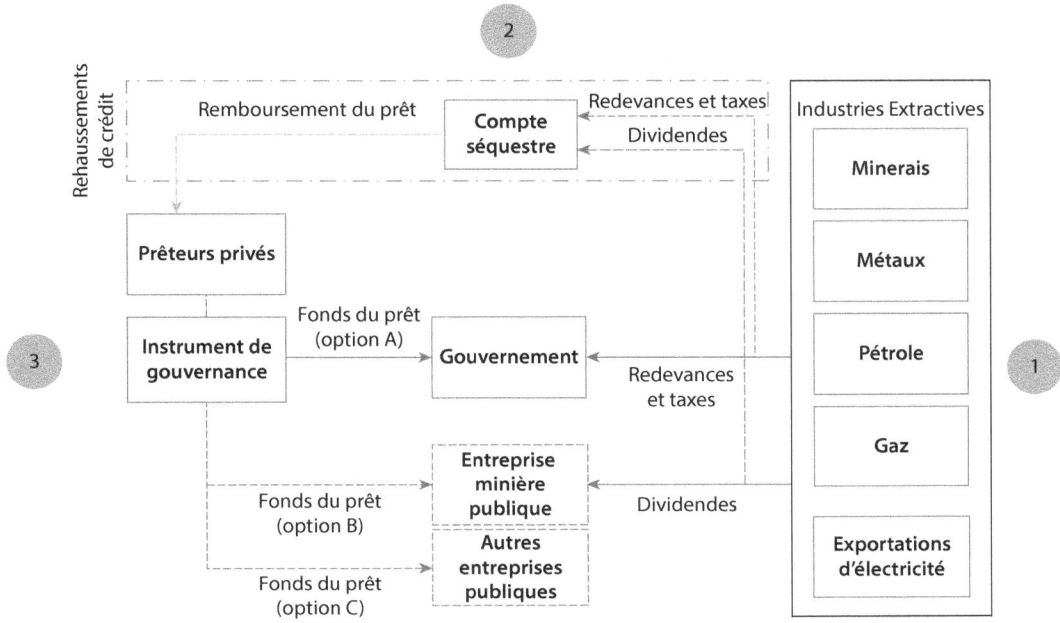

Une alternative serait d'établir un dispositif de gestion financière distinct pour la sélection et la préparation de projets avant de faire les investissements, soit indépendamment soit en partenariat avec d'autres prêteurs ou investisseurs.

Les autres avantages qu'apporte la titrisation des recettes de l'industrie extractive incluent : l'atténuation des incertitudes et de la volatilité des recettes, en transférant certains risques liés aux flux de revenus futurs sur les prêteurs privés et en protégeant partiellement l'État de la volatilité des prix des matières premières ; une protection des recettes les mettant à l'abri d'une politisation de la gestion des placements ; et le développement d'une expertise du marché des capitaux domestiques et la constitution d'antécédents bénéfiques pour les transactions futures.

produite à partir de résidus de charbon pendant toute sa durée de vie, estimée à 50 ans. Des investissements seront nécessaires au cours de cette période pour effectuer les remplacements nécessaires dans le système de production électrique en amont. Le fait que les propriétaires de la fonderie contrôlent également l'approvisionnement énergétique répond à l'un des critères nécessaire à la réalisation d'un projet de fonderie. Si un tiers contrôle l'approvisionnement, la renégociation du PPA au cours de la vie de la fonderie pourrait être considérée comme trop risquée pour les propriétaires. Ainsi, même si l'électricité alimentant la fonderie provenant des grands projets hydro-électriques de Mphada Nkuwa et Cabora Bassa North s'avère être moins coûteuse quand ils entreront en service, le projet de fonderie maintiendra son choix en faveur d'un approvisionnement à partir d'une centrale au charbon.

La CEC représente un exemple stable de participation du secteur privé aux relations énergie-exploitation minière. C'est une société de transport et distribution d'électricité qui achète l'électricité en gros à ZESCO et la transporte et la revend aux exploitations minières de la Ceinture de cuivre.

CHAPITRE 6

Comment aller de l'avant

L'avenir est avant tout une question de potentiel : pour les sociétés minières, le potentiel de réalisation d'économies conséquentes sur les coûts énergétiques, pour les entreprises de services publics, le potentiel d'amélioration de la durabilité, et pour les populations, le potentiel d'obtention d'une expansion plus rapide de l'accès à l'électricité. Le manque d'intégration énergie-exploitation minière, source d'immenses avantages pour toutes les parties, n'est pas dû à la rigidité des sociétés minières. Bien au contraire, elles semblent très averties du potentiel qu'offrent des solutions collaboratives avec les entreprises de services publics pour satisfaire leur objectif d'obtention d'une électricité fiable à moindre coût.

Les sociétés minières analysent leurs options d'approvisionnement par pays et par projet. Elles réévaluent constamment leurs options d'approvisionnement et s'adaptent en fonction de l'évolution des situations. Elles disposent souvent d'une expertise considérable pouvant être offerte au secteur énergétique en vue de trouver des solutions innovantes aux problèmes d'électricité d'un pays, tout en favorisant ce-faisant leurs propres intérêts. Mais ce que les mines ne veulent pas, c'est être considérées comme une entreprise de services publics de fait. Elles tiennent à ce que les limites autour de toute forme d'aide qu'elles fournissent soient clairement définies.

La meilleure solution pour les sociétés minières serait d'avoir affaire à des entreprises de services publics solides, capables de fournir de manière efficace une énergie fiable à moindre coût, même si elles doivent négocier les tarifs en se basant sur le coût de l'approvisionnement pour que l'entreprise de services publics tire des revenus adéquats de ces grands clients. Si ce n'est pas le cas, cette approche empêche l'entreprise de services publics d'effectuer de nouveaux investissements dans l'extension des raccordements, et d'envisager des développements plus larges des installations électriques du pays.

Il existe deux autres scénarios. Le premier est l'auto-approvisionnement, avec des variantes d'enclave ou de raccordement partiel au réseau, qui entraîne des coûts élevés pour les sociétés minières tout en sapant la viabilité de l'entreprise de services publics nationale en la privant de clients majeurs et en rendant les investissements moins viables en raison des économies d'échelle non réalisées. Les mines ont parfois la possibilité d'approvisionner les communautés avoisinantes qui autrement seraient dépourvues d'accès à l'électricité. Le second scénario se concentre sur les relations avec les mines qui vendent collectivement de l'électricité au réseau ou les mines dont la demande sert de point d'ancrage pour des IPP. Si ces projets ne dépendent que de la solvabilité des sociétés minières pour financer des investissements énergétiques qui sans elles ne se réaliseraient pas, ils peuvent ne pas impliquer des coûts importants. Mais dans la pratique, ils peuvent s'avérer relativement coûteux, tant en coûts directs qu'en coût d'opportunité en raison du temps consacré par l'encadrement de haut niveau à la négociation des accords et à la supervision de la mise en œuvre des projets. Cela dit, ces deux scénarios méritent d'être explorés et forment le fondement des projets énergie-exploitation minière étudiés en Guinée, en Mauritanie et en Tanzanie.

Suggestions à l'intention des décideurs publics et de la Banque mondiale pour promouvoir l'intégration énergie-exploitation minière

Quand on examine l'avenir des pays d'Afrique subsaharienne, il est clair qu'il faudrait renforcer le dialogue stratégique entre les secteurs consolidés des mines et de l'électricité. Jusqu'à aujourd'hui, l'interaction des gouvernements avec les mines semble avoir été essentiellement bilatérale et focalisée sur des cas individuels. C'est pourquoi, il ne s'est pas présenté d'occasion spontanée de discussions plus larges, multipartites, entre les groupes miniers et les organismes gouvernementaux responsables des secteurs clés de la politique et de la planification du secteur de l'énergie électrique. Ce dialogue est pourtant nécessaire pour progresser dans les domaines porteurs de solutions bénéfiques pour tous. Les recommandations suivantes sont présentées à l'intention des décideurs publics. Elles sont suivies d'un relevé des domaines potentiels d'intervention de la Banque mondiale.

Décideurs publics

Compte tenu des besoins énergétiques du secteur minier dans de nombreux pays, les gouvernements pourraient intégrer la demande courante et projetée d'électricité de l'industrie minière dans leur plan directeur du secteur de l'énergie électrique, et, une fois que des accords concrets sont en place, procéder à des analyses de l'offre et la demande et à la planification des lignes de transport. Une telle approche offrirait une vision beaucoup plus claire de la situation énergétique future d'un pays et de ses possibilités. Pour faciliter cette intégration, il faut que le ministère des mines du pays (ou les services concernés dans les pays où les mines et l'énergie relèvent du même ministère comme au Cameroun, en Mauritanie et en Tanzanie) soit consulté dans le cadre des évaluations de la demande.

Les besoins énergétiques doivent être intégrés dans la législation minière. Les nouvelles exploitations minières devraient être tenues de détailler leur prévision de demande d'énergie et de préciser quelles seront leurs modes d'approvisionnement. Lorsque la collaboration est possible, la loi devrait exiger qu'un dialogue s'instaure entre les sociétés minières et les organismes publics compétents. L'accent doit être mis sur le dialogue, plutôt que sur les actions prescrites. Dans le cas des mines dépassant un seuil de taille qui s'auto-approvisionnent dans des régions isolées, une obligation de fourniture d'électricité aux communautés locales pourrait être envisagée.

La libéralisation du secteur public de l'énergie a besoin d'être suffisamment engagée pour qu'au minimum des IPP puissent se développer dans le segment de la production et si possible, pour qu'elle encourage aussi les investissements du secteur privé dans le transport énergétique. Dans tous les pays ici étudiés, les mines ont un grand rôle à jouer : elles sont capables d'investir directement dans la production et le transport d'électricité, ou de le faire indirectement en tant qu'acheteur principal pour les IPP. Le cadre législatif de la production par des IPP est déjà en place dans tous les pays, à l'exception de la République démocratique du Congo où la nouvelle législation est dans la phase finale d'approbation préalable à la promulgation par le Président. L'avenir réside dans une renonciation de la part des entreprises de services publics traditionnelles à leur monopsone (acheteur unique) pour devenir des centrales d'achat sans exclusivité.

Une rédaction attentive des contrats est importante. Certaines sociétés minières souhaitent fournir l'électricité locale dans le cadre de leur politique de responsabilité sociale (RSE), mais le caractère volontaire de cette initiative peut en compromettre la durabilité et exonère les gouvernements nationaux et locaux de toute responsabilité. La mise au point de modèles-types d'accords de concession rendant obligatoire la fourniture d'électricité dans un certain périmètre raffermirait la confiance des investisseurs, mettrait sur un pied d'égalité toutes les sociétés minières en matière de programmes de RSE, et donnerait au gouvernement une responsabilité accrue comme autorité veillant à l'application des accords.

Les revenus tirés du secteur minier par le biais de la fiscalité, des dividendes et/ou des royalties ont un potentiel important de stimulation du développement des infrastructures à condition d'être convenablement gérés. Des outils financiers existent pour faciliter la mise en place de services publics d'infrastructure. La titrisation permet d'améliorer les conditions d'emprunt, en conférant le statut d'*investment grade*, et de réduire les coûts financiers, d'atténuer les incertitudes relatives aux revenus grâce au partage des risques, de promouvoir une gouvernance solide, la transparence et des pratiques robustes de gestion des actifs, et de développer l'expérience du marché des capitaux, ce qui profitera aux transactions ultérieures.

Les gouvernements devraient adopter une perspective à long terme lorsqu'ils cherchent à identifier les synergies potentielles et les mesures à prendre susceptibles d'établir un environnement propice et attrayant. Bien souvent, les solutions à court terme seront incompatibles avec les besoins du pays à long terme, notamment si l'on prend en compte la demande non-minière croissante. Il ressort de la présente analyse que de nombreux arrangements institutionnels sont possibles et qu'il faut éviter des solutions uniformes. Compte tenu de la complexité de bon nombre de situations, les gouvernements auront intérêt à solliciter l'avis d'experts pour les aider à identifier les types d'accords les mieux adaptés afin d'optimiser les avantages pour leur pays.

Si dans un pays, la demande à court et moyen termes d'électricité du secteur minier et la demande non-minière ne peuvent à elles-seules justifier ce qui serait autrement considéré comme un investissement optimal dans le secteur de l'électricité, il convient d'explorer les options d'accord régionales pour en tirer le meilleur parti. Ceci exige de promouvoir la coordination régionale des politiques et des infrastructures nécessaires pour un partage des ressources énergétiques.

Il est séduisant de s'appuyer sur de grandes exploitations minières comme clients de référence dans des projets importants de production d'électricité, mais ceci doit être entrepris avec prudence. Une tarification flexible de l'électricité est essentielle pour éviter de subventionner les mines aux dépens du service d'utilité publique — ou des contribuables. En outre, le moment viendra où les industries non minières et les consommateurs résidentiels souhaiteront obtenir une partie de l'énergie électrique consommée par l'industrie minière. La forte demande de l'industrie minière aboutira à évincer ces autres consommateurs, même s'ils sont disposés à payer un prix plus élevé. Il faudra que les contrats passés avec l'acheteur principal tiennent compte de ces éventualités.

Groupe de la Banque mondiale

L'importance des relations croisées entre les mines et l'énergie électrique ne permet plus d'envisager ces secteurs isolément. Le personnel du Groupe de la Banque mondiale devra établir une collaboration régulière entre les unités chargées des industries extractives et de l'énergie, en organisant notamment des missions conjointes dans les pays retenus. Il aidera également à promouvoir au niveau du pays une interaction entre les parties prenantes du secteur de l'électricité et du secteur minier au travers d'ateliers et conférences nationaux et locaux pour que les différents groupes soient informés des possibilités, des défis et du partage des responsabilités. Le personnel de la Banque mondiale veillera également à promouvoir un dialogue régional, tant pour favoriser le développement de ressources énergétiques de grande envergure appuyées sur des sociétés minières faisant office de point d'ancrage de consommation, que dans l'appui à des projets d'interconnexion régionale. Dans certaines sous-régions, ceci pourra se faire par l'intermédiaire des pools énergétiques régionaux.

Dans le prolongement direct de cette étude, une boîte à outils pourra être créée offrant des instruments d'analyse approfondie des différents dispositifs institutionnels présentés ici et comprenant des méthodologies d'évaluation des coûts et avantages de chacun. Enfin, il faudra régulièrement mettre à jour la moisson d'informations collectée dans la base de données énergie-exploitation minière en Afrique 2014. Le Groupe de la Banque mondiale cherchera une institution africaine pouvant héberger cette base de données.

Enfin, sur un mode similaire au Mécanisme consultatif technique - Industries extractives (EI-TAF), la mise en place d'un fonds fiduciaire pourrait être envisagée, visant à aider les gouvernements dans la négociation des contrats entre les sociétés minières et les fournisseurs d'électricité. Dans la mesure où les gouvernements africains sont souvent en position très désavantageuse dans de telles négociations, ce fonds les mettrait sur un pied d'égalité et permettrait d'aboutir à des accords préservant les meilleurs intérêts du pays.

La Banque mondiale est prête à étudier les idées de projets dont les scénarios sont explorés dans la présente analyse, en particulier dans les pays dont le réseau est insuffisant et peu fiable. Ces projets, dont le développement pourra s'appuyer sur les mines comme point d'ancrage de la demande, exigeront de disposer d'un appui des autorités publiques et des bailleurs de fonds, car les mines ne sont guère enclines à créer des centrales électriques surdimensionnées pour desservir les populations avoisinantes ou évacuer les excédents de capacité vers le réseau.

La Banque mondiale peut également fournir des orientations sur la façon de mieux gérer les contrats de services de transport, les accords de tarification des services énergétiques, les PPP et les contrats de distribution au détail/services avec les mines. Un mécanisme pourrait être inclus permettant de renforcer les capacités d'application et d'adaptation efficaces en fonction de la situation institutionnelle et réglementaire particulière de chaque pays. Dans certains cas, la réglementation est promulguée, mais n'est pas appliquée. En outre, une initiative, qui reste à définir, centrée sur la transparence des accords de services énergétiques avec les mines et portant tant sur le transport que sur la tarification de l'électricité, pourrait peut-être venir compléter les initiatives de transparence des industries extractives déjà existantes.

La Banque mondiale aura un rôle d'appui important, grâce à son pouvoir de mobilisation, ses conseils techniques et ses instruments financiers novateurs (p. ex., des garanties et des rehaussements de crédit) facilitant la réalisation d'accords commerciaux entre différentes mines, et entre les mines et les entreprises de services publics. Un support technique peut aussi aider à développer des mécanismes de financement optimisés en fonction des conditions locales. Le cas échéant, la Banque mondiale pourra faciliter des opérations de titrisation permettant de déverrouiller le capital requis par des projets transformationnels et renforcer l'endettement dans son bilan pour fournir les crédits supplémentaires nécessaires. Enfin, dans les pays où les mines ont largement accès au réseau, la Banque mondiale peut jouer un rôle utile en réalisant des études analytiques et en offrant des conseils ponctuels sur la rationalisation des structures tarifaires et la négociation des tarifs à long terme pour les mines.

Cartes

Carte A.1 Carte des ressources énergétiques en Afrique, lieux de production

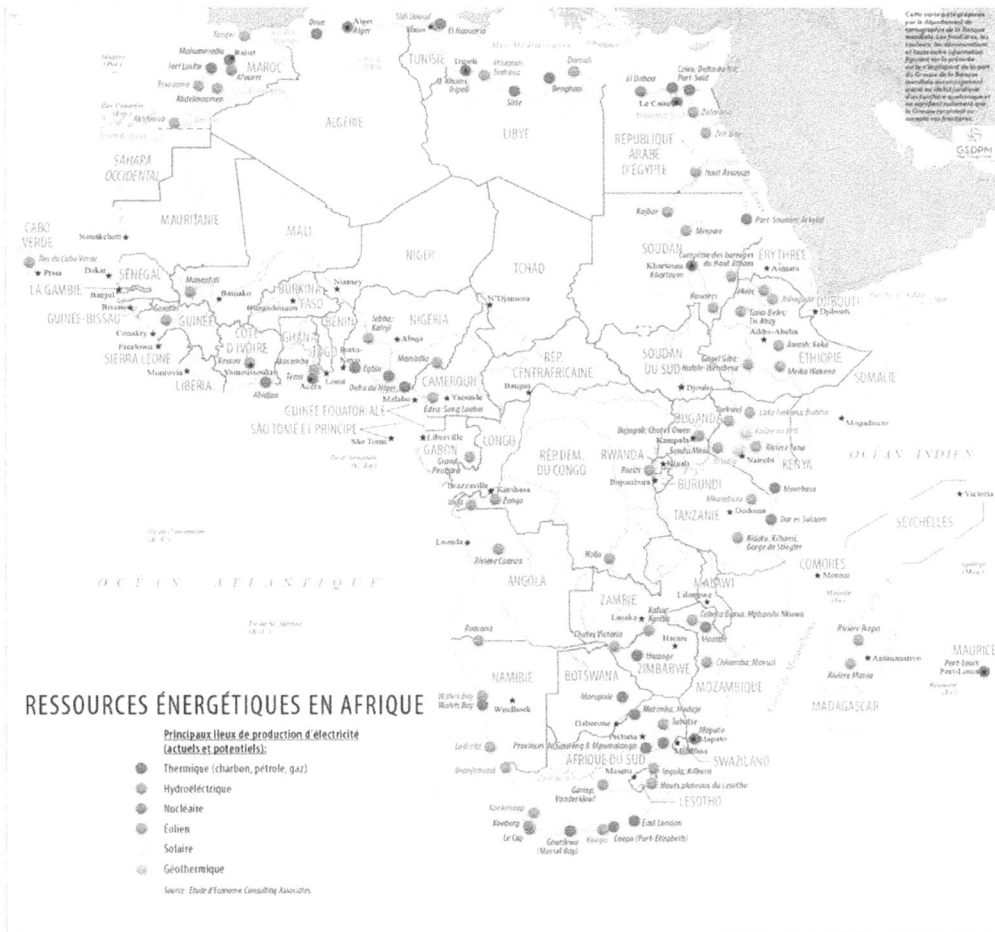

RESSOURCES ÉNERGÉTIQUES EN AFRIQUE

Principaux lieux de production d'électricité
(actuels et potentiels):

- Thermique (charbon, pétrole, gaz)
- Hydroélectrique
- Nucléaire
- Éolien
- Solaire
- Géothermique

Source: Étude d'Economie Consulting Associates.

Carte A.2 Simulations localisées de synergies énergie–exploitation minière en Guinée

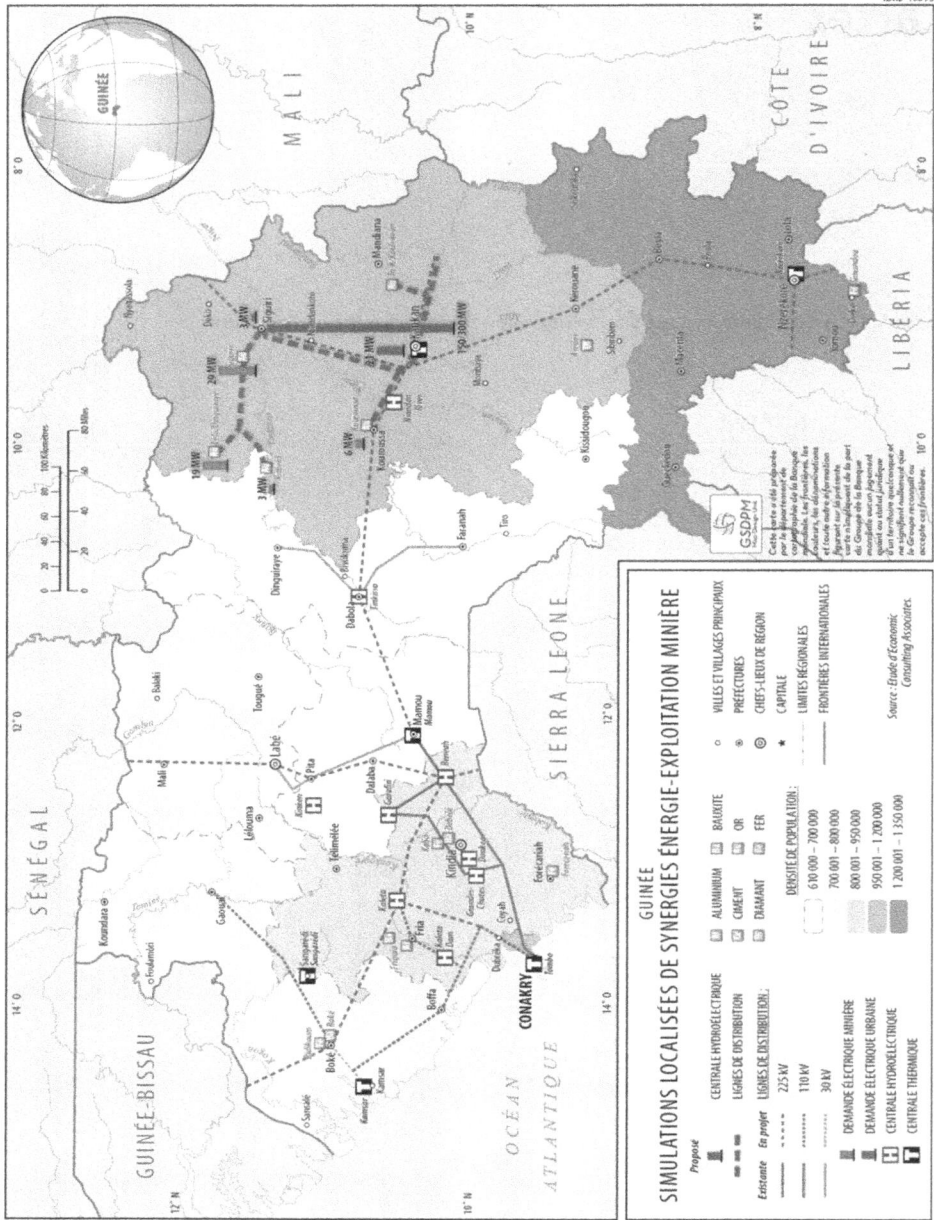

Carte A.3   Simulations localisées de synergies énergie-exploitation minière en Mauritanie

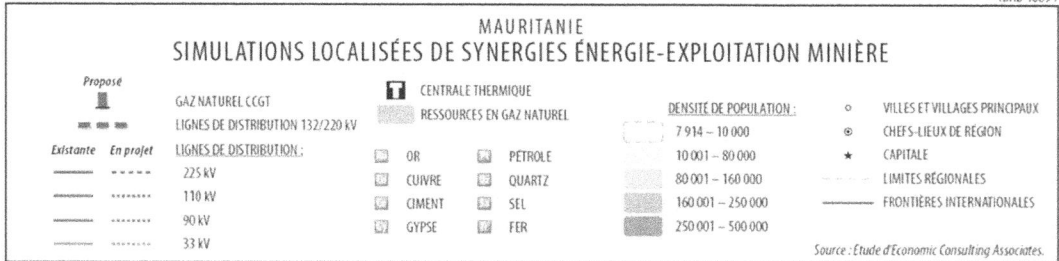

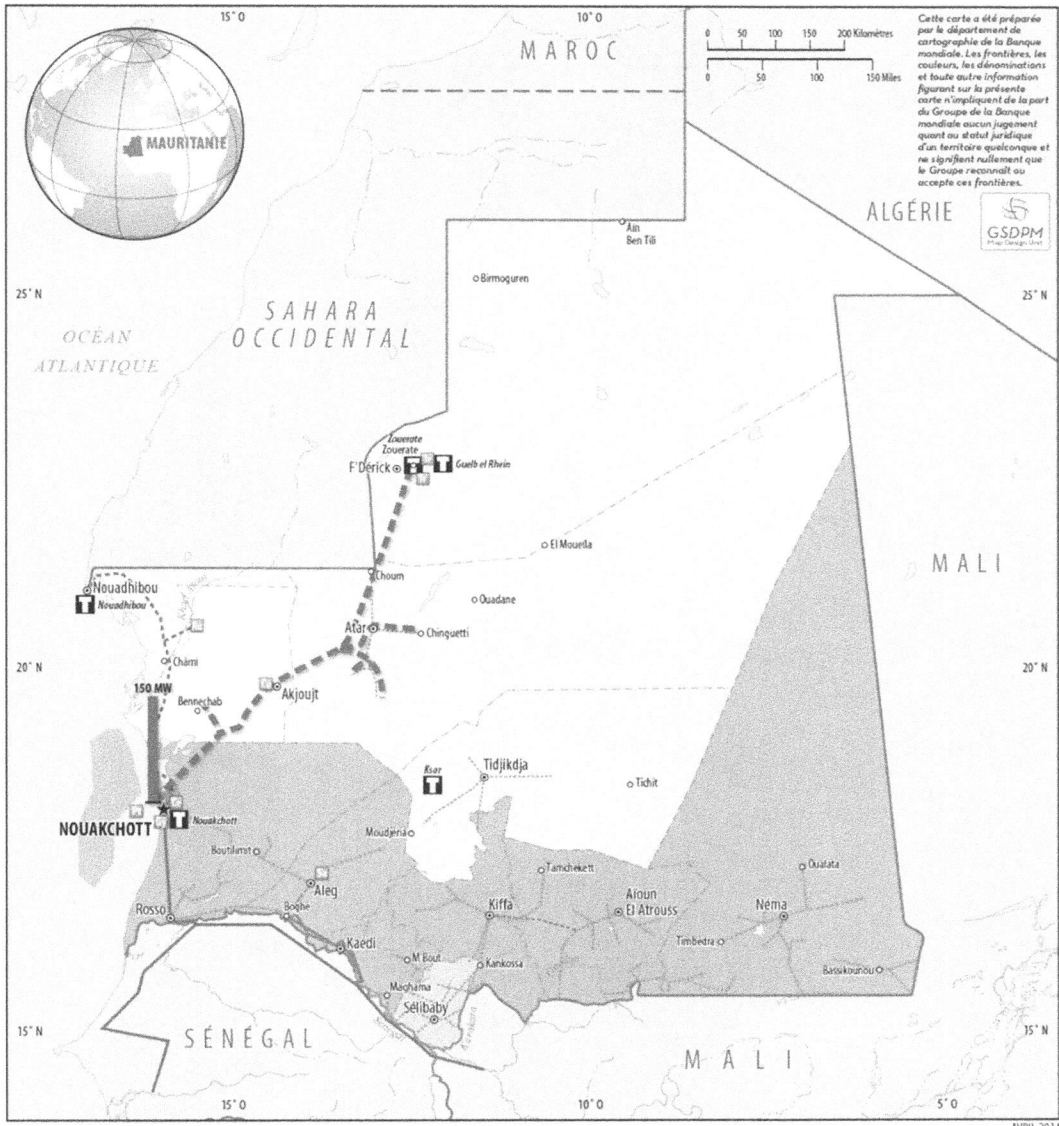

Carte A.4 Simulations localisées de synergies énergie-exploitation minière en Tanzanie

IBRD 40895

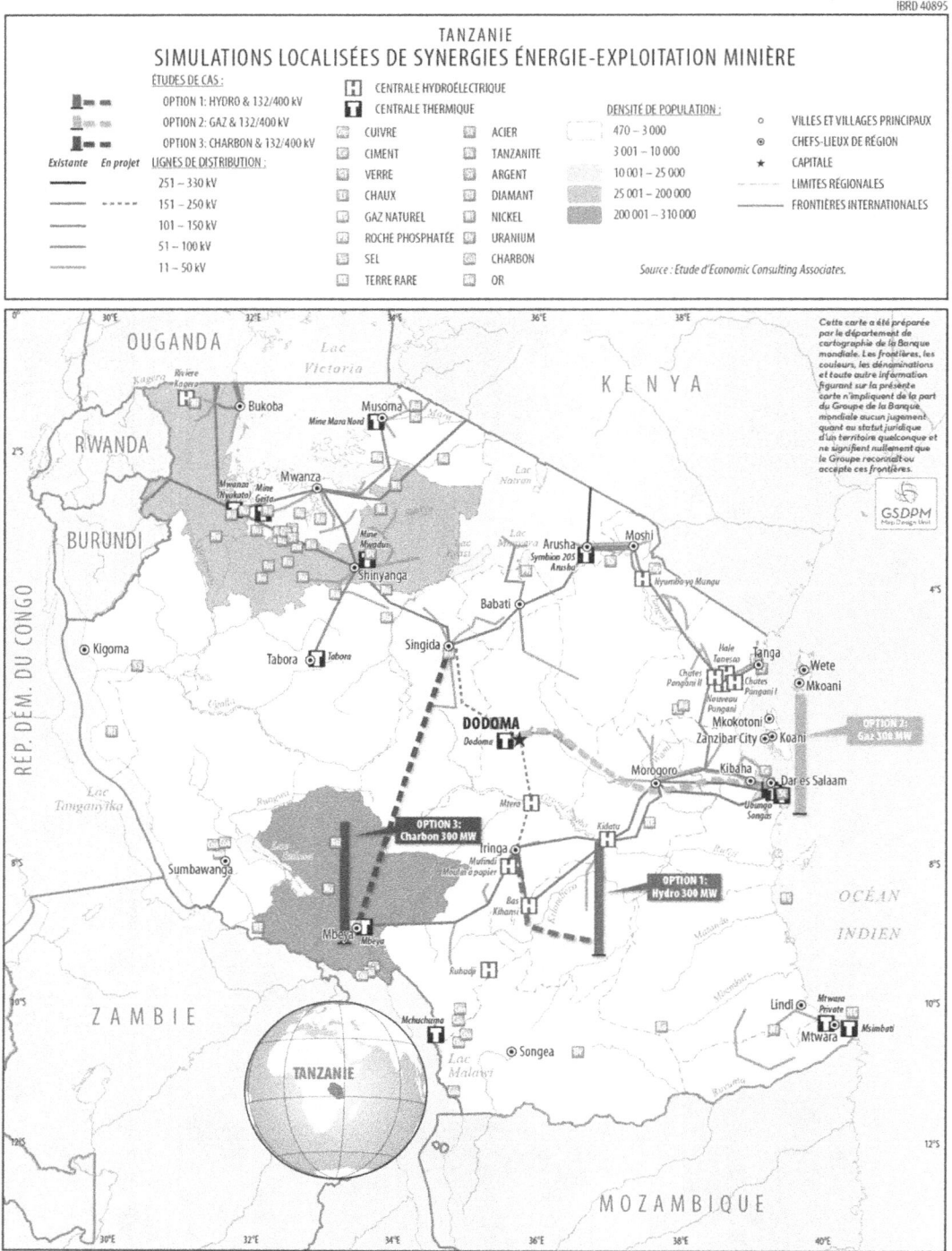

TANZANIE
SIMULATIONS LOCALISÉES DE SYNERGIES ÉNERGIE-EXPLOITATION MINIÈRE

ÉTUDES DE CAS :
OPTION 1: HYDRO & 132/400 kV
OPTION 2: GAZ & 132/400 kV
OPTION 3: CHARBON & 132/400 kV

Existante   En projet   LIGNES DE DISTRIBUTION :
251 – 330 kV
151 – 250 kV
101 – 150 kV
51 – 100 kV
11 – 50 kV

CENTRALE HYDROÉLECTRIQUE
CENTRALE THERMIQUE

CUIVRE
CIMENT
VERRE
CHAUX
GAZ NATUREL
ROCHE PHOSPHATÉE
SEL
TERRE RARE

ACIER
TANZANITE
ARGENT
DIAMANT
NICKEL
URANIUM
CHARBON
OR

DENSITÉ DE POPULATION :
470 – 3 000
3 001 – 10 000
10 001 – 25 000
25 001 – 200 000
200 001 – 310 000

○ VILLES ET VILLAGES PRINCIPAUX
◉ CHEFS-LIEUX DE RÉGION
★ CAPITALE
LIMITES RÉGIONALES
FRONTIÈRES INTERNATIONALES

Source : Étude d'Economic Consulting Associates.

Carte A.5 Simulations localisées de synergies énergie-exploitation minière au Mozambique

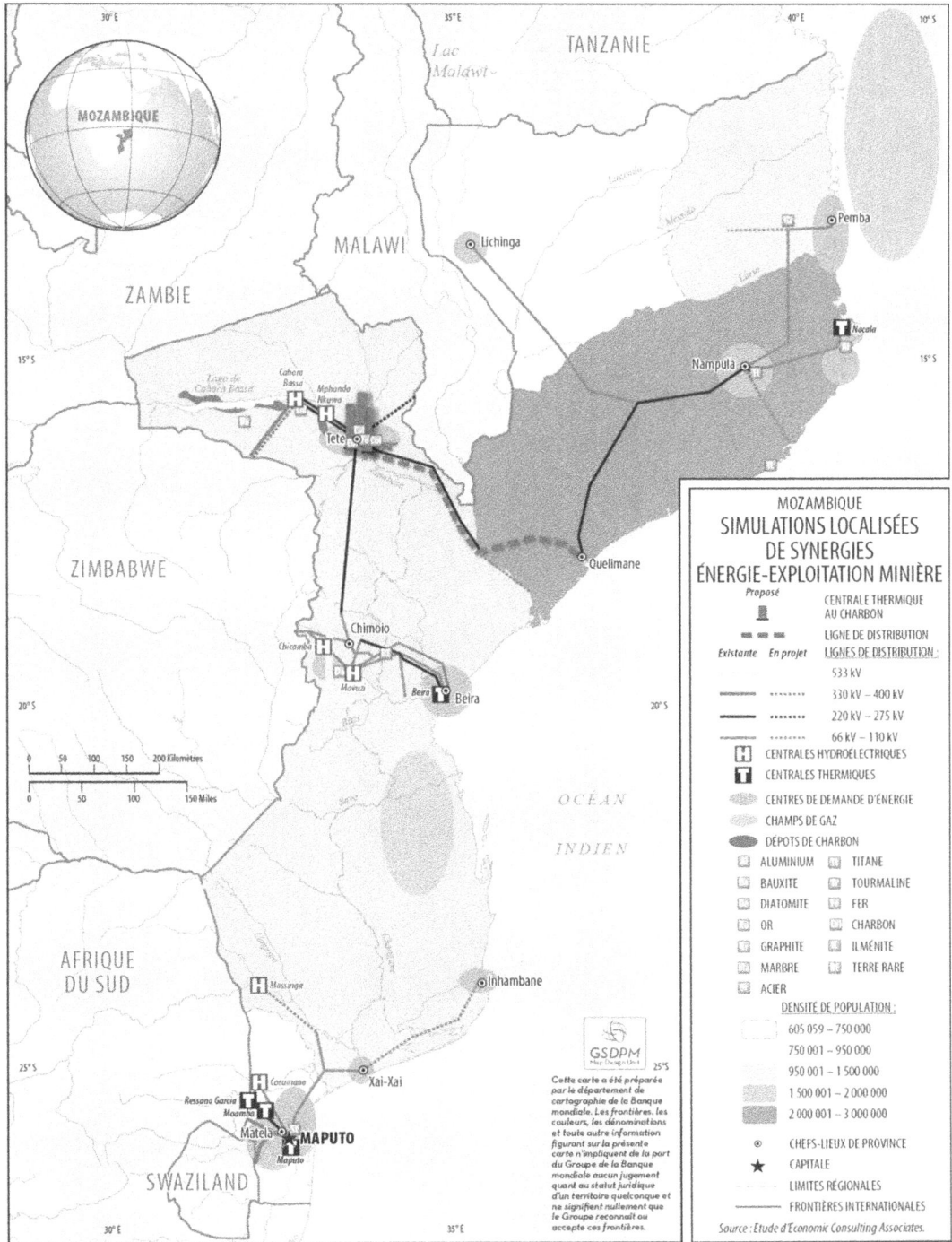

Carte A.6 Carte énergie-exploitation minière du Cameroun

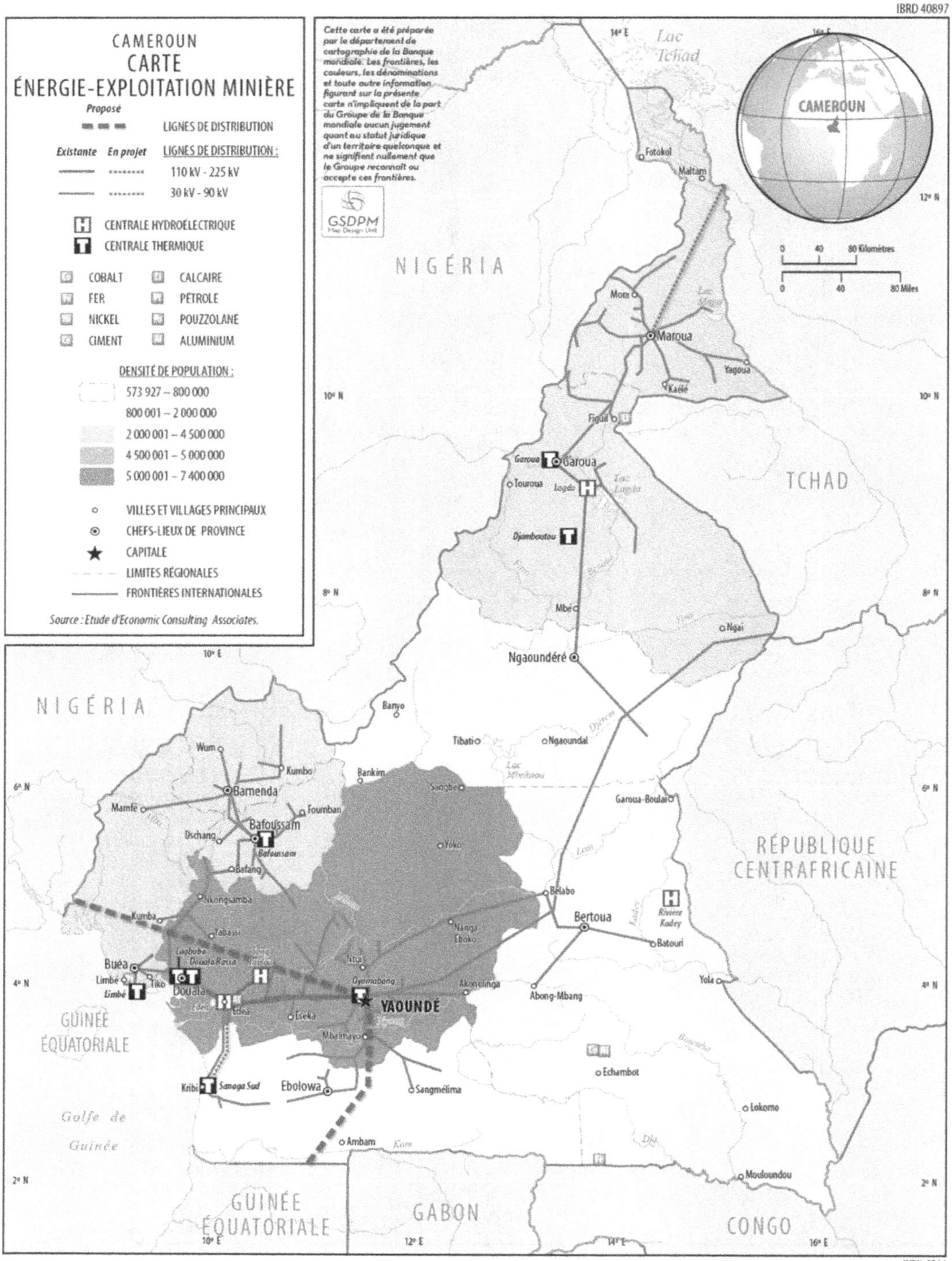

Carte A.7   Carte énergie-exploitation minière de la République démocratique du Congo

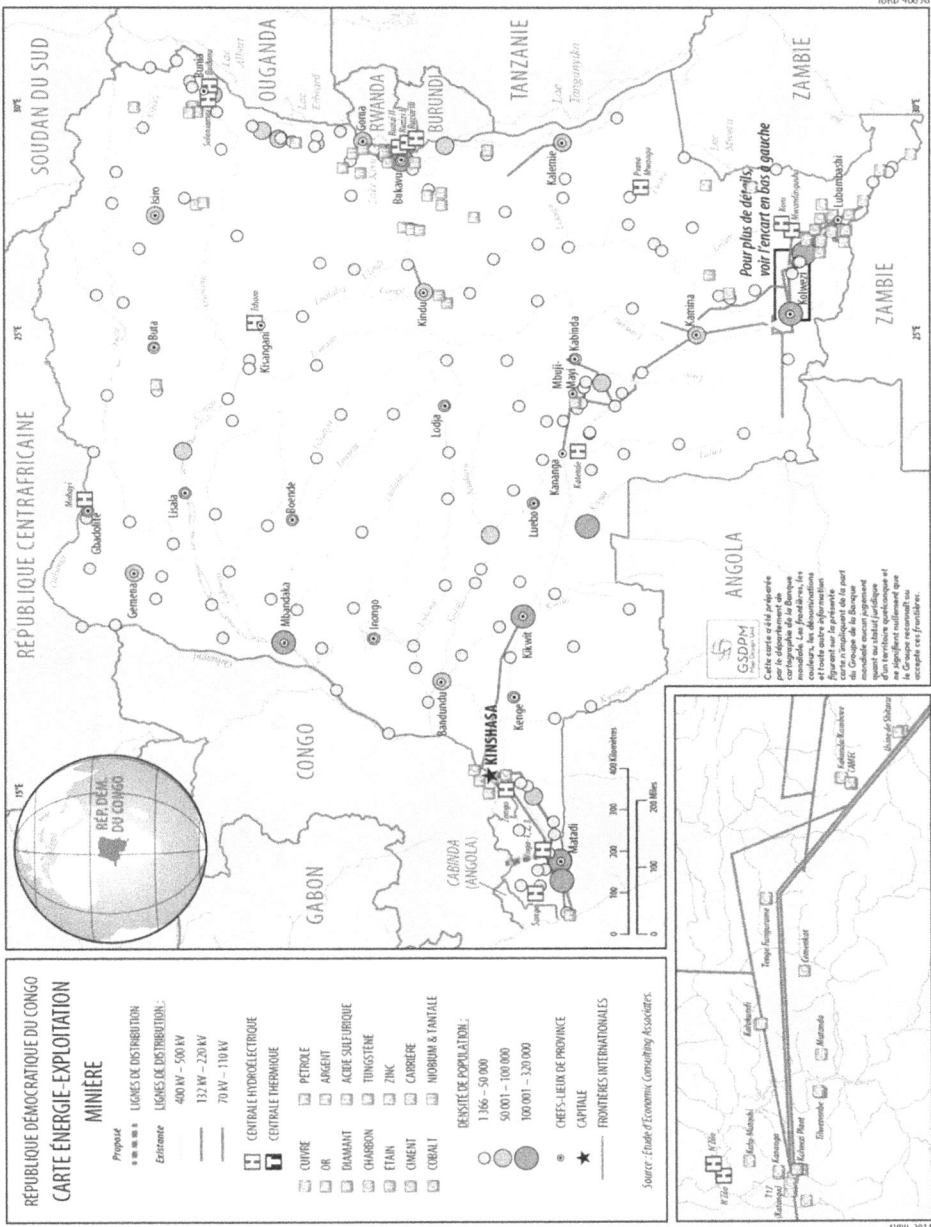

Source : Étude d'Economic Consulting Associates.

Carte A.8 Carte énergie-exploitation minière du Ghana

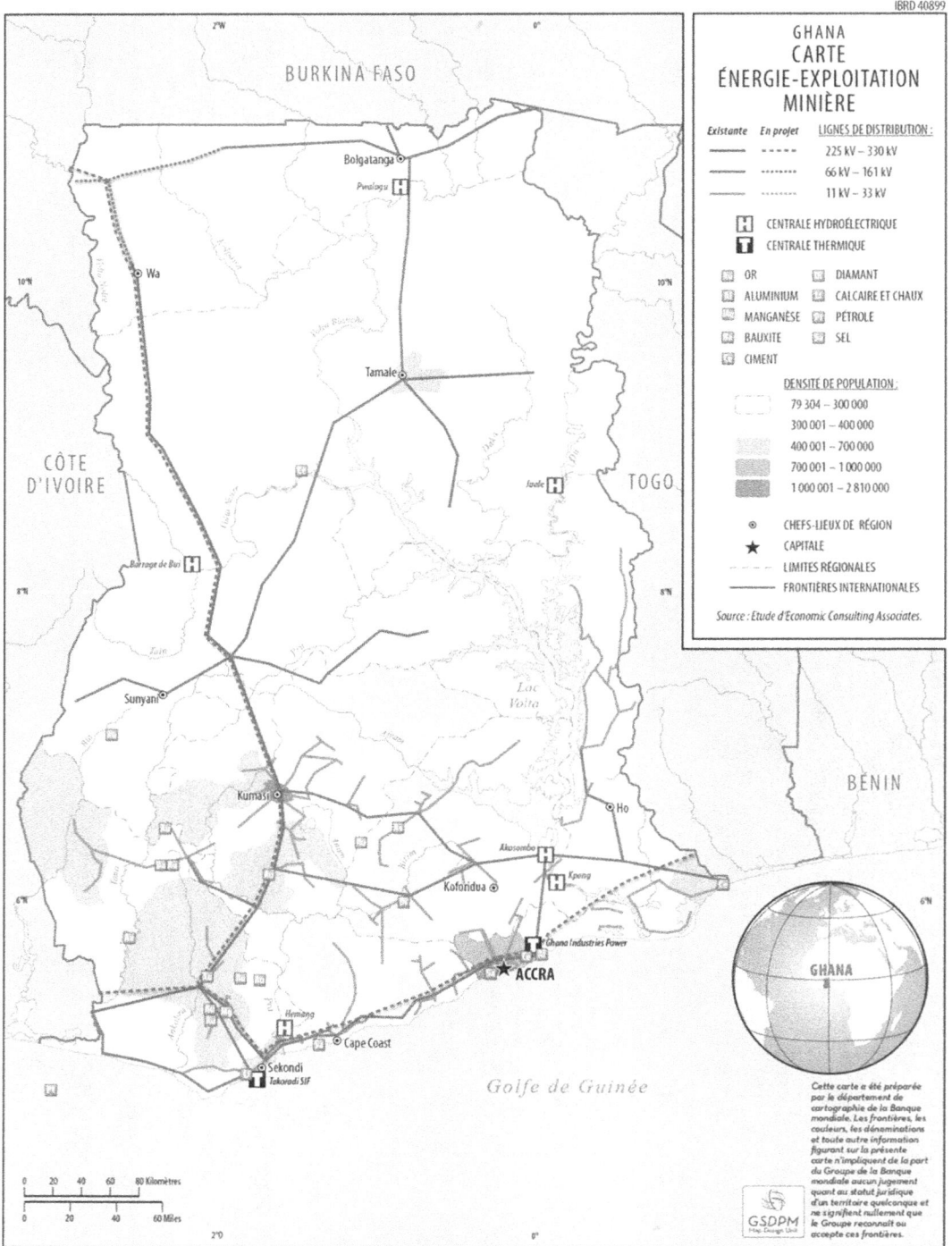

Carte A.9 Carte énergie–exploitation minière de la Zambie

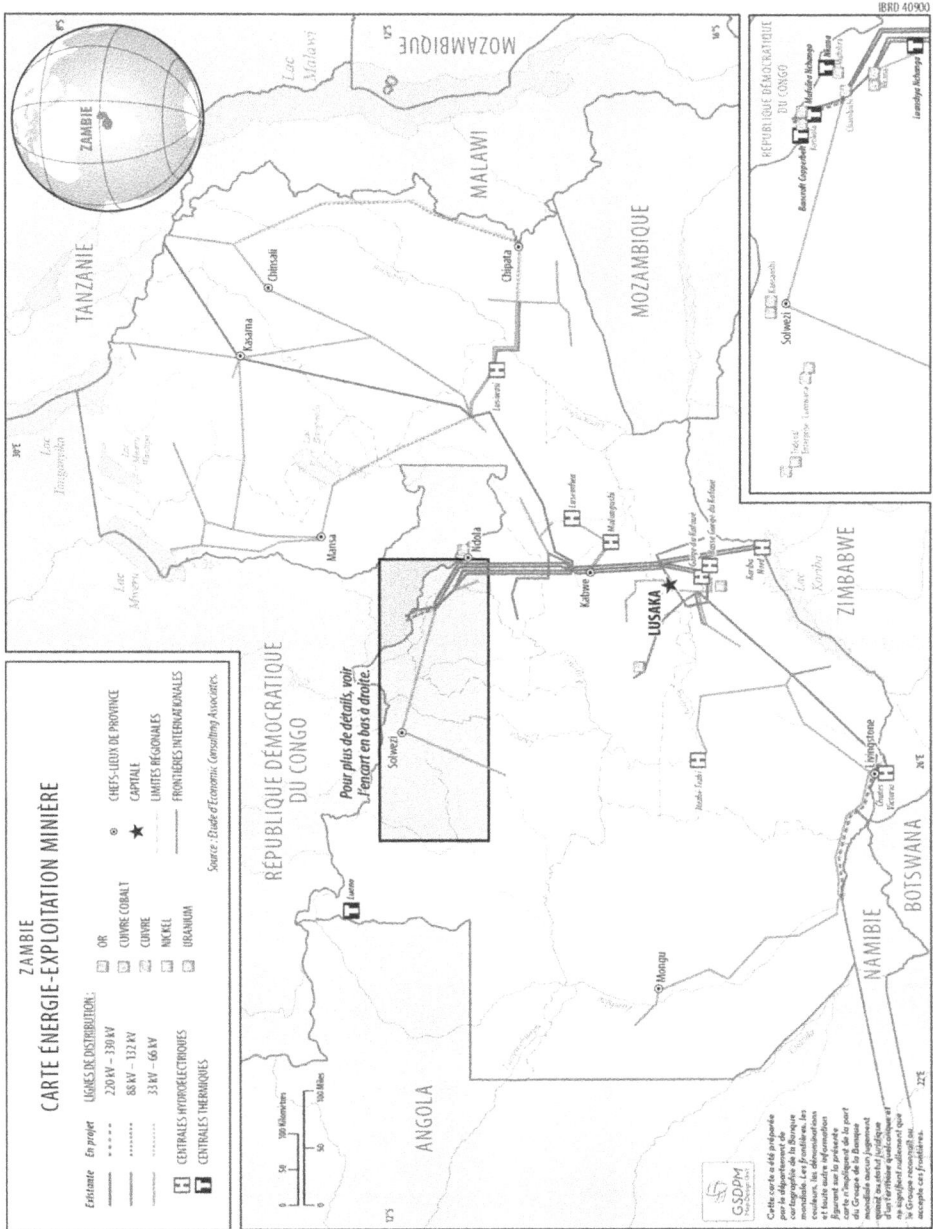

Carte A.10 Projets de la Base de données énergie-exploitation minière en Afrique

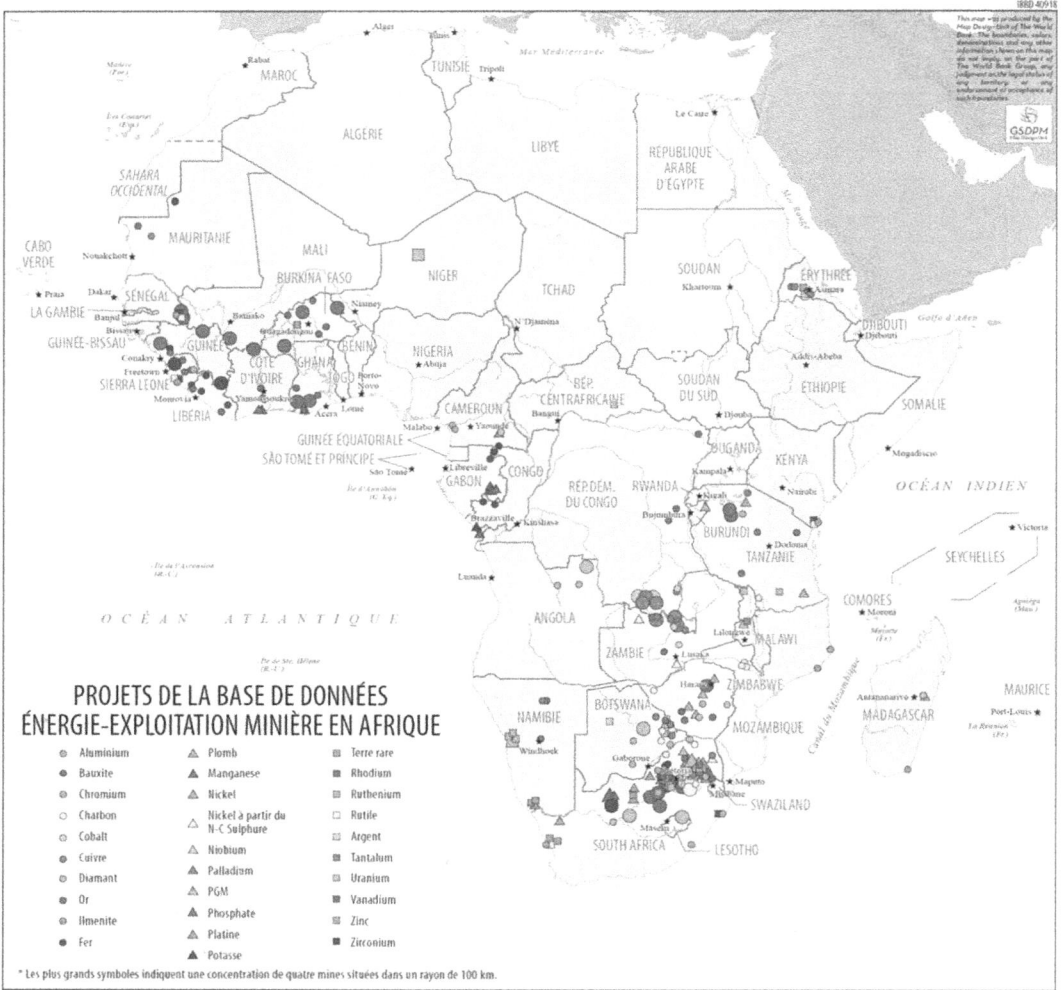

Tableaux de données

Tableau B.1 Base de données énergie-exploitation minière en Afrique 2014

La base de données examine 455 projets et plus de 60 thèmes particuliers. Un résumé détaillant les principaux thèmes est présenté ci-après.

Principaux thèmes	Valeur			Observations

Type de travaux	Mine à ciel ouvert
	Mine à ciel ouvert/placers
	    souterrains
	Centrale
		Surface
		Résidus miniers
		Souterrain
				Utilisé pour calculer la
				    consommation d'énergie pour le
				    traitement du minerai.

État	Exploration
	    avancée
	Fermée
	Construction
	Préparation
		Exploration
		Faisabilité
		    ancien
		    producteur
		Préfaisabilité
			Producteur
			Projet matière
			    première
			Suspension
			    temporaire	

Pays	28 pays d'ASS			Pays d'ASS ayant des activités minières.

Minerai	Aluminium
	Bauxite
	Ciment
	Chrome
	Charbon
	Cobalt
	Cuivre
	Diamant
	Or
	Ilménite
	Minerai de fer
		Plomb
		Manganèse
		Nickel,
		Nickel de
		    sulfure N-C
		Niobium
		Palladium
		MGP
		Phosphate
		Platine
		Potasse
		Terre rare
			Rhodium
			    Ruthénium
			Rutile
			Silicomanganèse
			Argent
			Tantale
			Uranium
			Vanadium
			Zinc
			Zirconium	

Meilleure réserve
    disponible
	Ressources combinées
	Réserves indiquées
	Ressource indiquée
	Ressources présumées
	Ressource mesurée
		Réserve probable
		Ressources probables
		Ressources prouvées et
		    probables
		Réserves prouvées et
		    probables
		Réserves prouvées		

Teneur de la réserve		Teneur du minerai %		

tableau continue page suivante

Tableau B.1 Base de données énergie-exploitation minière en Afrique 2014 *(continue)*

Principaux thèmes	*Valeur*		*Observations*
Production actuelle			Production de la mine si elle est déjà en exploitation.
Production annuelle à pleine capacité (prévision)			Production maximale que la mine sera en mesure de livrer. Utilisé pour calculer la consommation annuelle d'énergie de la mine.
Production annuelle à pleine capacité (prévision)			Production maximale que la mine sera en mesure de livrer. Utilisé pour calculer la consommation annuelle d'énergie de la mine.
Durée de vie de la mine (LOM) Mise en place du projet Achèvement du projet			Définit la durée de vie de la mine et le calendrier.
Nom de l'entreprise			Propriétaire de la mine.
Investissement (millions USD)			Prévision d'investissement nécessaire pour pouvoir exploiter la mine.
Phase d'exploitation Phase d'investissement Phase de faisabilité Phase d'exploration	Achevé Non démarré Suspension temporaire En cours		Définit le calendrier et la probabilité d'entrer en phase de production d'ici à 2020.
Probabilité de passer à la phase d'investissement d'ici à 2020 (forte, faible)	Élevé Faible		Probabilité d'entrer en phase de production d'ici à 2020.
Degré de transformation	Concassage Intermédiaire Transformation	Fusion Affinage Séparation	Utilisé pour calculer les besoins énergétiques des mines.
Latitude, Longitude			Coordonnées de la mine.
Région	Afrique de l'Ouest, Afrique austral, Afrique de l'Est, Afrique centrale		
Mode d'approvisionnement en électricité	A1, A2, B, C, D, E, F, G		Modalités d'accord entre la mine et le réseau, allant de l'auto-approvisionnement au raccordement au réseau, avec des options intermédiaires.
Source d'énergie	Cogénération Cogénération/ raccordement au réseau Réseau Charbon hors site Gaz hors site Raccordement au réseau, IPP Raccordement au réseau, fioul lourd sur le site Raccordement au réseau, hydro-électricité sur le site (pour l'équipement)	Diesel sur le site, raccordement au réseau Diesel sur le site, hydro-électricité hors site Gaz sur le site Gaz sur le site, IPP Fioul lourd sur le site Fioul lourd sur le site, raccordement au réseau Fioul lourd sur le site, charbon sur le site Fioul lourd sur le site, diesel sur le site	Source d'énergie utilisée par la mine pour ses opérations.

tableau continue page suivante

Tableau B.1 Base de données énergie-exploitation minière en Afrique 2014 *(continue)*

Principaux thèmes	Valeur		Observations
	Raccordement au réseau, solaire sur le site	Fioul lourd sur le site, gaz hors site	
	Raccordement au réseau, solaire sur le site	Fioul lourd sur le site, hydro-électricité sur le site	
	Charbon sur le site	Hydro-électricité sur le site	
	Charbon sur le site, raccordement au réseau	Diesel hors site, raccordement au réseau	
	Diesel sur le site	Diesel sur le site, charbon sur le site	
Coût de l'énergie (c/kWh)	Min. : 2 c/kWh pour les mines raccordées au réseau au Lesotho Max. : 29 c/kWh pour la production d'électricité sur le site à base de diesel Moyenne : 11,07 c/kWh		Les hypothèses suivantes ont été retenues : - L'approvisionnement à partir de sources hors site à base de charbon, de gaz et d'hydro-électricité représente des économies de 20 % par rapport à la production autonome. - Pour le scénario où les mines investissent dans le réseau, le coût de l'énergie utilisé est le tarif pratiqué par l'entreprise de services publics dans la mesure où la mine investit dans l'infrastructure, ce qui augmente ses coûts, mais dans le même temps elle reçoit en échange des remises sur facturation en compensation.
Consommation d'énergie (kWh/t produit)	Min. : 4 kWh/t pour le concassage de la bauxite Max. : 69 489 780 kWh/t pour l'affinage de Palladium, MGP, platine, rhodium et ruthénium Moyenne : 19 488 221 kWh/t		Calcul effectué en utilisant les coefficients pour chaque minerai (voir le Tableau B.4 en appendice) et le thème « Degré de transformation »
Consommation d'énergie annuelle (MWh)	Min. : 2 MWh Max. : 14 200 000 MWh Moyenne : 541 310 MWh		Calcul utilisant « Production annuelle à pleine capacité (prévision) » et « consommation énergétique (kWh/t produit) »
Besoins en énergie (MW)	Min. : 0,5 MW (concassage de manganèse en Côte-d'Ivoire) Max. : 1 479 MW (affinage de MGP en Afrique du Sud) Moyenne : 56 MW		Énergie requise par la mine pour une pleine capacité de transformation de la production de minerai
Source	CW, IM, BM, wise-uranium.org, *Infomine*, MW, USGS		Sources des informations incluses dans la base de données.
Prix moyen			Prix moyen en USD/t pour chaque minerai.

tableau continue page suivante

Tableau B.1 Base de données énergie-exploitation minière en Afrique 2014 *(continue)*

Principaux thèmes	Valeur	Observations
Seuil (exploration)	0/ 1	Il a été déterminé que la plupart des projets qui ne sont pas actuellement en production ont une faible probabilité de passer en pleine production d'ici à 2020. Ils ont donc été considérés comme non significatifs à quelques exceptions près de propriétés minières de minéraux rares/précieux.
Seuil (non-nul)	0/ 1	Les propriétés minières ne sont pas considérées comme significatives quand aucun chiffre de réserve ou de production n'a été publié par *Infomine* ou l'USGS.
Seuil (250 millions USD)	0/ 1	L'évaluation de la réserve dépasse de plus de 250 millions de dollars l'investissement initial
Projets pré-2000 Projets-2001–2012 Projets jusqu'à 2020	Oui/Non	Indique dans quelle période se situe la mine.
Code de l'actionnariat	A, B, C, D, pas encore attribué	
Tarifs pratiqués par l'entreprise de services publics	Min. : 2 c/kWh au Lesotho Max. : 53 c/kWh au Libéria Moyenne : 9,1 c/kWh	Tarif pour l'industrie minière ou tarifs industriels si disponibles. Sinon tarif moyen. Utilisé pour calculer les coûts de l'énergie lorsque la mine est raccordée au réseau.
Relativité des coûts	Au-dessus du tarif En-dessous du tarif Égal au tarif	Compare les coûts de la production d'énergie encourus par la mine et le tarif pratiqué dans le pays.
Source principale de production	Production principalement à base de charbon Production principalement à base de gaz Production principalement à base d'hydro-électricité Production principalement à base de produits pétroliers	Principale source de production pour le réseau dans le pays.
Fiabilité du réseau	0 à 50 jours 100 à 150 jours 50 à 100 jours 150 à 200 jours	Coupures de courant (jours par an, 2007–2008)

Note : HFO = Fioul lourd ; IPP = Producteur d'électricité indépendant ; MGP = Métaux du groupe platine ; ASS = Afrique subsaharienne.

Tableau B.2 Demande du secteur minier — probabilités forte et faible

Pays	Région	Nombre de projets	Pre-2000 (MW)	2012 (MW)	2020 forte (MW)	2020 forte et faible (MW)
Afrique du sud	Afrique australe	168	5 568	10 005	12 999	13 122
Angola	Afrique australe	9	4	4	101	101
Botswana	Afrique australe	20	126	142	134	134
Burkina Faso	Afrique de l'Ouest	15	9	62	133	133
Cameroun	Afrique centrale	6	145	145	224	1 112
Congo, Rép.	Afrique centrale	4	0	0	200	200
Côte d'Ivoire	Afrique de l'Ouest	8	0,03	5	2	19
Érythrée	Afrique de l'Est	7	0	65	98	98
Gabon	Afrique centrale	6	0	6	11	81
Ghana	Afrique de l'Ouest	12	67	273	369	369
Guinée	Afrique de l'Ouest	16	222	321	873	999
Kenya	Afrique de l'Est	3	0	0	88	88
Lesotho	Afrique australe	4	0	0,33	0,43	0,43
Libéria	Afrique de l'Ouest	8	0	31	86	222
Madagascar	Afrique australe	7	7	465	630	630
Malawi	Afrique australe	3	0	28	29	29
Mali	Afrique de l'Ouest	11	53	134	156	156
Mauritanie	Afrique de l'Ouest	5	31	79	125	125
Mozambique	Afrique australe	8	807	1 120	1 310	1 310
Namibie	Afrique australe	15	88	156	480	480
Niger	Afrique de l'Ouest	6	98	103	241	241
RCA	Afrique centrale	2	0	0	13	50
République démocratique du Congo	Afrique centrale	37	35	587	917	1 149
Sénégal	Afrique de l'Ouest	8	60	161	324	324
Sierra Leone	Afrique de l'Ouest	10	42	61	164	164
Tanzanie	Afrique de l'Est	23	37	116	341	434
Zambie	Afrique australe	16	449	818	1 176	1 394
Zimbabwe	Afrique australe	18	145	237	266	279
Afrique centrale		**55**	**180**	**738**	**1 365**	**2 592**
Afrique de l'Est		**33**	**37**	**181**	**527**	**620**
Afrique australe		**268**	**7 195**	**12 975**	**17 124**	**17 479**
Afrique de l'Ouest		**99**	**582**	**1 230**	**2 473**	**2 752**
Total		**455**	**7 995**	**15 124**	**21 490**	**23 443**

Source : Base de données énergie-exploitation minière en Afrique 2014. Banque mondiale, Washington, DC.

Tableau B.3 Potentiel minier par pays (besoins énergétiques en MW)

Pays	Nombre de projets	Pré-2000 (MW)	2001–12 (MW)	2020 (forte et faible probabilité) MW
Afrique du sud	**168**	**5 568**	**10 005**	**13 122**
Aluminium	2	1 330	1 330	1 330
Argent	1	0	0	0
Charbon	24	456	806	773
Chrome	10	834	2 842	2 182
Cuivre	2	0	129	136
Diamant	7	8	9	8
Ilménite	1	149	149	149
Manganèse	8	28	212	638
MGP	10	385	735	2 341
Minerai de fer	8	106	158	153
Nickel de sulfure N-C	2	0	33	36
Or	38	785	1 075	904
Palladium	4	137	154	187
Platine	33	443	1 280	1 692
Plomb	2	5	5	0
Rhodium	2	31	36	36
Ruthénium	3	117	126	18
Rutile	1	11	11	11
Silicomanganèse	2	0	143	481
Terre rare	2	0	0	25
Uranium	2	0	29	29
Vanadium	1	2	2	2
Zinc	1	1	1	0
Zirconium	2	739	739	1 990
Angola	**9**	**4**	**4**	**101**
Ciment	1	0	0	26
Diamant	6	4	4	4
Minerai de fer	1	0	0	47
Phosphate	1	0	0	24
Botswana	**20**	**126**	**142**	**134**
Argent	2	0	0	0
Charbon	2	18	18	18
Cuivre	4	38	53	70
Diamant	7	25	26	25
Nickel	1	41	41	0
Nickel de sulfure N-C	1	4	4	0
Or	1	0	0	0
Platine	1	0	0	2
Uranium	1	0	0	19
Burkina Faso	**15**	**9**	**62**	**133**
Or	14	9	62	127
Zinc	1	0	0	6

tableau continue page suivante

Tableau B.3 Potentiel minier par pays (besoins énergétiques en MW) *(continue)*

Pays	Nombre de projets	Pré-2000 (MW)	2001–12 (MW)	2020 (forte et faible probabilité) MW
Cameroun	**6**	**145**	**145**	**1 112**
Aluminium	2	145	145	484
Bauxite	1	0	0	549
Cobalt	1	0	0	4
Minerai de fer	1	0	0	73
Nickel	1	0	0	2
Congo, Rép.	**4**	**0**	**0**	**200**
Minerai de fer	3	0	0	156
Potasse	1	0	0	43
Côte d'Ivoire	**8**	**0**	**5**	**19**
Manganèse	2	0	1	14
Or	6	0	5	6
Érythrée	**7**	**0**	**65**	**98**
Argent	1	0	0	0
Cuivre	2	0	42	61
Or	3	0	23	34
Zinc	1	0	0	4
Gabon	**6**	**0**	**6**	**81**
Manganèse	5	0	6	39
Minerai de fer	1	0	0	42
Ghana	**12**	**67**	**273**	**369**
Aluminium	1	65	65	65
Manganèse	1	3	3	3
Or	10	0	206	302
Guinée	**16**	**222**	**321**	**999**
Bauxite	6	174	271	272
Minerai de fer	6	0	0	672
Or	4	48	51	55
Kenya	**3**	**0**	**0**	**88**
Ilménite	1	0	0	69
Rutile	1	0	0	16
Zirconium	1	0	0	3
Lesotho	**4**	**0**	**0,3**	**0,4**
Diamant	4	0	0,3	0,4
Libéria	**8**	**0**	**31**	**222**
Minerai de fer	5	0	31	188
Or	3	0	0	34
Madagascar	**7**	**7**	**465**	**630**
Chrome	2	7	7	5
Cobalt	1	0	0	4
Ilménite	2	0	458	543
Nickel	1	0	0	35
Rutile	1	0	0	43

tableau continue page suivante

Le potentiel transformateur de l'industrie minière • http://dx.doi.org/10.1596/978-1-4648-0486-1

Tableau B.3 Potentiel minier par pays (besoins énergétiques en MW) *(continue)*

Pays	Nombre de projets	Pré-2000 (MW)	2001–12 (MW)	2020 (forte et faible probabilité) MW
Malawi	**3**	**0**	**28**	**29**
Niobium	1	0	0	1
Tantale	1	0	0	0
Uranium	1	0	28	28
Mali	**11**	**53**	**134**	**156**
Or	11	53	134	156
Mauritanie	**5**	**31**	**79**	**125**
Cuivre	1	0	18	18
Minerai de fer	3	31	31	77
Or	1	0	30	30
Mozambique	**8**	**807**	**1 120**	**1 310**
Aluminium	1	807	807	807
Charbon	5	0	146	274
Ilménite	1	0	167	167
Minerai de fer	1	0	0	63
Namibie	**15**	**88**	**156**	**480**
Cuivre	2	7	7	12
Diamant	1	0	0	1
Or	2	0	0	18
Plomb	1	2	2	2
Uranium	7	74	125	442
Zinc	2	6	23	6
Niger	**6**	**98**	**103**	**241**
Or	2	0	5	4
Uranium	4	98	98	237
RCA	**2**	**0**	**0**	**50**
Or	1	0	0	13
Uranium	1	0	0	37
République démocratique du Congo	**37**	**35**	**587**	**1 149**
Cobalt	10	7	59	50
Cuivre	23	28	529	1 017
Or	4	0	0	82
Sénégal	**8**	**60**	**161**	**324**
Ilménite	1	0	0	120
Or	3	0	11	42
Phosphate	2	60	149	149
Rutile	1	0	0	6
Zirconium	1	0	0	7
Sierra Leone	**10**	**42**	**61**	**164**
Diamant	1	0	0	0
Ilménite	1	0	0	4
Minerai de fer	3	0	19	92
Or	3	0	0	26

tableau continue page suivante

Tableau B.3 **Potentiel minier par pays (besoins énergétiques en MW)** *(continue)*

Pays	Nombre de projets	Pré-2000 (MW)	2001–12 (MW)	2020 (forte et faible probabilité) MW
Rutile	1	42	42	42
Zirconium	1	0	0	1
Tanzanie	**23**	**37**	**116**	**434**
Charbon	2	0	2	13
Diamant	1	0	4	4
Minerai de fer	1	0	0	61
Nickel	4	0	0	66
Or	13	37	110	224
Terre rare	1	0	0	30
Uranium	1	0	0	35
Zambie	**16**	**449**	**818**	**1 394**
Cobalt	2	2	2	2
Cuivre	10	447	795	1 357
Nickel de sulfure N-C	2	0	6	8
Or	2	0	15	26
Zimbabwe	**18**	**145**	**237**	**279**
Charbon	3	17	17	77
Chrome	1	81	81	81
Diamant	2	0	13	13
MGP	2	0	54	54
Nickel	2	0	1	13
Or	7	10	70	41
Platine	1	36	0	0
Total	**455**	**7 995**	**15 124**	**23 443**

Source : Base de données énergie-exploitation minière en Afrique 2014. Banque mondiale, Washington, DC.
Note : Les totaux peuvent ne pas correspondre car les chiffres ont été arrondis. MGP = Métaux du groupe platine.

Tableau B.4 Coefficients (kWh/MT de produit)

Minerai	Concassage		Intermédiaire					Affinage	Transformation		Séparation	
	Concassage	UG	Intermédiaire	UG	Fusion	Fusion UG	Affinage	UG	Transfor-mation	UG	Séparation	UG
Acier	—	—	—	—	—	—	790	790	—	—	—	—
Aluminium	—	—	—	—	15 500	—	—	—	—	—	—	—
Argent	—	—	—	—	—	—	9 645	9 645	—	—	—	—
Bauxite	4	—	—	—	—	—	620	—	—	—	—	—
Ciment	38	—	45	—	—	—	—	—	125	—	—	—
Chrome	100	200	340	440	4 340	4 640	—	—	—	—	—	—
Charbon	37	55	—	—	1 337	1 355	—	—	—	—	—	—
Cobalt	—	—	6 500	7 000	7 550	8 050	8 150	8 650	—	—	—	—
Cuivre	—	—	5 000	7 000	6 050	8 050	6 650	8 650	—	—	—	—
Diamant	—	—	—	—	—	—	—	—	—	—	30 000 000	37 500 000
Ilménite	—	—	2 000	2 200	4 100	4 300	9 300	9 500	—	—	—	—
Manganèse	16	30	—	—	2 516	2 530	—	—	—	—	—	—
MGP	—	—	28 219 200	47 619 900	46 561 680	65 962 380	50 089 080	69 489 780	—	—	—	—
Minerai de fer	20	30	60	70	590	600	—	—	—	—	—	—
Nickel	2 000	3 000	5 600	6 600	—	—	9 700	10 700	—	—	—	—
Nickel de sulfure N-C	—	—	300	550	1 100	1 350	3 100	3 350	—	—	—	—
Niobium	—	—	—	—	—	—	4 000	—	—	—	—	—
Or	—	—	—	—	—	—	25 000 000	45 000 000	—	—	—	—
Palladium	—	—	28 219 200	47 619 900	46 561 680	65 962 380	50 089 080	69 489 780	—	—	—	—

tableau continue page suivante

Tableau B.4 Coefficients (kWh/MT de produit) *(continue)*

Minerai	Concassage	Concassage UG	Intermédiaire	Intermédiaire UG	Fusion	Fusion UG	Affinage	Affinage UG	Transformation	Transformation UG	Séparation	Séparation UG
Phosphate	75	—	—	—	—	—	—	—	287	287	—	—
Platine	—	—	28 219 200	47 619 900	46 561 680	65 962 380	50 089 080	69 489 780	—	—	—	—
Plomb	—	—	855	855	1 015	1 015	1 183	1 183	—	—	—	—
Potasse	60	60	460	460	—	—	630	630	—	—	—	—
Rhodium	—	—	28 219 200	47 619 900	46 561 680	65 962 380	50 089 080	69 489 780	—	—	—	—
Ruthénium	—	—	28 219 200	47 619 900	46 561 680	65 962 380	50 089 080	69 489 780	—	—	—	—
Rutile	—	—	2 000	2 200	4 100	4 300	9 300	9 500	—	—	—	—
Silicomanganèse	16	30	—	—	—	—	—	—	—	—	—	—
Tantale	—	—	—	—	4 016	4 030	4 000	—	—	—	—	—
Terre rare	—	—	—	—	—	—	—	—	—	—	7 200	8 000
Uranium	—	—	48 000	48 000	—	—	178 000	178 000	—	—	—	—
Vanadium	—	—	—	—	—	—	3 000	3 000	—	—	—	—
Zinc	—	—	595	595	1 050	1 050	1 075	1 075	—	—	—	—
Zirconium	—	—	800	900	54 600	54 700	59 800	59 900	—	—	—	—

Source: USGS 2011.
Note: MGP = Métaux du groupe platine ; — = Sans objet.

Tableau B.5 Consommation d'énergie annuelle par pays (MWh)

Pays	Pré-2000	2001–12	2020 (forte et faible probabilité)
Afrique du sud	53 453 747	96 047 459	125 968 895
Angola	38 970	40 386	966 896
Botswana	1 214 263	1 364 663	1 286 336
Burkina Faso	89 301	593 635	1 273 910
Cameroun	1 395 000	1 395 000	10 677 570
Congo, Rép.	0	0	1 915 800
Côte d'Ivoire	325	52 222	186 872
Érythrée	0	621 835	944 138
Gabon	0	54 400	775 520
Ghana	644 000	2 620 385	3 541 743
Guinée	2 129 169	3 083 975	9 592 134
Kenya	0	0	842 000
Lesotho	0	3 174	4 134
Libéria	0	300 000	2 130 272
Madagascar	62 900	4 462 900	6 044 900
Malawi	0	266 440	280 440
Mali	508 292	1 287 903	1 499 523
Mauritanie	300 000	758 495	1 198 495
Mozambique	7 750 000	10 756 000	12 577 000
Namibie	848 625	1 494 312	4 605 102
Niger	943 400	987 342	2 313 837
RCA	0	0	483 573
République démocratique du Congo	336 400	5 637 342	11 288 978
Sénégal	574 000	1 541 311	3 107 505
Sierra Leone	400 000	583 240	1 575 510
Tanzanie	354 369	1 114 964	4 166 138
Zambie	4 314 750	7 854 076	13 383 013
Zimbabwe	1 392 330	2 273 084	2 681 805
Total	**76 749 839**	**145 194 541**	**225 312 037**

Source : Base de données énergie-exploitation minière en Afrique 2014. Banque mondiale, Washington, DC.

Tableau B.6 Consommation d'énergie annuelle moyenne par pays (MWh)

Pays	Pré-2000	2001–2012	2020 (prob. forte et faible)
Afrique du sud	722 348	774 576	893 396
Angola	12 990	6 731	161 149
Botswana	134 918	104 974	91 881
Burkina Faso	89 301	148 409	115 810
Cameroun	1 395 000	1 395 000	1 779 595
Congo, Rép.	0	0	478 950
Côte d'Ivoire	325	13 055	31 145
Érythrée	0	310 917	134 877
Gabon	0	54 400	129 253
Ghana	322 000	291 154	295 145
Guinée	354 861	385 497	639 476
Kenya	0	0	280 667
Lesotho	0	1 058	1 034
Libéria	0	300 000	266 284
Madagascar	31 450	1 487 633	1 007 483
Malawi	0	266 440	93 480
Mali	169 431	183 986	166 614
Mauritanie	300 000	252 832	239 699
Mozambique	7 750 000	2 689 000	1 572 125
Namibie	212 156	249 052	328 936
Niger	471 700	329 114	462 767
RCA	0	0	241 786
République démocratique du Congo	84 100	256 243	418 110
Sénégal	574 000	513 770	388 438
Sierra Leone	400 000	194 413	157 551
Tanzanie	354 369	159 281	181 136
Zambie	862 950	872 675	892 201
Zimbabwe	278 466	189 424	191 557
Total moyenne	**604 329**	**560 597**	**574 776**

Source : Base de données énergie-exploitation minière en Afrique 2014. Banque mondiale, Washington, DC.

Tableau B.7 Projets miniers détaillés dans les huit pays étudiés

a. Cameroun

Minerai	Mine	Type de mine	Production annuelle estimée (t)	Mise en place du projet	Achèvement du projet	Probabilité de passer à la phase d'investissement d'ici à 2020	Besoins en énergie (MW)	Coût de l'énergie (c/kWh)	Mode d'approvision-nement en électricité	Source d'électricité
Aluminium	Alucam	Centrale	210 000	2017	—	Faible	339	4	B	Hydro-électricité sur le site
Aluminium	Alucam	Centrale	90 000	1960	2050	Forte	145	16	G	Raccordement au réseau
Bauxite	Ngaoundal/ Minitrap	Surface	8 500 000	2019	—	Faible	549	4	B	Hydro-électricité sur le site
Cobalt	Mada/ Nkamouna	Mine à ciel ouvert	6 100	2014	2038	Forte	4	29	A1	Diesel sur le site
Minerai de fer	Mbalam	Surface	35 000 000	2016	2041	Forte	73	14,5	A1, F	Diesel sur le site, hydro-électricité hors site
Nickel	Mada/ Nkamouna	Mine à ciel ouvert	3 200	2014	2038	Forte	2	29	A1	Diesel sur le site

tableau continue page suivante

Tableau B.7 Projets miniers détaillés dans les huit pays étudiés (continue)

b. République démocratique du Congo

Minerai	Mine	Type de mine	Production annuelle estimée (t)	Mise en place du projet	Achèvement du projet	Probabilité de passer à la phase d'investissement d'ici à 2020	Besoins en énergie (MW)	Coût de l'énergie (c/kWh)	Mode d'approvisionnement en électricité	Source d'électricité
Cobalt	Kakanda/Kambove résidus	Résidus miniers	3 500	1982	1997	Fermée	2	4,7	E	Raccordement au réseau
Cobalt	Kakanda Nord/Sud	Surface	3 500	—	—	Fermée	2	4,7	G	Raccordement au réseau
Cobalt	Kalukundi	Mine à ciel ouvert/souterraine	3 800	2013	2020	Forte	3	4,7	G	Raccordement au réseau
Cobalt	Kamoto (Katanga)	Souterraine	9 900	2007	2030	Forte	7	4,7	E	Raccordement au réseau
Cobalt	Kananga (Dcp)	Mine à ciel ouvert	5 688	2004	2006	Fermée	4	4,7	E	Raccordement au réseau
Cobalt	Kov (Katanga)	Mine à ciel ouvert	17 000	2008	2030	Forte	12	4,7	E	Raccordement au réseau
Cobalt	Mutanda	Mine à ciel ouvert	23 000	2010	2030	Forte	16	4,7	E	Raccordement au réseau
Cobalt	T17 (Katanga)	Mine à ciel ouvert/souterraine	6 200	2007	2025	Forte	5	4,7	E	Raccordement au réseau
Cobalt	Tenke Fungurume	Mine à ciel ouvert	13 000	2009	2024	Forte	9	4,7	E	Raccordement au réseau
Cobalt	Tilwezembe Mine	Mine à ciel ouvert	7 100	1999	2008	Fermée	5	4,7	E	Raccordement au réseau
Cuivre	Deziwa/Ecaille Copper	Surface	200 000	2015	—	Faible	126	4,7	G	Raccordement au réseau
Cuivre	Frontier (Lufua)	Mine à ciel ouvert	70 000	2007	2029	Forte	36	4,7	G	Raccordement au réseau
Cuivre	Kakanda/Kambove résidus	Résidus miniers	45 000	1982	1997	Fermée	23	4,7	E	Raccordement au réseau
Cuivre	Kakanda Nord/Sud	Surface	53 000	—	—	Faible	28	4,7	G	Raccordement au réseau
Cuivre	Kalukundi	Mine à ciel ouvert/souterraine	16 400	2013	2020	Forte	12	4,7	G	Raccordement au réseau
Cuivre	Kalumines	Surface	20 000	2008	2009	Fermée	10	4,7	E	Raccordement au réseau
Cuivre	Kamoa	Surface	150 000	2017	2078	Faible	78	4,7	E	Raccordement au réseau
Cuivre	Kamoto (Katanga)	Souterrain	75 000	2007	2030	Forte	55	4,7	E	Raccordement au réseau
Cuivre	Kananga (Dcp)	Mine à ciel ouvert	11 600	2004	2006	Fermée	6	4,7	E	Raccordement au réseau

tableau continue page suivante

Tableau B.7 Projets miniers détaillés dans les huit pays étudiés *(continue)*

b. République démocratique du Congo

Minerai	Mine	Type de mine	Production annuelle estimée (t)	Mise en place du projet	Achèvement du projet	Probabilité de passer à la phase d'investissement d'ici à 2020	Besoins en énergie (MW)	Coût de l'énergie (c/kWh)	Mode d'approvisionnement en électricité	Source d'électricité
Cuivre	Kansuki	Surface	90 000	—	—	Forte	47	4,7	E	Raccordement au réseau
Cuivre	Kinsenda	Mine à ciel ouvert/souterraine	26 000	2015	2035	Forte	19	4,7	G	Raccordement au réseau
Cuivre	Kinsevere	Mine à ciel ouvert	60 000	2007	2023	Forte	31	4,7	E	Raccordement au réseau
Cuivre	Kipoi	Mine à ciel ouvert	39 000	2011	2023	Forte	20	9,6	C	Diesel sur le site, raccordement au réseau
Cuivre	Kolwezi	Résidus miniers	70 000	2013	2033	Forte	36	4,7	G	Raccordement au réseau
Cuivre	Kolwezi Concentrator	Mine à ciel ouvert	30 954	2008	2061	Forte	16	4,7	G	Raccordement au réseau
Cuivre	Kov (Katanga)	Mine à ciel ouvert	200 000	2008	2030	Forte	104	4,7	E	Raccordement au réseau
Cuivre	Kulu–Mutoshi	Mine à ciel ouvert	57 000	2006	2008	Fermée	30	4,7	G	Raccordement au réseau
Cuivre	Lonshi	Mine à ciel ouvert	30 000	2001	2007	Fermée	16	0	0	0 besoin d'électricité
Cuivre	Mutanda	Mine à ciel ouvert	110 000	2010	2030	Forte	57	4,7	E	Raccordement au réseau
Cuivre	Sicomine	Surface	400 000	2015	2045	Forte	208	4,7	E	Raccordement au réseau
Cuivre	T17 (Katanga)	Mine à ciel ouvert/souterraine	52 000	2007	2025	Forte	38	4,7	E	Raccordement au réseau
Cuivre	Tenke Fungurume	Mine à ciel ouvert	200 000	2009	2024	Forte	104	4,7	E	Raccordement au réseau
Cuivre	Tilwezembe Mine	Mine à ciel ouvert	8 500	1999	2008	Fermée	4	4,7	E	Raccordement au réseau
Or	Kibali (Moto Projet or)	Mine à ciel ouvert/souterraine	17	2013	2029	Forte	41	4	A2	Hydro-électricité sur le site
Or	Mobale/Kamituga	Mine à ciel ouvert/souterraine	0,3	2015	2023	Forte	11	29	A1	Diesel sur le site
Or	Mongbwalu	Surface	4,3	2014	2033	Forte	11	29	A1	Diesel sur le site
Or	Namoya	Mine à ciel ouvert/souterraine	3,5	2013	2020	Forte	19	29	A1	Diesel sur le site

tableau continue page suivante

Tableau B.7 Projets miniers détaillés dans les huit pays étudiés *(continue)*

c. Ghana

Minerai	Mine	Type de mine	Production annuelle estimée (t)	Mise en place du projet	Achèvement du projet	Probabilité de passer à la phase d'investissement d'ici à 2020	Besoins en énergie (MW)	Coût de l'énergie (c/kWh)	Mode d'approvisionnement en électricité	Source d'électricité
Aluminium	Tema	Centrale	40 000	1970	—	Forte	65	11,1	G	Raccordement au réseau
Manganèse	Nsuta	Mine à ciel ouvert	1 500 000	1916	2027	Forte	3	11,1	G	Raccordement au réseau
Or	Ahafo / Subika–Ntotoroso	Mine à ciel ouvert/ souterraine	17,6	2006	2021	Forte	83	17,15	D, G	Diesel hors site, raccordement au réseau
Or	Akoase	Surface	2,8	2015	2025	Forte	7	11,1	G	Raccordement au réseau
Or	Akyem	Surface	13,6	2013	2028	Forte	35	17,15	D, G	Diesel hors site, raccordement au réseau
Or	Bibiani Mine	Mine à ciel ouvert	1,5	2011	2024	Forte	4	11,1	G	Raccordement au réseau
Or	Chirano	Mine à ciel ouvert/ souterraine	3,5	2005	—	Forte	16	11,1	G	Raccordement au réseau
Or	Damang/ Abosso	Mine à ciel ouvert/ souterraine	6,2	2011	2025	Forte	29	17,15	D, G	Diesel hors site, raccordement au réseau
Or	Idupapriem Gold Mine	Mine à ciel ouvert	5,7	2006	2018	Forte	15	17,15	D, G	Diesel hors site, raccordement au réseau
Or	Konongo	Surface	0,3	2009	2023	Forte	1	11,1	G	Raccordement au réseau
Or	Obuasi Mine (Ashanti)	Mine à ciel ouvert/ souterraine	11,3	2013	2033	Forte	53	17,15	D, G	Diesel hors site, raccordement au réseau
Or	Tarkwa Mine	Mine à ciel ouvert	22,5	2011	2024	Forte	58	17,15	D, G	Diesel hors site, raccordement au réseau

tableau continue page suivante

Tableau B.7 Projets miniers détaillés dans les huit pays étudiés *(continue)*

d. Guinée

Minerai	Mine	Type de mine	Production annuelle estimée (t)	Mise en place du projet	Achèvement du projet	Probabilité de passer à la phase d'investissement d'ici à 2020	Besoins en énergie (MW)	Coût de l'énergie (c/kWh)	Mode d'approvision-nement en électricité	Source d'électricité
Bauxite	Bidikoum	Surface	14 000 000	1992	—	Forte	6	29	A2	Diesel sur le site
Bauxite	Mine de bauxite de Boke	Mine à ciel ouvert	12 068 000	1968	2043	Forte	5	29	A2	Diesel sur le site
Bauxite	Debele (Kindia Mining Complex)	Mine à ciel ouvert	3 200 000	1972	—	Forte	1	13,55	A1, G	Diesel sur le site, raccordement au réseau
Bauxite	Friguia	Mine à ciel ouvert	2 500 000	1960	2023	Forte	161	29	A2	Diesel sur le site
Bauxite	Koba-Koumbia Bauxite (Amig)	Surface	3 200 000	2016	—	Faible	1	20	A1	Fioul lourd sur le site
Bauxite	Sangaredi	Mine à ciel ouvert	1 500 000	2007	2038	Forte	97	29	A1	Diesel sur le site
Minerai de fer	Euronimba	Surface	30 000 000	2018	2038	Forte	63	18,25	A1	Diesel sur le site, charbon sur le site
Minerai de fer	Forecariah	Souterrain	5 000 000	2013	2021	Forte	16	29	A1	Diesel sur le site
Minerai de fer	Kalia	Surface	50 000 000	2013	2027	Forte	313	20	A1	Fioul lourd sur le site
Minerai de fer	Mount Nimba	Surface	10 000 000	2017	2027	Faible	21	29	A1	Diesel sur le site
Minerai de fer	Simandou (Rio)	Surface	75 000 000	2018	2068	Forte	156	13,55	A2, E	Diesel sur le site, raccordement au réseau
Minerai de fer	Simandou (Vale)— Block 1 et 2	Surface	50 000 000	2019	2040	Faible	104	29	A1	Diesel sur le site
Or	Kiniero Mine	Mine à ciel ouvert	1	2002	2015	Fermée d'ici à 2020	3	14,5	A1, D	Diesel sur le site, hydro-électricité hors site
Or	Lefa (Dinguiraye)	Mine à ciel ouvert	7,4	1995	—	Forte	19	29	A2	Diesel sur le site
Or	Siguiri Mine	Surface	11,1	1998	2022	Forte	29	29	A2	Diesel sur le site
Or	Tri-K/Koulékoun	Souterrain	0	2015	2022	Forte	7	29	A2	Diesel sur le site

tableau continue page suivante

Tableau B.7 Projets miniers détaillés dans les huit pays étudiés (continue)

e. Mauritanie

Minerai	Mine	Type de mine	Production annuelle estimée (t)	Mise en place du projet	Achèvement du projet	Probabilité de passer à la phase d'investissement d'ici à 2020	Besoins en énergie (MW)	Coût de l'énergie (c/kWh)	Mode d'approvisionnement en électricité	Source d'électricité
Cuivre	Guelb Moghrein Mine	Mine à ciel ouvert	35 000	2006	2021	Forte	18	29	A1	Diesel sur le site
Minerai de fer	Askaf	Surface	6 000 000	2014	—	Forte	13	29	A1	Diesel sur le site
Minerai de fer	Guelb El Aouj	Surface	16 000 000	2017	2040	Forte	33	25	E	Raccordement au réseau
Minerai de fer	Zouerate	Mine à ciel ouvert	15 000 000	1975	2040	Forte	31	12 596	A1, D	Fioul lourd sur le site, gaz hors site
Or	Tasiast	Mine à ciel ouvert	11,3	2008	2046	Forte	30	12 596	A1, D	Fioul lourd sur le site, gaz hors site

tableau continue page suivante

Tableau B.7 Projets miniers détaillés dans les huit pays étudiés *(continue)*

Minerai	Mine	Type de mine	Production annuelle estimée (t)	Mise en place du projet	Achèvement du projet	Probabilité de passer à la phase d'investissement d'ici à 2020	Besoins en énergie (MW)	Coût de l'énergie (c/kWh)	Mode d'approvisionnement en électricité	Source d'électricité
f. Mozambique										
Aluminium	Mozal	Centrale	500 000	2000	2050	Forte	807	4,1	G	Raccordement au réseau
Charbon	Benga/Tete	Surface	16 000 000	2012	2037	Forte	62	7,5	B	Charbon sur le site
Charbon	Chirodzi	Mine à ciel ouvert	10 000 000	2013	2038	Forte	39	7,5	B	Charbon sur le site
Charbon	Estima	Mine à ciel ouvert	20 000 000	2016	2041	Forte	77	7,5	B	Charbon sur le site
Charbon	Minas Moatize	Mine à ciel ouvert	3 000 000	2014	2028	Forte	12	7,5	B	Charbon sur le site
Charbon	Moatize Coal	Mine à ciel ouvert	22 000 000	2011	2046	Forte	85	7,5	B	Charbon sur le site
Ilménite	Moma	Surface	800 000	2004	2132	Forte	167	4,1	E	Raccordement au réseau
Minerai de fer	Tete/Ruoni	Souterrain	1 000 000	2016	2046	Forte	63	4,1	G	Raccordement au réseau

tableau continue page suivante

Tableau B.7 Projets miniers détaillés dans les huit pays étudiés *(continue)*

Minerai	Mine	Type de mine	Production annuelle estimée (t)	Mise en place du projet	Achèvement du projet	Probabilité de passer à la phase d'investissement d'ici à 2020	Besoins en énergie (MW)	Coût de l'énergie l'énergie (c/kWh)	Mode d'approvision-nement en électricité	Source d'électricité
g. Tanzanie										
Charbon	(Mbalawala Mine) Ngaka Thermal Coal	Mine à ciel ouvert	500 000	2011	2026	Forte	2	7,5	B	Charbon sur le site
Charbon	Mchuchuma	Mine à ciel ouvert	3 000 000	2015	—	Faible	12	7,5	B	Charbon sur le site
Diamant	Williamson (Mwadui)	Mine à ciel ouvert	1,3	2010	—	Forte	4,2	5,3	G	Raccordement au réseau
Minerai de fer	Liganga	Mine à ciel ouvert	1 000 000	2015	—	Faible	61	7,5	A1	Charbon sur le site
Nickel	Dutwa	Souterrain	27 000	2016	2036	Forte	19	7,65	C	Fioul lourd sur le site, raccordement au réseau
Nickel	Kabanga	Surface	40 000	2013	2043	Élevée	23	20	A1	Fioul lourd sur le site
Nickel	Nachingwea / Ntaka Hill	Souterrain	15 000	2016	—	Forte	10	7,65	C	Fioul lourd sur le site, raccordement au réseau
Nickel	Ngwena	Souterrain	20 000	2016	2035	Faible	14	9,9	A1, G	Diesel sur le site, raccordement au réseau
Or	Buckreef MI	Souterrain	1,8	2014	2023	Forte	8	7,65	C	Fioul lourd sur le site, raccordement au réseau
Or	Bulyanhulu	Souterrain	7,4	2009	2034	Forte	35	12,65	E, A1	Raccordement au réseau, fioul lourd sur le site
Or	Buzwagi	Mine à ciel ouvert	5,6	2009	2022	Forte	15	5,3	E	Raccordement au réseau
Or	Geita Gold Mine	Mine à ciel ouvert	14,2	2000	2022	Forte	37	7,65	A1, E	Fioul lourd sur le site, raccordement au réseau

tableau continue page suivante

Tableau B.7 Projets miniers détaillés dans les huit pays étudiés (continue)

Minerai	Mine	Type de mine	Production annuelle estimée (t)	Mise en place du projet	Achèvement du projet	Probabilité de passer à la phase d'investissement d'ici à 2020	Besoins en énergie (MW)	Coût de l'énergie (c/kWh)	Mode d'approvision- nement en électricité	Source d'électricité
g. Tanzanie										
Or	Golden Ridge Project	Mine à ciel ouvert	2,8	2014	2020	Forte	7	7,65	C	Fioul lourd sur le site, raccordement au réseau
Or	Lupa Goldfield/Luika	Surface	2	2012	2032	Forte	5	7,65	C	Fioul lourd sur le site, raccordement au réseau
Or	Magambazi	Surface	2,3	2016	2026	Faible	6	20	A1	Fioul lourd sur le site
Or	Miyabi	Surface	2	2016	2026	Forte	5	7,65	C	Fioul lourd sur le site, raccordement au réseau
Or	Mwanza	Souterrain	5,7	2016	—	Forte	27	20	A1	Fioul lourd sur le site
Or	North Mara	Mine à ciel ouvert	7,1	2002	2021	Forte	18	5,3	E	Raccordement au réseau
Or	Nyanzaga	Souterrain	11,3	2016	2026	Forte	53	7,65	C	Fioul lourd sur le site, raccordement au réseau
Or	Saza Makongolosi Project	Mine à ciel ouvert	0,4	—	—	Forte	1	7,65	C	Fioul lourd sur le site, raccordement au réseau
Or	Singida	Souterrain	1,3	—	—	Forte	6	7,65	C	Fioul lourd sur le site, raccordement au réseau
Terre rare	Ngualla	Surface	40 000	2016	2041	Forte	30	20	A1	Fioul lourd sur le site
Uranium	Mkuju River / Nyota	Souterrain	1,905	2013	2025	Forte	35	20	A1	Fioul lourd sur le site

tableau continue page suivante

Tableau B.7 Projets miniers détaillés dans les huit pays étudiés (continue)

Minerai	Mine	Type de mine	Production annuelle estimée (t)	Mise en place du projet	Achèvement du projet	Probabilité de passer à la phase d'investissement d'ici à 2020	Besoins en énergie (MW)	Coût de l'électricité (cts/kWh)	Mode d'approvision-nement en électricité	Source d'électricité
h. Zambie										
Cobalt	Nkana (Mopani)	Mine à ciel ouvert/ souterraine	3 000	1937	2036	Forte	2	3,9	G	Raccordement au réseau
Cobalt	Sable (Glencore)	Centrale	26	2009	2019	Forte	0	3,9	G	Raccordement au réseau
Cuivre	Baluba	Souterrain	40 000	2010	—	Forte	36	3,9	G	Raccordement au réseau
Cuivre	Chambishi	Souterrain	200 000	1965	1987	Fermée	180	3,9	G	Raccordement au réseau
Cuivre	Kansanshi	Mine à ciel ouvert/ souterraine	400 000	2005	2021	Forte	360	3,9	G	Raccordement au réseau
Cuivre	Konkola	Souterrain	200 000	2005	—	Forte	168	3,9	G	Raccordement au réseau
Cuivre	Konkola Deep	Souterrain	200 000	2014	—	Forte	168	3,9	G	Raccordement au réseau
Cuivre	Konkola North	Souterrain	100 000	2015	2031	Forte	90	3,9	G	Raccordement au réseau
Cuivre	Lumwana	Mine à ciel ouvert	150 000	2015	2052	Forte	95	3,9	G	Raccordement au réseau
Cuivre	Mufulira (Mopani)	Souterrain	135 000	1937	2043	Forte	122	3,9	G	Raccordement au réseau
Cuivre	Nkana (Mopani)	Mine à ciel ouvert/ souterraine	150 000	1937	2036	Forte	109	3,9	G	Raccordement au réseau
Cuivre	Sentinel/Kalumbila	Souterrain	250 000	2015	2035	Faible	210	3,9	G	Raccordement au réseau

tableau continue page suivante

Tableau B.7 Projets miniers détaillés dans les huit pays étudiés *(continue)*

Minerai	Mine	Type de mine	Production annuelle estimée (t)	Mise en place du projet	Achèvement du projet	Probabilité de passer à la phase d'investissement d'ici à 2020	Besoins en énergie (MW)	Coût de l'électricité (cts/kWh)	Mode d'approvision-nement en électricité	Source d'électricité
Nickel de sulfure N-C	Munali (Enterprise/ Voyager Deposits)	Souterrain	100 000	2008	2018	Faible	6	3,9	G	Raccordement au réseau
Nickel de sulfure N-C	Trident/Enterprise	Surface	85 000	2015	—	Faible	3	3,9	G	Raccordement au réseau
Or	Kansanshi	Mine à ciel ouvert/ souterraine	3,2	2005	2021	Forte	15	3,9	G	Raccordement au réseau
Or	Luiri Hill Project	Mine à ciel ouvert/ souterraine	2,4	—	—	Forte	11	3,9	G	Raccordement au réseau

Source : Base de données énergie-exploitation minière en Afrique 2014. Banque mondiale, Washington, DC.

Note : Dispositifs de partage de l'énergie :

A1 : Auto-approvisionnement

A2 : Auto-approvisionnement + RSE

B : Auto-approvisionnement + vente au réseau

C : Approvisionnement par réseau + Auto approvisionnement de secours

D : Mines vendant collectivement au réseau

E : Mines investissant dans le réseau

F : La demande des mines sert de point d'ancrage pour un IPP

G : Approvisionnement par le réseau

Les désignations A2, B, C, D, E, ou F indiquent des dispositifs intermédiaires ; les désignations avec double lettre (par exemple, A1, F, D, G) indiquent des régimes transitoires. — = pas disponible.

Tableau B.8 Informations socio-économiques sur les huit pays étudiés

Pays	Population (millions) 2011	PIB par habitant (PPA, USD) 2011	Taux de croissance du PIB (%) 2011	Espérance de vie à la naissance (années) 2011	Taux de mortalité des enfants de moins de 5 ans (pour 1 000) 2011	Taux d'alphabétisation des adultes (%) 2010	Taux d'électrification (%) 2009	Consommation d'électricité par habitant (kWh p. a.) 2010
Guinée	10,2	1 124	3,9	64	78	67	18	79
République démocratique du Congo	67,8	373	6,9	52	127	77	11	95
Tanzanie	46,2	1 512	6,4	58	68	73	14	78
Mozambique	23,9	975	7,1	50	103	58	12	444
Mauritanie	3,5	2 554	4,8	49	83	71	19	444
Ghana	25,0	1 871	14,4	54	126	41	61	298
Cameroun	20,0	2 359	4,2	50	103	56	49	271
Zambie	13,5	1 621	6,5	48	168	67	19	623

Source : Indicateurs de la Banque mondiale 2011 (base de données), Banque mondiale, Washington, DC. http://data.worldbank.org/data-catalog/world-development-indicators/wdi-2011.
Note : PPA = Parité de pouvoir d'achat.

Tableau B.9 Informations institutionnelles sur les huit pays étudiés

Pays	Structure du marché	Régulateur	Marché de l'électricité			Cadre réglementaire principal		État des finances et de la gestion de l'entreprise de services publics				
			Production	Transport/ distribution	Autorités liées au secteur de l'électricité	Name	Détail	Très médiocre	Médiocre	Équilibre	Bon	Très bon
Guinée	Entreprise publique intégrée verticalement avec des centrales électriques privées autorisées à vendre de l'électricité au réseau	Ministère de l'Énergie et de l'hydraulique/ CNEE	EDG CBG ACG	EDG	DNE CNEE	Loi L/92/043 (1992) Loi L/92/043 (1993)	Lié au Code des activités économiques. Définit les cadres de responsabilité s'appliquant aux diverses parties prenantes, les modalités de gestion et de fonctionnement des activités de production, transport et distribution de l'électricité, les dispositions s'appliquant à la participation du secteur privé à l'attribution des concessions, les modalités de création de la CNEE et les pénalités applicables au secteur de l'électricité.	✓				

tableau continue page suivante

Tableau B.9 Informations institutionnelles sur les huit pays étudiés *(continue)*

Pays	Structure du marché	Autorités liées au secteur de l'électricité			Marché de l'électricité — Cadre réglementaire principal		État des finances et de la gestion de l'entreprise de services publics				
		Régulateur	Production	Transport/ distribution	Name	Détail	Très médiocre	Médiocre	Équilibre	Bon	Très bon
					Loi L/97/012 (1998)	Définit les règles s'appliquant au financement, à la construction, l'exploitation, la maintenance et le transfert d'installations de production construites par des opérateurs privés : BOT (construction, exploitation et transfert), BOO (construction, propriété et exploitation), BOOT (construction, propriété, exploitation, transfert)					*Source :* Guinée Article IV mars 2012_FMI 2012, Guinée lettre d'intention sept. 2012_FMI 2012
République démocratique du Congo	Service d'utilité publique, intégration verticale	Ministère de l'énergie	SNEL	SNEL	Code de l'électricité	Politique en place d'encouragement des acteurs privés (libéralisation du secteur de l'électricité - création de codes régissant la concurrence libres et équitables protégeant tant les utilisateurs que les opérateurs)				✓	

tableau continue page suivante

Tableau B.9 Informations institutionnelles sur les huit pays étudiés *(continue)*

Pays	Marché de l'électricité						État des finances et de la gestion de l'entreprise de services publics				
	Structure du marché	Régulateur	Autorités liées au secteur de l'électricité		Cadre réglementaire principal						
			Production	Transport/ distribution	Name	Détail	Très médiocre	Médiocre	Équilibre	Bon	Très bon
					Stratégie d'électrification rurale	Visant à renforcer la participation du secteur privé à l'électrification rurale						*Source :* République démocratique du Congo Infrastructures_2010 (Page 8)
Tanzanie	Service d'utilité publique, intégration verticale	EWURA	TANESCO Songas *Artumas Energy* IPLT *TANWAT* TPC *Wentworth Power Limited*	TANESCO	*Electricity Act 2008*	Législation primaire applicable à la production et/ou le transport et/ou la distribution de l'énergie électrique en Tanzanie et s'appliquant au commerce transfrontalier d'électricité et à l'électrification rurale.	✓				
					EWURA Act	Met en place l'autorité de régulation des sociétés d'utilité publique d'énergie et d'eau (*Energy and Water Utilities Regulatory Authority of Tanzania* – EWURA)						*Source :* État financier 2011 de TANESCO
Mozambique	Verticalement intégrée, en train d'être dégroupée	Ministère de l'Énergie	HCB EDM	EDM HCB MoTraCo	DNEE	Désigne le Ministère de l'énergie comme superviseur de l'énergie renouvelable				✓	

tableau continue page suivante

Tableau B.9 Informations institutionnelles sur les huit pays étudiés *(continue)*

Pays	Structure du marché				Marché de l'électricité		État des finances et de la gestion de l'entreprise de services publics				
	Régulateur	Production	Transport/ distribution	Autorités liées au secteur de l'électricité	Cadre réglementaire principal		Très médiocre	Médiocre	Équilibre	Bon	Très bon
					Name	Détail					
				DNER		Désigne le Ministère de l'Énergie comme le régulateur et le superviseur du secteur de l'électricité					
					Loi n° 21/97 (1997)	Loi sur l'électricité					
					Décret n° 8/2000 (2000)	Réglementations sur les Règlements du réseau national de distribution de l'électricité (NPTN)					
					Décret n° 43/2005 (2005)	Confie le rôle d'opérateur NPTN à *Electricidade de Moçambique*					
					Décret n° 45/98 (1998)	Réglementations sur la gestion des centrales de production d'électricité construites ou rénovées sur fonds propres dans les districts qui n'ont pas été attribués à une entreprise publique					

tableau continue page suivante

Tableau B.9 Informations institutionnelles sur les huit pays étudiés *(continue)*

Pays	Marché de l'électricité							État des finances et de la gestion de l'entreprise de services publics				
	Structure du marché	Régulateur	Production	Transport/ distribution	Autorités liées au secteur de l'électricité	Cadre réglementaire principal		Très médiocre	Médiocre	Équilibre	Bon	Très bon
						Name	Détail					
						Ministerial Dipl. n° 31/85 (1985)	Réglementations sur les compétences techniques nécessaires à la préparation, la mise en œuvre et l'exploitation des centrales de production d'électricité d'un service particulier					
						Décret n° 48/2007 (2007)	Réglementation des autorisations attribuées aux installations de production de l'électricité					
						Décret n° 25/2000 (2000)	Statuts du *Electricity National Council* (CNELEC)					
							Source : Mozambique Infrastructure_AICD 2011					
Mauritanie	Monopole verticalement intégré	Autorité de régulation	SOMELEC SOGEM	SOMELEC		Code de l'électricité 2001	Promeut la libéralisation du secteur → n'entrant en vigueur que dans les zones rurales. Les producteurs autonomes d'énergie disposent d'une capacité estimée à 40 MW.	✓				

tableau continue page suivante

Tableau B.9 Informations institutionnelles sur les huit pays étudiés *(continue)*

| Pays | Marché de l'électricité | | | | | | | | | | | |
| | Structure du marché | Régulateur | Autorités liées au secteur de l'électricité | | | Cadre réglementaire principal | | État des finances et de la gestion de l'entreprise de services publics | | | | |
			Production	Transport/ distribution		Name	Détail	Très médiocre	Médiocre	Équilibre	Bon	Très bon
Ghana	Marché libéralisé	PURC EC	VRA TICO Takoradi II Sunon Asogli Bui hydro	GridCo ECD NED							✓	
	Source : Ghana Infrastructure_AICD 2010											
Cameroun	Monopole verticalement intégré	ARSEL	AES Sonel	AES Sonel	EDC	Nouvelle loi sur l'électricité (2011)	Encouragement aux investissements privés dans l'hydro-électricité et création d'une société publique de transport pour dégrouper le secteur		✓			
	Source : Cameroon Infrastructure_AICD 2010											
Zambie	Monopole de fait	ERB	Zesco CEC Lunsemfwa Hydro Power Company	Zesco CEC					✓			
	Source : Zambia Infrastructure_AICD 2010											

Source : Dominguez-Torres et Briceno-Garmendia 2011 ; Dominguez-Torres et Foster 2011 ; Foster et Benitez 2011 ; Foster et Dominguez 2011 ; Foster et Pushak 2011.

Tableau B.10 Statistiques sur le secteur de l'électricité dans les huit pays étudiés

Pays et année		Capacité installée (MW)	Capacité opérationnelle (MW)	Opérationnelle/installée	Production nette d'électricité (GWh)	Consommation nette d'électricité (GWh)	Demande de pointe (MW)	Facteur de capacité installée	Facteur de capacité opérationnelle	Exportations nettes (GWh)	Pertes sur le transport de l'électricité (GWh)	Pertes sur la distribution de l'électricité (GWh)
Guinée	(2010)	395	88	22 %	969	901	120	0,28	1,26	0	68	
République démocratique du Congo	(2010)	2 437	1 170	48 %	7 800	6 197	1 081	0,37	0,76	755	753	850
Tanzanie	(2010)	1 115	880	79 %	4 300	3 400	833	0,44	0,56	−50	900	
Mozambique	(2010)	2 428	2 250	93 %	16 499	10 212	560	0,78	0,84	4 787	4 784	1 503
Mauritanie	(2010)	263			701	652		0,30		0	49	
Ghana	(2011)	2 169	1 909	88 %	11 200	7 976	1 547	0,59	0,67	610	531	1 920
Cameroun	(2010)	1 115	980	88 %	5 761	5 181		0,59	0,67	0	580	
Zambie	(2010)	1 679	1 215	72 %	11 192	7 960	1 600	0,76	1,05	545	545	2 687

Source : Données ECA Consulting Group.

Note : Les pertes de transport et distribution de l'électricité sont agrégées pour la Guinée, la Tanzanie, la Mauritanie et le Cameroun. ; — = non disponible.

Méthodologie

La présente appendice décrit la méthode utilisée pour la simulation de scénarios localisés appliqués à la Guinée, la Mauritanie, le Mozambique et la Tanzanie.

La demande d'électricité des mines. L'évaluation de la demande d'électricité des mines est tirée principalement de la Base de données énergie-exploitation minière en Afrique 2014 élaborée dans le cadre de la présente étude. Cette base de données établit l'historique de la demande d'énergie de l'industrie minière depuis 2000 et les prévisions de la demande des projets d'exploitation susceptibles d'être opérationnels d'ici à 2020 dans 28 pays de l'ASS. L'étude a été réalisée par le *Columbia Center on Sustainable Investment*, un centre conjoint de la *Columbia Law School* et du *Earth Institute* de l'université de Columbia, qui étudie l'investissement international durable. Elle a été vérifiée et révisée par l'équipe de la Banque mondiale et par *SRK Consulting* pour les pays inclus dans les études de cas.

Modèle de dispatching économique. L'estimation des coûts marginaux à court et à long termes (CMLT) reposent sur un modèle de dispatching économique développé dans le cadre d'un projet distinct par *Economic Consulting Associates* pour l'évaluation de la demande de gaz nécessaire à la production d'électricité dans les 47 pays de l'ASS. Une brève description est présentée ici, tandis qu'une description complète de ce modèle figure dans Santley, Schlotterer et Eberhard (2013). La modélisation du dispatching économique permet d'évaluer l'offre et la demande au niveau des pays et les capacités d'échange.

Du côté de la demande, une courbe de charge journalière est élaborée pour chaque pays en se basant sur les études de référence régionales et nationales, tenant compte de la demande énergétique sous-jacente telle que prévue dans les plans directeurs de chaque pool énergétique. Le choix des prévisions de la demande d'électricité des pools énergétiques fait suite à une évaluation minutieuse des différentes sources d'information disponibles (plans de développement national du secteur de l'énergie, plans régionaux et l'étude du Programme de développement des infrastructures de l'Afrique [PIDA]). Pour créer la courbe de charge journalière, trois blocs de charge — base, milieu et pic — sont générés afin de capturer le rôle de la forme de la courbe de charge sur le dispatching économique du portefeuille d'offre.

Bien qu'initialement prévue pour capter les variations saisonnières, l'évaluation des données de température et de charge a révélé que la plupart des pays de l'ASS n'ont pas subi de variation saisonnière de la demande, ce qui ne veut toutefois pas dire que tous les pays n'ont pas de variation saisonnière — un exemple typique est l'Afrique du Sud. Toutefois, pour la poignée de pays affichant une saisonnalité, il y n'avait pas suffisamment d'informations pour informer adéquatement la modélisation. Donc, les variations saisonnières n'ont pas été modélisées. Pour chacun des trois blocs de charge, la demande moyenne sur une période déterminée d'une heure dans le bloc est identifiée et utilisée pour calculer le dispatch de production correspondant à la même heure.

Du côté de l'offre, une courbe de l'offre au niveau de la centrale est construite, basée sur la production totale disponible dans une année donnée (telle que définie par la séquence d'investissement au moindre coût du plan de développement de l'électricité appliqué). Le coût de production (basé, pour le thermique au gaz, sur les prix mis au point par le consultant en amont) pour chaque centrale, et sa production d'énergie correspondante, est ensuite classé depuis le coût le plus bas jusqu'au plus élevé.

Pour capturer le rôle de la saisonnalité hydraulique, et pour déterminer les quantités d'eau nécessaire pour satisfaire la charge de pointe, trois courbes d'offre (pointe, haute et faible) sont construites pour chaque pays disposant d'hydro-électricité dans son portefeuille de production.

Pour chaque portefeuille national de production et chaque demande nationale, cinq états de dispatching sont modélisés :

- *Pointe* — la capacité hydro-électrique est évaluée à la capacité hydro-électrique de pointe et le dispatching est optimisé pour répondre à la demande de pointe au moindre coût.
- *Hydro haute/demande moyenne* — la capacité hydro-électrique est évaluée à la capacité hydro-électrique haute et le dispatching est optimisé pour répondre au bloc de demande moyenne au moindre coût.
- *Hydro haute/demande de base* — la capacité hydro-électrique est évaluée à la capacité hydro-électrique haute et le dispatching est optimisé pour répondre au bloc de demande de base au moindre coût.
- *Hydro basse/demande moyenne* — la capacité hydro-électrique est évaluée à la capacité hydro-électrique basse et le dispatching est optimisé pour répondre au bloc de demande moyenne au moindre coût.
- *Hydro basse/demande de base* — la capacité hydro-électrique est évaluée à la capacité hydro-électrique basse et le dispatching est optimisé pour répondre au bloc de demande de base au moindre coût.

Liens géo-référencés. Pour analyser les scénarios alternatifs, il a fallu inclure les investissements dans les infrastructures de transport permettant de raccorder les mines et identifier la demande potentielle de clients résidentiels avoisinants dans les zones analysées. À cet effet, des informations sur les emplacements des centres miniers et les chiffres de la population avoisinante ont été obtenus. Les coordonnées des mines existantes et des projets futurs, des rivières et des infrastructures ont été extraites et obtenues à partir de la bibliothèque de données publiques de SRK, de l'internet (en particulier le site de Groupe de la Banque africaine de développement) et la Base de données énergie-exploitation minière en Afrique 2014. La plupart des données démographiques, ainsi que d'autres données sur l'infrastructure, proviennent de documents de la Banque mondiale, et notamment du Diagnostic des infrastructures nationales en Afrique.

Les séries de données mondiales de l'*Environmental Systems Research Institute* (ESRI) ont servi de couche de données de base dans les cartes (frontières nationales et villes). Les couches localisant les sites de projets miniers, les réseaux d'électricité, les autres infrastructures et les rivières ont ensuite été ajoutées.

Coût de production. Les coûts de l'électricité ont été estimés en utilisant le Modèle d'évaluation des technologies d'électricité (modèle META) qu'*Economic Consulting Associates* (ECA) a développé pour le Programme d'assistance à la gestion du secteur énergétique (ESMAP) Les coûts de production unitaires sont définis comme la somme des coûts d'opération et maintenance (USD par an) et du coût en capital normalisé (coût moyen actualisé, USD par an) divisé par la production nette d'électricité par an (kWh par an):

$$C_{UG} = \frac{(C_{O\&M} + A)}{(GE_G - A_{u_C})}$$

où
C_{UG} = coût de production unitaire (USD par kWh),
A = coûts en capital normalisés de la production (USD par an),
GE_G = production brute d'électricité par an (kWh par an) (capacité [kW] * facteur de charge (%) * 8 760), et
A_{u_C} = puissance auxiliaire consommée par an (kWh par an) (GE_G [kWh par an]) * ratio de puissance auxiliaire [%]).

Le coût en capital normalisé de la production représente un coût d'investissement annualisé de la centrale électrique. En outre, le coût en capital normalisé a été calculé à l'aide de l'équation suivante:

$$A = B * \frac{r*(1+r)^n}{(1+r)^n - 1}$$

où
A = coût en capital normalisé par an,

B = investissement en capital,
n = durée de vie de la centrale, et
r = taux d'actualisation.

Les coûts d'opération et maintenance (O&M) par an ($C_{O\&M}$) ont été calculés à l'aide de l'équation suivante:

$$C_{O\&M} = C_{F-O\&M} + C_{n-fV} + C_F$$

où
$C_{O\&M}$ = coûts O&M (USD par an),
$C_{F-O\&M}$ = coûts O&M fixes (USD par an),
C_{N-fV} = coûts O&M variables hors carburant (USD par an), et
C_F = coûts de carburant (USD par an).

Les principaux paramètres ayant une incidence sur les calculs ci-dessus sont:

- La capacité de la centrale électrique, qui affectera les coûts en capital et d'O&M ; les centrales ayant des capacités supérieures ont généralement des coûts en capital normalisés inférieurs et des coûts d'O&M inférieurs.
- Les prix du carburant et le contenu calorifique de carburant.
- Le prix du carbone.
- Le facteur de charge.
- Le rendement de la centrale électrique.
- Le facteur d'actualisation.

Coût de transport. Les contraintes de transport sont une cause essentielle du manque d'intégration entre l'énergie et les mines dans différents pays. Un outil de calcul des coûts de transport a été élaboré pour estimer les tarifs de ligne de transport qui permettraient un recouvrement complet des coûts sur la durée de vie de la ligne, ayant les caractéristiques suivantes:

- Différents paramètres ont été appliqués à chacun des pools énergétiques africains (Afrique de l'Ouest, Afrique de l'Est et Afrique australe) afin de prendre en compte les coûts régionaux et les caractéristiques techniques de chacun.
- Les dépenses d'investissement et de fonctionnement ont été estimées en se basant sur des projets analogues récents.
- Des facteurs de correction ont été appliqués en fonction du terrain pour calculer les coûts spécifiques de chaque projet individuellement.
- Les raccordements possibles aux lignes de transport existantes ont été identifiés pour calculer les coûts des transformateurs.
- Des pertes sur les lignes de transport sont prises en compte.
- Les conditions de financement ont été incluses (coûts du financement par emprunt et rendement des capitaux propres).
- Le résultat a été des tarifs permettant un recouvrement complet des coûts sur la durée de vie de la ligne calculés sur une base de valeur actualisée nette.

Cet outil de calcul des coûts de transport ne fournit qu'une estimation initiale et de haut niveau des coûts d'une nouvelle ligne de transport. Avant de pouvoir définir correctement un projet de ligne de transport, il faut réaliser des études des flux de charge et de la stabilité du réseau. Elles peuvent démontrer le besoin d'options de structuration différente ou d'investissements additionnels en équipement de contrôle et de protection.

Les coûts en capital couvrent tous les éléments de la construction d'une ligne de transport électrique. Ils comprennent les coûts suivants: matériaux, composants, installation, compensateurs de puissance réactive, gestion de projet et imprévus. Pour identifier les coûts en capital qui s'appliquent à chaque technologie de transport d'énergie, les lignes de transport sont classées par niveau de tension (l = 132 kV, 220 kV, 400 kV, etc.), courant (j = cA ou cC) et le type de circuit (k = simple, double ou bipolaire). Il convient de noter que les coûts d'investissement varient en fonction du temps et du lieu car les prix des matériaux et de la main d'œuvre ne sont pas immuables. Toutefois, un ensemble standard d'hypothèses de coûts a été utilisé pour tous les pays étudiés. La période de construction a été fixée à deux ans avec une répartition égale des coûts en capital entre la première et la deuxième année.

Le coût d'O&M a été fixé à 3 % du coût en capital.

Avantages économiques pour les mines, la population et l'environnement. L'avantage économique pour les mines a été calculé comme suit:

$$EB_m = (CPP + TC - SSC) * C_m$$

où
EB_m= avantage économique des mines (USD),
CPP = coûts centralisés de la centrale (USD/MWh),
TC = coûts de transport (USD/MWh), et
C_m= valeur actuelle de la consommation totale des mines (MWh).

L'avantage économique pour la population est calculé en comparant la somme des coûts unitaires de production et de transport avec le consentement à payer de la population (mesuré par le coût des dépenses de piles sèches) comme suit:

$$EB_p = (WTP - CPP - TC) * C_p$$

où
EB_p= avantage économique pour la population (USD),
CPP = coûts centralisés de la centrale (USD/MWh),
TC = coûts de transport (USD/MWh), et
C_p = valeur actuelle de la consommation résidentielle et non résidentielle totale (MWh).

Toutes les valeurs ont été calculées en valeur actualisée pour la durée de 20 ans de l'étude.

L'avantage environnemental a été estimé en factorisant les émissions des carburants et les rendements thermiques des centrales électriques et des volumes de consommation estimés; il a été calculé comme suit:

$$em = e_{fi} * HR_j * C_m$$

où
em = kgCO$_2$ d'émission,
e$_{fi}$ = facteur d'émissions de carburant i (kgCO$_2$ par GJ),
HR$_j$ = rendement thermique de la centrale électrique j (GJ/MWh), et
C$_m$ = valeur actuelle de la consommation totale des mines (MWh).

Bibliographie

Andruleit, H., H.G. Babies, J. Meßner, S. Rehder, M. Schauer, et S. Schmidt. 2012. "Annual Report, Reserves, Resources and Availability of Energy Resources 2011." German Mineral Resources Agency (DERA), Hanovre.

Banerjee, S.G., M. Bhatia, G.E. Azuela, I. Jaques, A. Sarkar, E. Portale, I. Bushueva, N. Angelou, et J.G. Inon. 2013. "Global Tracking Framework." Banque mondiale/ Programme d'assistance à la gestion du secteur énergétique (ESMAP) et Agence internationale de l'énergie (IEA), Washington, DC.

Bazilian et al. 2012. Energy Access Scenarios till 2030 for the Power Sector in Sub-Saharan Africa. Utilities Policy 20 (2012): 1–16.

Besant-Jones, John, Bernard Tenenbaum, et Prasad Tallapragada. 2008. *Regulatory Review of Power Purchase Agreements: A Proposed Benchmarking Methodology*. Washington, DC : Groupe de la Banque mondiale. http://siteresources.worldbank.org /EXTAFRREGTOPENERGY/Resources/717305-1266613906108/ESMAP_337-08 _Regulatory.pdf.

CEC (Copperbelt Energy Corporation). 2012. "Zambia Untapped Electricity Generation Potential." Lusaka, 20 juin 2012.

Chanda, Gift. 2012. "CEC, AFC Sign $1.2bn Hydro-Power Project." *The Post Online*, March 16, 2012. www.postzambia.com/post-read_article.php?articleId=25881.

Collier, P. 2010. *The Plundered Planet: Why We Must—and How We Can—Manage Nature for Global Prosperity*. New York: Oxford University Press.

Creamer, M. "Questions stream in ahead of Anglo American thermal coal's IPP deadline," *Mining Weekly*, 19 octobre 2011, http://www.miningweekly.com/article/reams-of -questions-stream-in-ahead-of-anglo-american-thermal-coals-ipp-deadline-2011 -10-19.

Creamer, T. "First power from Anglo American's proposed discard-coal IPP targeted for 2015," *Mining Weekly*, 14 juillet 2011, http://www.miningweekly.com/article/first -power-from-anglo-americans-proposed-discard-coal-ipp-targeted-for-2015 -2011-07-14-1.

Daniel, P., B. Goldsworthy, W. Maliszewski, D.M. Puyo, et A. Watson. 2010. "Evaluating Fiscal Regimes for Resource Projects: An Example from Oil Development." In *The Taxation of Petroleum and Minerals: Principles, Problems and Practice*, eds. P. Daniel, M. Keen, et C. McPherson, 187–240. Londres : Routledge.

Department of Energy. 2011. "Electricity Regulations on the Integrated Resource Plan 2010–2030." République d'Afrique du Sud, Pretoria.

Eberhand, A., R. Orvika, M. Shkaratan, et H. Vennemo. 2011. "Africa's Power Infrastructure: Investment, Integration, Efficiency." *Directions in Development*. Washington, DC : Banque mondiale.

ECA (Economic Consulting Associates). 2013. *Power and Mining in Africa*. Rapport final de synthèse présenté à la Banque mondiale. Londres.

EIA (U.S. Energy Information Administration). 2008. http://www.eia.gov.

ERB (Energy Regulatory Board). 2011. "ERB Approves the ZESCO/CEC Application to Review Tariffs." Communiqué de presse, 8 août 2011. Lusaka. www.erb.org.zm/press /statements/CECTariffApproval2011.pdf.

Foster, V., et J. Steinbuks. 2009. "Paying the Price for Unreliable Power Supplies: In-house Generation of Electricity by Firms in Africa." Policy Research Working Paper 4913, Banque mondiale, Washington, DC.

Foster et Briceno-Garmendia. 2010. Africa's Infrastructure: A time for transformation. Africa Development Forum Series, Banque mondiale.

GBC News. 2008. "Mining Consortium to Transfer Generating Plant to VRA." 9 juin 2008. www.modernghana.com/news/169010/1/mining-consortium-to-transfer -gnerating-plant-to-v.html.

Hall, Ian. 2010. "Khanyisa Project." Anglo American Integrated Resource Plan Public Hearing Presentation. www.doe-irp.co.za/irpJHB/ANGLO_AMERICAN _THERMAL_COAL.pdf.

Halley, A. 2013. "The 'Revolution' in the Next Decade of Mining." Mining.com, March 12, 2013. www.mining.com/the-coming-revolution-in-the-next-decade-of-mining-88830 /?utm_source=digest-en-au-130312&utm_medium=email&utm_campaign=digest.

Harding, Claude. 2012. "South African Mines Might Start Generating Their Own Power." *How We Made It In Africa*, February 3, 2012. www.howwemadeitinafrica.com/south -african-mines-might-start-generating-their-own-power/14794/.

Hill, Matthew. 2011. "Semafo to Get Grid Power for Mana Mine." *Mining Weekly*, 3 octobre 2011. www.miningweekly.com/article/semafo-to-get-grid-power-for-mana -mine-2011-10-03.

ICA (Infrastructure Consortium for Africa). 2011. "When the Power Comes: An Analysis of IPPS in Africa".

SFI (Société financière internationale). 2011. "Geothermal Energy Scoping Study for East Africa." Prepared by GreenMax Capital Advisors, Washington, DC.

IJHD (*International Journal of Hydropower and Dams*). 2009. "World Atlas." Hydropower and Dams. Available through *intpow*, "*World Hydro Potential and Development*". Surrey, UK.

FMI (Fonds monétaire international). 2013. *World Economic Outlook, April 2013*. Washington, DC.

IPA Energy Consulting, Norton Rose, et PB Power. 2007. *Revised ZESCO Cost of Service*. Édimbourg, Écosse : IPA Energy Consulting.

Jourdan, Paul. 2008. "A Resource-Based African Development Strategy." Prepared for African Development Bank, March, 2008. www.partnership-africa.org/sites/default /files/RADS-A%20Resource-Based%20African%20Development%20Strategy.pdf.

Katanga Mining Limited. 2012. "Katanga Mining Signs Agreements to Develop Future Power Supply." Communiqué de presse, 29 mars 2012. www.katangamining.com /media/news-releases/2012/2012-03-29.aspx.

Kumar, A., T. Schei, A. Ahenkorah R. Caceres Rodriguez, J.-M. Devernay, M. Freitas, D. Hall, Å. Killingtveit, et Z. Liu. 2011. "Hydropower." Dans *Rapport spécial du GIEC sur les sources d'énergie renouvelable et l'atténuation des effets des changements climatiques*, eds. O. Edenhofer, R. Pichs-Madruga, Y. Sokona, K. Seyboth, P. Matschoss, S. Kadner, T. Zwickel, P. Eickemeier, G. Hansen, S. Schlömer et C. von Stechow. Cambridge, RU : Cambridge University Press.

MBendi. n.d. "Mining in Africa: Overview." www.mbendi.com/indy/ming/af/p0005.htm.

Moyo, Roman. 2012. "Zimplats Lends ZESA US$25 million." *New Zimbabwe*, 4 août 2012. www.newzimbabwe.com/business-8680-Zimplats+lends+ZESA+US$25+million/business.aspx.

Munanga, Ben. 2012. *Impact de l'offre d'énergie électrique sur la production minière.* Manuscrit non publié.

Nigerian Electricity Regulatory Commission. 2006. *Public Consultation on a Notice of Proposed Rulemaking (NOPR) for Review of PPAs to Supply Captive Customers.* Abuja: Nigerian Electricity Regulatory Commission.

Odendaal, Natasha. 2012. "Coal Miner Exxaro to Submit Five Renewable Energy Bids." *Engineering News*, February 23, 2012. www.engineeringnews.co.za/article/coal-miner-exxaro-to-submit-five-renewable-energy-bids-2012-02-23.

Othitis, Michael. 2012. "Independent NI 43-101 Technical Report: Turk and Angelus Mines, Zimbabwe, Africa." New Dawn Mining Corporation, Toronto. www.newdawnmining.com//wp-content/uploads/2013/04/2012-12-20_TurkAngelus Mines_NI_43-101.pdf.

Prevost, Yves Andre. 2010. *Harnessing Central Africa's Hydropower Potential.* Washington, DC : Banque mondiale.

Santley, D. , R. Schlotterer et A. Eberhard. 2013. *Harnessing African Gas for African Power.* Washington, DC : Banque mondiale.

Sibanda, Ntando. 2012. "Zesa Clears Cahora Bassa Debt, Gold Output Rises, Propping Up AirZim, Platinum Production." *Zimbabwe Development Democracy Trust News*, October 25, 2012. www.zddt.org/latest-zim-economic-news-1025.html.

SNL Metals Economics Group. 2013. "Worldwide Exploration Trends 2013." Halifax, Canada. www.metalseconomics.com/sites/default/files/uploads/PDFs/meg _wetbrochure2013.pdf.

PNUD (Programme des Nations Unies pour le développement). 2013. *Human Development Report 2013.* New York. Disponible à http://hdr.undp.org/en/reports /global/hdr2013/.

USGS (United States Geological Survey). 2011. "Estimates of Electricity Requirements for the Recovery of Mineral Commodities, with Examples Applied to Sub-Saharan Africa." U.S. Department of Energy, Washington, DC.

———. 2013. "USGS Minerals Information." U.S. Department of Energy, Washington, D.C. (disponible à : http://minerals.usgs.gov/minerals/pubs/commodity/).

Vale Columbia Center, Columbia University. 2012. "Leveraging the Mining Industry's Energy Demand to Improve Host Countries' Power Infrastructure." New York. www.vcc.columbia.edu/files/vale/content/Working_paper-_Leveraging_the_mining _industrys_energy_demand_to_improve_host_countries_power_infrastructure_-_VCC .pdf.

———. 2013. *Power and Mining—How Do We Advance Integration.* Rapport soumis à la Banque mondiale, New York.

Wilburn, D.R. et K.A. Stanley. 2013. "Exploration Review." United States Geological Survey, Reston, VA.

Banque mondiale. 2009. *Southern Mongolia Infrastructure Strategy*. Washington, DC. http://siteresources.worldbank.org/INTMONGOLIA/Resources/SMIS_July.pdf.

———. 2011a. *Africa's Power Infrastructure: Investment, Integration, Efficiency*. Washington, DC.

———. 2011b. *Best Practices for Market-Based Power Rationing, Implications for South Africa*. Washington, DC.

———. 2012a. *Africa—Second Additional Financing for Southern African Power Market Project: Restructuring*. Washington, DC : Banque mondiale. http://documents .worldbank.org/curated/en/2012/06/16360805/africa-second-additional-financing -southern-african-power-market-project-restructuring.

———. 2012b. "Cameroon—Lom Pangar Hydropower Project." Washington, DC. http:// siteresources.worldbank.org/INTCAMEROON/Resources/LPHP-PAD-Mar2012.pdf.

———. 2012c. "Increasing Local Procurement by the Mining Industry in West Africa." Report 66585-AFR, World Bank, Washington, DC. http://documents.worldbank.org /curated/en/2012/01/15785549/increasing-local-procurement-mining-industry-west -africa-road-test-version.

———. 2013a. *Enterprise Surveys*. Washington, DC. www.enterprisesurveys.org/.

———. 2013b. "Energizing Economic Growth in Ghana: Making the Power and Petroleum Sectors Rise to the Challenge." Washington, DC. http://issuu.com/fosu /docs/energizing_economic_growth_in_ghana.

Zgodzinski, D. 2013. "How the Mining Sector Benefits from the Switch to Renewable Energy." OilPrice.com, March 19, 2013. http://oilprice.com/Finance/investing-and -trading-reports/How-the-Mining-Sector-Benefits-from-the-Switch-to-Renewable -Energy.html.

Notes

1. Les réserves P1 sont des réserves prouvées (à la fois des réserves prouvées développées et des réserves prouvées non développées). Les réserves P2 cumulent les réserves P1 (réserves prouvées) et les réserves probables.

2. Les deux politiques déterminantes en matière d'exploration sont le principe d'attribution du droit d'exploitation minière au découvreur et la capacité de vendre la découverte à un acheteur consentant.

3. Il faut souligner que ce chiffre dépassait 35 % pour tous les pays à l'exception du Libéria et du Rwanda ; en 2020, le Libéria devrait largement dépasser 50 %.

4. Les prix des minerais et des métaux se sont plus ou moins stabilisés en 2013 à des prix bien inférieurs aux sommets récents, mais pour la plupart des produits de base ils sont encore supérieurs au double des prix de 2003. Il est difficile de prédire l'évolution future de ces prix car l'offre et la demande de ces matières premières mondiales sont soumises à de nombreuses forces. Historiquement, le meilleur prédicteur des prix des minerais a été leur prix courant, et rien ne permet de prouver que les conjoncturistes soient capables de prévoir les prix sur la longue période nécessaire à la réalisation des investissements miniers. Daniel et al. (2010) offre un exemple intéressant de l'importance des erreurs de prévision des prix du pétrole.

5. Voir, par exemple, le rapport de la Banque mondiale (2012c) sur l'augmentation de la passation de marchés locaux dans le secteur minier en Afrique de l'Ouest.

6. Voir, par exemple, l'analyse des corridors de ressources, Jourdan (2008).

7. Le Gabon riche en ressources minières constitue un cas particulier parmi les pays de l'ASS, affichant un des plus hauts taux d'électrification de la région.

8. En 2013, un certain nombre de pays miniers — Afrique du Sud, Zimbabwe, RDC et Éthiopie — ont pris des mesures exigeant que l'enrichissement de certains produits minéraux soit obligatoirement réalisé sur le territoire national ; si ces politiques sont effectivement appliquées, la demande d'électricité du secteur minier pourrait augmenter considérablement, bien au-delà de ce qui est présenté dans la présente étude.

9. Une plus grande disponibilité et une moindre variabilité saisonnière.

10. Il serait également possible de faire une simulation pour la mine de Simandou. Mais compte tenu de l'incertitude sur l'avenir de la mine, seules cinq mines d'or dans le nord-est du pays sont incluses dans les simulations.

11. Voir, par exemple, Halley (2013).

12. Quand cette contrainte aura été levée, il sera possible de faire avancer le programme gouvernemental de développement d'un marché de gros de l'électricité pour attirer

les IPP, en s'appuyant sur les mines comme acheteur de la production et acteur essentiel et solvable permettant de lancer le processus.

13. C'est un problème qui sera bientôt résolu ; la question clé sera ensuite de confirmer le cadre des investissements prévus par les sociétés minières dans les projets de grandes centrales hydro-électriques.

14. Mais si la capacité ferroviaire et le port sont développés comme prévu, l'intégration énergie/industrie minière sera facilitée, offrant ainsi des avantages supplémentaires à tirer de l'expansion de l'exploitation minière.

15. Ce sont les seuls pays parmi les huit qui bénéficient de l'intégration des deux ministères en une seule unité.

www.ingramcontent.com/pod-product-compliance
Lightning Source LLC
Chambersburg PA
CBHW082355270326
41935CB00013B/1633